CB009067

O EU EM RUÍNA

CONSELHO EDITORIAL
André Costa e Silva
Cecilia Consolo
Dijon de Moraes
Jarbas Vargas Nascimento
Luis Barbosa Cortez
Marco Aurélio Cremasco
Rogerio Lerner

Blucher

O EU EM RUÍNA

Perda e falência psíquica

Organizadora

Eliane Michelini Marraccini

2ª edição

O eu em ruína: perda e falência psíquica, 2ª edição
© 2021 Eliane Michelini Marraccini (organizadora)
Editora Edgard Blücher Ltda.
1ª edição publicada em 2010 pela Primavera Editorial

Publisher Edgard Blücher
Editor Eduardo Blücher
Coordenação editorial Joanatas Eliakim
Produção editorial Isabel Silva
Preparação de texto Bárbara Waida
Diagramação Negrito Produção Editorial
Revisão de texto Beatriz Carneiro
Capa Leandro Cunha
Imagem da capa Avond (evening): the red tree (1908-1910), de Piet Mondrian, Kunstmuseum Den Haag, Países Baixos, via Wikimedia Commons

Blucher

Rua Pedroso Alvarenga, 1245, 4º andar
04531-934 – São Paulo – SP – Brasil
Tel.: 55 11 3078-5366
contato@blucher.com.br
www.blucher.com.br

Segundo o Novo Acordo Ortográfico, conforme 5. ed. do *Vocabulário Ortográfico da Língua Portuguesa*, Academia Brasileira de Letras, março de 2009.

É proibida a reprodução total ou parcial por quaisquer meios sem autorização escrita da editora.

Todos os direitos reservados pela Editora Edgard Blücher Ltda.

Dados Internacionais de Catalogação
na Publicação (CIP)
Angélica Ilacqua CRB-8/7057

O Eu em ruína : perda e falência psíquica / organizado por Eliane Michelini Marraccini. – 2. ed. – São Paulo : Blucher, 2021.

358 p.

Bibliografia

ISBN 978-65-5506-284-7 (impresso)

ISBN 978-65-5506-285-4 (eletrônico)

1. Psicanálise. 2. Perda (Psicologia). 3. Luto – Aspectos psicológicos. 4. Melancolia. 5. Self (Psicologia). I. Marraccini, Eliane Michelini.

21-0204 CDD 150.1952

Índices para catálogo sistemático:
1. Psicanálise

Conteúdo

Apresentação à segunda edição

A ideia que deu origem a este livro foi a de ampliar e aprofundar a noção de *Eu em ruína*, contando com a contribuição de colegas psicanalistas de distintas orientações teóricas e com larga experiência clínica. Considerei que perspectivas e abordagens diversas poderiam destacar conexões e enriquecer a noção com renovados aspectos e enfoques do tema central de minha tese de doutorado em Psicologia Clínica pela Pontifícia Universidade Católica de São Paulo (PUC-SP), defendida em 2007, *O Eu em ruína: um estudo sobre a perda.*

Orientando-se por modelos de funcionamento psíquico distintos, os autores, filiados a diferentes instituições psicanalíticas, sendo professores em destacadas universidades e cursos de formação e especialização em psicanálise, debruçaram-se sobre sua experiência clínica e seu referencial teórico para refletir sobre a sutileza e a complexidade da relação analítica com pacientes destacados, em que a noção do *Eu em ruína* lhes fazia sentido e iluminava o pensar sobre fenômenos observados na clínica.

Sendo noção complexa e multifacetada, podendo se manifestar em distintos casos de constituição subjetiva falha ou perturbada, o *Eu em ruína* desvela a fragilidade egoica e coloca a descoberto o comprometimento da edificação do Eu, que deveria ter se estruturado mais solidamente desde o desenvolvimento mental mais primitivo. Um Eu que pudesse suportar o impacto de perda(s) sofrida(s) em nível real, mas que também se inscreve(m) em nível simbólico e imaginário. A experiência emocional acaba sendo vivenciada de forma traumática e devastadora pelo sujeito, a perda vivida deslanchando abalo de larga amplitude, com poderosos efeitos na funcionalidade, que não se sustenta e termina por ruir. Isso se deve à falta de alicerces emocionais básicos e essenciais que pudessem garantir a sobrevivência psíquica e a integridade da continuidade subjetiva após a perda sofrida, destacadamente conectando-se com a perda do objeto originário, com relação ao qual não foi possível primitivamente elaborar a separação e realizar o luto necessário.

Na consideração por vezes de casos clínicos específicos, mas que comportavam traços psicopatológicos de expressão multifacetada, os dezenove autores desta coletânea se sentiram implicados com a noção de *Eu em ruína*. Levantaram questões importantes a serem pensadas, refletindo o desafio que os instigava e que, tempos antes, me conduzira ao estudo aprofundado deste tema. Fundamentalmente, integraram o projeto deste livro por reconhecerem dizer respeito a uma manifestação clínica relacionada a variados e destacados adoecimentos de natureza narcísica e constitutiva, preocupação cada vez mais presente na clínica psicanalítica atual.

Em 2010, a Primavera Editorial encampou a primeira edição desta coletânea de artigos, valorizando a significância da noção de *Eu em ruína* para clínicos e estudantes interessados no estudo da psicanálise, além de reconhecer a envergadura e a consistência teórico-clínica dos autores envolvidos. Dez anos se passaram, e agora, em 2020, a Editora Blucher acolhe o projeto de reedição deste livro, que se encontrava esgotado em sua primeira edição. Por considerar ser publicação ampla e destacada para pesquisa e estudo no campo da psicanálise, concluiu que não poderia permanecer sem circulação. Esta acolhida imprimiu renovado reconhecimento à envergadura da obra e grande alegria para todos nós, autores que cuidamos com tanto empenho e carinho desta produção científica desde seu início. E em especial para mim, que com orgulho sou organizadora desta obra, tão rica e diversa em suas contribuições.

Tendo em vista a seriedade científica, o cuidado de articulação teórico-clínica e a dedicação na transmissão da psicanálise que cada autor empreendeu originariamente na escrita do artigo produzido especialmente para esta coletânea, houve um consenso de que não caberia nem seria necessária revisão ou alteração de sua produção original, permanecendo artigos consistentes e bastante atuais tanto para o estudo teórico aprofundado como para a abordagem de casos complexos na clínica psicanalítica. Assim, a coletânea mantém fundamentalmente os artigos inalterados para esta reedição. Apenas o artigo de Elisa Maria Ulhôa Cintra contou com alguns aportes feitos pela autora, visando ao melhor esclarecimento de seu pensamento.

O artigo de minha autoria, "O Eu em ruína: perda e colapso", oferece a visão do que considero a noção de *Eu em ruína,* articulando-a a partir da clínica psicanalítica. Avanço em relação à minha tese de doutorado, em construção metapsicológica que percorre considerações sobre o luto e a melancolia, para, finalmente, destacar a importância dos primitivos "trabalho da melancolia" e "trabalho de luto" para a constituição subjetiva. Neste percurso, as ideias freudianas e o pensamento de Melanie Klein e de muitos outros teóricos expressivos, como Fédida, Winnicott, Torok,

Rosenberg, entre outros, foram de auxílio inestimável. É apresentado um caso clínico, cujo sofrimento devastador a partir da perda de um ser amado conduziu progressivamente o sujeito à ruína. Nesse colapso da subjetividade, aspectos narcísicos não apenas se revelam, mas se sobrepõem, deflagrando sua estreita vinculação com a perda vivida originalmente em relação ao objeto primário, além de se revelarem os efeitos perturbadores da ação primitiva da realidade no psiquismo em constituição. Estruturando-se com falhas essenciais, esse psiquismo pôde permanecer relativamente funcionante, até que a experiência traumática de significativa perda afetiva teve lugar. A partir daí, iniciou-se um colapso que consumiu o sujeito em verdadeira ruína.

O artigo de Homero Vettorazzo Filho, "A tirania do ideal na ruína do Eu", coloca em foco a vivência de ruína do Eu quando submetido às exigências de seus ideais que assumem o estatuto de "Verdade". Privilegiando os textos freudianos, retoma os processos implicados na constituição do Eu, antecipando a constituição ética dos mandatos do superego para suas origens na formação do sistema de ideais-do-Eu. A melancolia é abordada em franca associação com a ruína do Eu. São destacadas contribuições de Lacan, Aulagnier, Bleichmar, Fédida, entre outros. Apresenta fragmentos de um caso clínico, com reflexos de grande impacto transferencial, condição em que se busca pensar formas de intervenção clínica.

O artigo de Sérgio de Gouvêa Franco, "Desmantelamento do Eu e cuidados fundamentais", parte de um caso clínico para destacar que todo delírio tem um fragmento de verdade, bem como há função organizadora na psicose, como compreendia Freud. Aborda o paradigma winnicottiano, destacando que o importante é o que impediu a integração que leva à formação da personalidade. Desse modo, toca nas angústias primordiais impensáveis, cuja origem tem lugar numa falha ambiental específica. Por intermédio do caso clínico, destaca que o desmantelamento do Eu possui relação direta com o relacionamento inicial mãe-filho e o trabalho intenso da mãe no trato deste, realizando uma adaptação ativa e sensível às necessidades psíquicas do bebê. Na clínica psicanalítica com casos fronteiriços ou de psicose, enfatiza a importância de suportar a regressão do paciente, para se aproximar das angústias impensáveis e recuperar o crescimento emocional desde o processo analítico.

O artigo de Ana Paula Gonzaga e Cybelle Weinberg Sardenberg, "A violência dos ideais na anorexia nervosa: o Eu corporal em ruína", tem por alicerce a clínica de pacientes com transtornos alimentares, que, a um primeiro olhar, revelam um corpo em ruínas, encenando de forma delirante a vontade de alcançar o impossível sob o imperativo de algum(ns) ideal(is). Utilizando conceitos de Bleichmar, Nasio, Lacan, Dolto, Aulagnier, entre outros, vão destacando o aprisionamento narcísico em que se encontram as pacientes anoréxicas. São vítimas de um ego ideal tirânico, egressas de um lugar que ocupam na cena familiar, com especial destaque para a relação primitiva com a mãe e o lugar psíquico que ocupam na mente materna. São oferecidas algumas ilustrações clínicas da experiência das autoras no atendimento a esses casos.

O artigo de Maria Helena Saleme, "Nas fronteiras do ego", parte de quatro fragmentos clínicos, nos quais aparece, de diversas maneiras, algo da ordem da compulsividade. Neste ensaio, discutem-se as compulsões, vivências nas quais o "mais forte do que eu" impõe ao ego atos do corpo e no corpo que são indesejáveis ao sujeito. A autora percorre textos freudianos e concepções de Aulagnier sobre o processo de subjetivação, mostrando uma experiência viva e ininterrupta na qual o sujeito se constitui na relação com o outro. A flexibilidade do ego, sua possibilidade de convívio com diferentes imagens de si que a existência pode provocar, depende das primeiras identificações, de uma mínima coerência entre suas próprias percepções e a imagem identificatórias que recebe de sua mãe. O trabalho na transferência poderia fornecer novas representações ao sujeito, que ampliaria e flexibilizaria, então, sua imagem, possibilitando a reorganização da psique e a tolerância ao desamparo provocado pelas afetações do viver.

O artigo de Heloisa de Moraes Ramos e Mirian Malzyner, "Quando a vida perde o sentido", aborda o fenômeno depressivo até tomar conta de toda a existência do indivíduo. Articula essa questão com a arte como possibilidade criativa, intimamente associada aos aspectos mais primitivos do psiquismo. A vida da cantora lírica Maria Callas é a referência para a evolução do pensamento das autoras, enfocando suas identidades distintas, a artista e a mulher, o mito Callas/a mulher Maria, como aspectos não integrados que, na clínica psicanalítica, se conferem como o esvaziamento do sentido da vida pela perda do gesto criativo, de valor constitutivo para Winnicott. Para as autoras, "Qualquer um de nós, a qualquer momento, pode perder a razão de viver" (p. 146). No entanto, destacam que a organização precária, dependendo do abalo, produz a vivência de estilhaçamento. Nos casos em que a relação com o mundo se ancora em próteses que sustentam o *self* incipiente, perder a prótese é cair no abismo do desamparo e da depressão.

O artigo de Claudio Eugenio Marco Waks e José Waldemar Thiesen Turna, "A glória da ruína na toxicomania", destaca que o *Eu em ruína* tem na toxicomania um estupor glorioso. É destacado o que deve o terapeuta suportar nesta clínica, partindo de como é demandado na relação com o paciente. Na internação hospitalar, reside a ruína da *gloriosa carreira* a que são conduzidos tais sujeitos, os quais oferecem uma narrativa psicopatológica a ser escutada a fim de rastrear o compromisso do sujeito com seu corpo e a demanda compulsiva pelo objeto da toxicomania. Na experiência dos autores, o germe dessa ruína está instalado desde a constituição subjetiva, havendo manifestações desta perda/falta desde a tenra infância, a droga servindo como tamponamento para a angústia de natureza melancólica. Autores como Lacan, Balint, Fédida, Abraham e Torok são convocados a fim de reunir elementos para a metapsicologia do percurso do toxicômano, que, ao final, conduz à ruína gloriosa, pois escancara o triunfo do desastre anunciado, provocador de alívio por confirmar a profecia. É apresentado um caso clínico que ilustra esse percurso, como a trajetória psicanalítica que pode se apresentar em casos semelhantes.

O artigo de Paulo José Carvalho da Silva, "Melancolia, dor e ruína", nos convoca a acompanhar, na história da filosofia e da psicopatologia, como o desmoronamento interno e externo, de características melancólicas, não é exclusividade do homem contemporâneo. Cita trabalhos e alinhava ideias que unem Freud, Sêneca, Burton, Le Brun, Binswanger e Lambotte para fazer face à construção metapsicológica, tendo na melancolia o eixo balizador para a compreensão da tendência maior à ruína em determinados sujeitos que, para além da dor aguda na alma perante uma perda, se entregam a um processo de aniquilamento, faltantes do que mantinha a unidade de seu ser: o Eu está em ruína.

O artigo de Adriana Campos de Cerqueira Leite, "Rosa: enterrar para nascer", é parte de sua pesquisa de doutorado, na qual explora o modelo da melancolia como paradigma para a clínica de pacientes com organização histérica, especialmente em momentos de falência de suas defesas. Elegeu um caso clínico ilustrativo, em que a paciente se encontrava em plena crise depressiva após grave acidente de carro que ferira gravemente o namorado, a relação amorosa não conseguindo sobreviver ao impacto traumático e à decorrente desorganização delirante. Recorrendo a elementos metapsicológicos oferecidos por autores como Freud, Abraham, Lambotte, Fédida, Khan, entre outros, vai apontando uma condição em que a paciente não podia nem viver nem morrer, padecendo de modo masoquista de uma necessidade de punição avassaladora, que a acompanhava desde a infância.

O artigo de Maria Beatriz Romano de Godoy, "Sobre as cinzas...", nos oferece uma construção metapsicológica que parte da experiência clínica da autora com uma paciente sobrevivente de uma história psíquica atravessada por traumas, entre eles a perda trágica do irmão, desencadeante de sua ruína psíquica. A autora busca partilhar com o leitor não apenas suas conclusões, mas seu processo de elaboração no acompanhamento clínico dessa paciente, demandante de uma mudança de vértice na técnica psicanalítica. Um percurso atravessado na transferência, como indicou Bion, pelas partes psicótica e não psicótica desta personalidade psicopatológica, que guardava as cinzas do irmão em seu quarto e não podia desfrutar da sua história viva, imersa que estava em um mundo interno de objetos mortos ou moribundos. Com isso, expõe como uma organização psíquica precária, que parece carregar um vazio interior, um continente deteriorado e sem contorno, e um tecido psíquico esgarçado, que lhe impossibilita tolerar angústias e construir força psíquica, necessita buscar refúgio em devaneios e alucinações.

O artigo de Marciela Henckel e Regina Maria Guisard Gromann, "Exogamias na clínica da mulher e do homem", enfoca na clínica psicanalítica a possibilidade de o sujeito de traços melancólicos transformar-se ou não em um *Eu em ruína* ao longo das construções no atravessamento edípico. São apresentados fragmentos de dois casos clínicos em *via crucis* melancólica, com dificuldades no trabalho psíquico que possibilitasse a reescrita histórica de si mesmos: uma mulher madura que atravessa um episódio depressivo com traços melancólicos à beira do colapso na crise de meia-idade, sendo um corpo em sofrimento na passagem da maternidade à maturidade; e um homem deprimido com queixa de inibição sexual, conduzindo a pensar sobre a natureza de sua impotência psíquica, dificuldade em ligar/unir as correntes sensual e afetiva em relação a uma mesma figura amorosa. É destacada a construção realizada na transferência, que passa pelo sintoma para dirigir-se à regeneração do autoerotismo soterrado pela impossibilidade do luto, até levar aos caminhos que, passando pelo vazio depressivo, levam à feminilidade e à masculinidade, frutos de deslocamentos e exogamias que permitem novas ligações.

O artigo de Adriana Grosman e Julieta Jerusalinsky, "Bebês autônomos? Mães autofecundadas?", trata das fundações do Eu e da ilusão de autonomia no laço mãe-bebê. As autoras destacam a exacerbação do ideal de autonomia da modernidade, favorecendo fantasias da potência imaginária do Eu que deixam muitas vezes o saldo de uma fragilidade das referências simbólicas. Por intermédio deste ponto, estabelecem a interlocução com o conceito de *Eu em ruína*, ressaltando o quadro da melancolia, no qual o sujeito se vê reduzido ao resto, à sobra, sem conseguir destacar-se. Os "bebês autônomos" são impregnados do ideal de autonomia narcísica, não tendo lugar para seus possíveis sofrimentos, bem como são fruto de novos modos da parentalidade reforçados pelo retorno do infantil dos pais. Por outro lado, as "mães autofecundadas" são movidas por um ideal que buscam realizar sintomaticamente sob os avanços tecnológicos no campo da fertilização. Na procura de solução para um sofrimento que as abstém da elaboração subjetiva necessária em torno da falta, buscam suturá-la com o "objeto filho". Como ilustração clínica, é relatado um complexo caso atendido no contexto da prática interdisciplinar da medicina especialista em fertilização com a psicanálise.

O artigo de Elisa Maria de Ulhôa Cintra, "O Eu em ruína no documentário *Estamira*", aborda a impressionante vida desta mulher na qual se registram a depressão, a paranoia e a esquizofrenia, mas há lugar para a lucidez de suas ideias, seu senso de humor e a força que emana de sua humanidade ferida. Lançando mão dos ensinamentos da psicanálise, Elisa Maria busca uma compreensão do dinamismo fragmentador da pulsão de morte dominante, quando as faltas e as perdas não podem ser corrigidas nem elaboradas. Além desta fragmentação do Eu, uma morte psíquica, destaca as complexas relações afetivas e sociais que favoreceram a eclosão da loucura e sua manutenção. De volta ao pó, é para onde Estamira se vê remetida inexoravelmente.

O artigo de Maria Cristina Perdomo, "A perda, o luto e o narcisismo: uma releitura de *Luto e melancolia*", inicia com a letra de *Pedaço de mim*, de autoria de Chico Buarque, para desenvolver as histórias de luto eternizado em três mulheres perante a perda repentina do objeto de amor, sem nenhuma proteção perante esta intrusão do real de alta voltagem libidinal. A proposta foi trabalhar alguns conceitos psicanalíticos desenvolvidos no texto freudiano *Luto e melancolia* para mergulhar no funcionamento psíquico de situações de perda violenta fazendo crônico o estado depressivo, mas que não chegam a estruturar uma melancolia: a perda de um filho assassinado, a perda dos pais em um acidente, o reviver da violenta perda dos pais em tenra infância que se reapresenta na gravidez. A autora percorre sua prática clínica e os conceitos psicanalíticos, de modo a tentar estabelecer distinções e especificidades essencialmente entre o luto, o luto depressivo e a melancolia.

Finalizando esta exposição do conteúdo de cada capítulo, cabe uma homenagem especial aos autores Homero Vettorazzo Filho, falecido em 2011, e Cybelle Weinberg Sardenberg, falecida em 2019. Foram companheiros que eu muito admirava e amigos muito presentes, sendo uma grande satisfação que tenham feito parte deste livro desde sua origem, escrevendo artigos valiosos para compor a coletânea com a temática *Eu em ruína*. Tenho certeza de que estariam vibrando com esta reedição, como todos os demais autores. Agradeço a Gisele Vettorazzo e Carlos Alberto Sardenberg a autorização para que estes artigos continuem fazendo parte desta coletânea por ocasião de sua reedição. Agradeço ainda a Sophia Vettorazzo, filha de Homero Vettorazzo Filho, pela dedicada e carinhosa revisão do artigo para esta edição.

É fundamental a expressão de meus mais sinceros agradecimentos ao Prof. Dr. Manoel Tosta Berlinck, pelo incentivo dado ao projeto deste livro desde sua concepção. Como orientador da minha tese de doutorado, foi sempre um estimulante interlocutor, promovendo o frutificar de ideias e, com isso, auxiliando o desenvolvimento de uma metapsicologia consistente em torno de meu objeto de estudo. Foi também diretor do Laboratório de Psicopatologia Fundamental da PUC-SP, do qual fiz parte durante todo o período de elaboração da tese de doutorado, e presidente da Associação Universitária de Pesquisa em Psicopatologia Fundamental até seu falecimento, ocorrido em 2016. Dando continuidade ao que foi semeado pelo Prof. Manoel, permaneço membro dessa associação de pesquisa fundada por ele, sentindo-me comprometida com o desafio vivaz do estudo e da pesquisa em psicanálise, com frutíferas conexão e implicação com as questões que se apresentam na clínica psicanalítica.

Gostaria também de agradecer a Luís Claudio Figueiredo, psicanalista vinculado ao Círculo Psicanalítico do Rio de Janeiro e professor universitário na PUC-SP, com quem tive o privilégio de conviver em diversos momentos de meu percurso acadêmico, além de contar com suas valiosas contribuições em distintas ocasiões e publicações, e especialmente em realizações importantes como a reedição deste livro. Agradeço sua acurada atenção e as importantes e significativas palavras que dedicou a esta coletânea de artigos, texto que se encontra na quarta capa desta publicação.

Não poderia concluir esta apresentação sem prestar minha especial homenagem e destacar meu profundo agradecimento à Prof. Dra. Camila Pedral Sampaio, psicanalista e professora da PUC-SP, que, lamentavelmente, não conseguiu presenciar a concretização deste livro, nem mesmo em sua primeira edição, cujo lançamento ocorreu logo após seu falecimento. Tendo reconhecido e destacado, por ocasião da sua participação na banca de defesa da minha tese de doutorado, o *Eu em ruína* como conceito psicanalítico, seu estímulo e sua perspicácia foram essenciais para mim e para o desenvolvimento deste projeto, estando ela presente no germe desta publicação e na coragem de empreender a coordenação desta coletânea. Para sempre, Camila.

Eliane Michelini Marraccini

1. O Eu em ruína: perda e colapso

Eliane Michelini Marraccini

A busca de tratamento pela dificuldade em enfrentar a morte de um ser amado, ou mesmo a ruptura, o abandono ou grande decepção com alguém que ocupava essencial lugar afetivo, é frequente na clínica psicanalítica. Esta vivência pode ser dilacerante e conduzir o sujeito ao colapso, de forma abrupta ou progressiva consumindo-o em ruína.

São pacientes com dificuldade em processar o necessário luto, permanecendo impossibilitados de reorganização subjetiva após a vivência traumática, submersos que estão em sua dor e perdidos no vazio de si mesmos. Sobrevivem sem razão de existir como se o ser amado tivesse levado consigo sua alma.

O sofrimento devastador que toma conta do Eu pode se estender ampla e indefinidamente, dando lugar até mesmo a doenças recorrentes ou quadros irreversíveis. Ideias suicidas podem estar prestes a ser atuadas, dado o sério estado depressivo e a autodestruição corrosiva. Junto a esses pacientes, o psicanalista enfrenta importante desafio, afetado como "porta-marcas" pela magnitude da ruína que os assola, além de ser alvo de uma demanda absorvente na relação transferencial.

Esses enigmas vivenciais, que tanto condenam a subjetividade, não se restringem à experiência clínica. Pessoas cujas vidas se desviam dramaticamente de um rumo estruturado e de um futuro promissor podem, com alguma frequência, ser identificadas, sendo determinante uma ocorrência significativa sob a égide da perda para se tornarem um *Eu em ruína*, nem sempre passíveis de resgate.

Esse é o tema deste trabalho, baseado em minha tese de doutorado,[1] que tem por ponto de partida a clínica psicanalítica e busca avançar na metapsicologia da noção de *Eu em ruína*.

Um caso da clínica

A figura de Carmen era exótica e causava impacto, sua exuberância lembrava um personagem de Fellini.[2] Cabelos excessivamente longos e desalinhados encimavam um corpo obeso, suas vestes extravagantes e sobrepostas pertenciam a tempos de maior fausto. Traços da beleza da juventude se entreviam nesta senhora madura maltratada pelo tempo e afetada pelo vivido.

---

1 *O eu em ruína: um estudo sobre a perda*, tese defendida em 2007 no Programa de Estudos Pós-Graduados em Psicologia Clínica da Pontifícia Universidade Católica de São Paulo (PUC-SP), sob orientação do Prof. Dr. Manoel Tosta Berlinck.

2 Federico Fellini: cineasta italiano nascido em 1920 e falecido em 1993. Sua inspiração contou com o sonho, a fantasia e o grotesco como matéria-prima de sua carreira. "Dizer que tal filme ou tal personagem é 'felliniano' significa identificá-lo com a estética ao mesmo tempo barroca e popular de seus trabalhos das décadas de 60 e 70, em que o exagero e a predileção pelo inusitado conduzem, na verdade, a uma reflexão séria – e muitas vezes cruel – sobre o cotidiano de seres humanos frágeis e anônimos" (GERBASE, 1998, p. 1).

Adentrou o consultório pela primeira vez a passos largos, tentando se assenhorear da situação. Entregou-me o prospecto de uma exposição de seus trabalhos em artes plásticas, destacando a foto de alguns anos antes, magra, bonita e profissional de sucesso, como se definia. *Hoje, sou a ruína que se pode conferir.*

A morte da mãe deslanchara a depressão, estado deplorável em que se encontrava havia muitos anos. Sua imagem perdida de outrora e a figura materna desaparecida se sobrepunham, sujeito e objeto confundidos em um destino de morto-vivo. Para a mãe, que não tivera o luto consumado, não havia um lugar de paz em seu interior e Carmen, meio morta em vida, permanecia agarrada ao seu sofrimento.

Ela perdera aquela sem a qual se sentia incapaz de se sustentar emocionalmente, refugiando-se cada vez mais no vínculo com o filho Augusto. Para seu desespero, esse relacionamento vinha soçobrando, atingindo o ponto da convivência insuportável sob o mesmo teto. Apenas por ter chegado a essa situação-limite, Carmen se abrira para a busca de tratamento, dividida entre a necessidade, a desconfiança e o ressentimento.

Nos últimos tempos, o acentuado conflito com o filho único era o principal foco de sua angústia. Após tanto investimento e renúncia pessoal, a decepção com o jovem era dor intolerável. Sentia-se à beira do abismo, a ruptura com o filho podendo vir a se somar à difícil perda da mãe, ambos sustentáculos de sua existência.

Havia alguns anos que se encontrava profissionalmente inativa e, mais recentemente, estava falida, em especial após a reforma de uma casa que comprara em ruínas, transformando-a no palacete excêntrico de seus sonhos. Imaginara lá viver em companhia do filho e retomar seu ateliê. A falta de recursos para lá habitar e o relacionamento abalado entre eles faziam tudo perder o sentido.

Restavam o sonho desabitado e o fracasso encarnado. Carmen era um *Eu em ruína* que pedia por resgate.

Rastros de uma história

Filha única por muitos anos, os cuidados da mãe com o irmão, nascido com um problema de saúde, produziram em Carmen a dor da decepção e do abandono. Essa ligação fora marcada por tal perda afetiva, sem chance de substituição ou reparação. Se o irmão a confrontou com a rivalidade na relação primária com a mãe, o pai, que nem longe teve um registro marcante à altura de uma triangularidade, foi mantido em posição de um estranho indesejável no idílio materno-filial.

Entre o casal parental sempre houvera a sombra de outro, o noivo amado falecido na guerra, parcialmente revivido pela mãe de Carmen em seus filhos. Eram eles a continuidade narcísica dessa mulher, com seu destino prematuramente marcado pela dura realidade da morte. A sombra do morto impedia a ligação amorosa vitalizada com outro homem, bagagem que trazia a mãe de Carmen para sua infeliz união conjugal. O lugar destinado à figura paterna parecia se resumir a fertilizar-lhe o útero e sustentar a prole.

Anos mais tarde, Carmen parecia ter destinado ao marido o mesmo lugar, com o agravante de ser ele estéril e ocultar-lhe essa frustrante impossibilidade. Após muitos anos de casamento, engravidara de um de seus amantes eventuais, reservando ao marido a paternidade legal, ação levada a efeito sob recíproca simulação e silenciosa cumplicidade. Muitos anos após o divórcio, ela revelaria ao filho adulto sua verdadeira origem. Por fim, em raro encontro entre Carmen e o ex-marido, ocorrido durante o tratamento, essa farsa, representada durante longos anos, foi exposta e entre eles assumida.

A separação litigiosa do marido, após relação conturbada e problemática, ocorrera muitos anos antes, deixando marcas de enorme decepção e ecos ressentidos em Carmen, especialmente em relação à disputa judicial pela guarda do único filho. Nunca mais estabelecera ligação amorosa estável e duradoura, a felicidade para ela sendo sempre inalcançável.

Concomitantemente à morte da mãe, tiveram lugar variadas situações de perda, decepção e exploração. Profissionalmente encontrava dificuldades em comercializar seus trabalhos artísticos, fora roubada por um gerente de banco e também por uma empregada doméstica, houve extravio de alguns de seus trabalhos durante uma mudança de residência e, sobretudo, ocorrera a ruptura com um parceiro amoroso que lhe mentia e era alcoolista.

Tudo isso se somara ao antigo desgaste com ações judiciais e decepções com advogados durante os muitos anos do processo de separação conjugal, gerando em Carmen intensas fantasias paranoides. Atribuía responsabilidade sobre o que não progredia em sua vida sempre ao outro, com sensação permanente de ser vítima inocente e injustiçada, atolada que estava em ressentimentos infindáveis. Paulatinamente, afastara-se do mundo externo, apartando suas relações. Recolhera-se ao refúgio doméstico e, trancada em seu quarto, evitava o perturbador contato com o filho.

Sua condição física era deplorável. Estava obesa, padecia de artrose, hipertensão arterial, tinha início de enfisema pulmonar e de diabetes. Havia anos não fazia acompanhamento ginecológico e os dentes pediam urgentes cuidados. A insônia noturna fazia com que permanecesse sonolenta ou dormisse durante o dia. Tentava parar de fumar, porém acabava por comer excessivamente e engordar ainda mais, aumentando o desgosto consigo.

Desejava muito mudar esse panorama, porém, aguardava que a salvação viesse de fora. Por um lado, fantasiava soluções mágicas para o seu penar, por outro, vivenciava a impotência de mover-se por meios próprios. Desafiava a psicanalista e o tratamento a promover sua reanimação psíquica, reerguendo-a do abismo em que se encontrava.

Experiências e excessos

Entre muitas questões, destacavam-se as relações amorosas de Carmen, predominantemente infelizes e excessivamente conturbadas após a ilusão e a idealização iniciais. Disso não escapara a relação conjugal, estabelecendo-se um vínculo de mão dupla permeado de agressividade, com características de falseio e manipulação.

Traços de cada genitor podiam ser flagrados em Carmen. Pelo lado da matriarca dominadora, apresentava-se a relação narcísica com a prole e a exclusão do parceiro, e pelo lado do pai, além da herança dos dotes artísticos, certa agressividade passiva e submissão cega ao vínculo amoroso, apesar de serem frequentes os episódios de infidelidade.

Com o marido, seu parceiro mais estável, a repetição de traços da relação conjugal parental também fora marcante, defrontando-se ela com egoísmo, agressividade e infidelidade onde idealizava proteção e adesão incondicional a seus desejos. Para seu desespero, o filho único, a quem procurara formar como seu fiel companheiro e escudeiro, e por quem lutara judicialmente durante longos anos, transformara-se nos últimos anos em pessoa decepcionante e irascível no contato com ela.

A anuência velada do marido para que Carmen engravidasse de um amigo do casal, escolhido a dedo por ela em virtude de beleza física, porte viril e dotes pessoais, contara com a conivência silenciosa desse sedutor *inseminador*, que não pensava em assumir a paternidade, condição considerada perfeita para ela colocar em prática o acalentado desejo de ter um filho. Sua mãe fora a única inteirada dessa composição, que ainda incluiu mentir para o médico sobre o tempo de gestação. Além de dar um filho ao marido estéril, buscava garantir um futuro estável financeiramente para o rebento e, finalmente, revidar as múltiplas e frequentes agressões do marido. Quase um negócio da China, não fossem as desilusões que sobrevieram.

Augusto era o representante idealizado de Carmen, cuja ligação guardava uma continuidade narcísica da sua união original com a mãe. Porém, por outro lado, parecia dar sequência e colocar em ação o ajuste de contas dos homens da família, uma vez ostensivos o engano, a exclusão e a falta de representatividade masculina em um território familiar de predominante domínio das mulheres. O jovem parecia, pelo menos em parte, revoltar--se em permanecer cativo dos ideais narcísicos maternos. Rebelava-se frente ao que identificava ser o desejo dela de se instituir como "Sua Majestade, a mãe".[3] Por vezes, no entanto, tornava-se flagrante nos relatos de Carmen a desorganização emocional de Augusto e suas dificuldades face à independência pretendida e à vida adulta que o convocava.

Ao longo do tratamento, algumas experiências trazidas por Carmen se sobressaíram. Entre elas, o engodo pueril do antigo noivo homossexual e interesseiro com quem quase se casara na juventude, o que resultara no primeiro período em que alimentou ideias suicidas. Em algumas situações de vida, lançara mão de artimanhas sedutoras, o que a regozijava em êxtase de autoadmiração pelo tento que atingia. Por vezes, revelara-se cúmplice de situações que envolviam um jogo perverso de simulação ou envolvimento

---

3 Expressão cunhada pela autora deste trabalho, por similaridade à expressão freudiana "Sua Majestade, o bebê" (MARRACCINI, 2007).

com terceiros, além de ter vivido algumas experiências destacadas, numa delas tendo envolvimento sexual com vários homens. O segundo período em que vigoraram ideias suicidas foi aquele em que enfrentara o litígio judicial com o ex-marido pela guarda do filho. O terceiro era o que vivia por ocasião do tratamento, em que se somavam os ecos da perda da mãe, a perda de sua imagem de sucesso e a decepção profunda com o filho adorado.

Ao apontar terem existido momentos anteriores de crise aguda, Carmen indicava serem prováveis recidivas de depressão narcísica com teor melancólico, que, no entanto, alternavam-se com períodos de reações maníacas. Em períodos de intervalo, essa báscula podia oscilar menos, porém, parecia ser esta uma característica predominante em sua personalidade.

Vivido na clínica

O discurso de Carmen mal cabia nas sessões, suscitava dúvidas e indagações quanto à veracidade dos fatos, além de surpresa perante o relato das excentricidades que vivera e em relação aos sentimentos extremados que experimentava. Mesclava o passado ao relato do que parecia ser sua atualidade, despertando na psicanalista a necessidade de buscar em si uma bússola para enfrentar aquele mar de experiências e emoções turbulentas.

Os encontros analíticos iniciais foram povoados de excessos e desorientações. Comparecia confusamente, por vezes em dias e horários diversos; ora bastante atrasada, ora com muita antecedência. Chegava de maneira errática, talvez na fantasia de ser acolhida incondicionalmente pela psicanalista, porém revelando seu desamparo psíquico e sua falta de limites na demanda onipotente que faz ao outro. A busca penetrante do olhar e a imperiosa necessidade de atenção eram demanda envolvente do Eu da psicanalista, custosamente procurando se manter não fusionada e correndo o risco de tombar presa do *pathos*, que insidiosamente ameaçava enovelar paciente e psicanalista e, portanto, poderia comprometer a escuta e a relação analítica.

Carmen não vislumbrava para si um futuro, afirmando descrédito na possibilidade de reversão de seu estado. Essa "tarefa impossível" delegava à psicanalista, desafiando-a sobre o poder que seria necessário para reerguê-la. Além disso, parecia desejar conferir se poderia ainda atrair investimento em si, morta-viva que se sentia após a perda da mãe e tantas decepções acumuladas.

Imaginava que lhe pudesse, magicamente, ser restituído o filho idealizado que perdera, áspero onde era amável, bruto onde era afetuoso, desrespeitoso onde outrora fora só cuidados e atenção para com ela. A raiva se mesclava à mágoa e ao sentimento de injustiça, perguntando-se sobre qual teria sido seu erro, para, em seguida, fantasiar a própria morte como punição máxima ao filho ingrato.

Era ampla a divisão interna de Carmen, suas relações objetais refletindo os aspectos variados e contrastantes que a habitavam. Na transferência, revelava-se a falta de integração egoica, por vezes sendo intensos os esforços requeridos para tentar apreender uma unidade em Carmen. Ela parecia reservar à psicanalista a função de coletar e conciliar suas partes, que ora brigavam entre si, ora tentavam encampar uma unicidade. Por vezes, algumas funções egoicas mais desenvolvidas se sobressaíam, porém, lado a lado, escancaravam-se lacunas primitivas e falhas quase inacreditáveis.

Carmen oscilava entre sonho e realidade, entre as partes psicótica e não psicótica de sua personalidade, entre as edificações quase improváveis e a ruína incontrolável, entre o sucesso fulgurante e o fracasso estrondoso, entre o objeto excessivamente presente e a projeção maciça de si no objeto, entre uma morte em vida alienada ao objeto que não deixava partir e a luta para não se deixar arrastar para o mesmo destino fatal. Indicava serem as perdas objetais o principal foco de seu sofrimento, porém revelava flagrante lacuna deixada por perdas narcísicas não toleradas, muito menos superadas. Sugeria algo vivido em sua constituição subjetiva e registrado dolorosamente como um ideal perdido.

Na tentativa de não produzir um rótulo diagnóstico, o que poderia distanciar a apreensão do que ocorria com Carmen em sua singularidade, por um bom tempo foram frequentes as indagações a respeito de seu funcionamento predominante: histérico, maníaco, perverso, melancólico, fronteiriço ou psicótico?

Seria esta uma empreitada clínica factível para a psicanalista, ou uma tentativa onipotente de reunir, integrar e desenvolver sobre um castelo no ar, ou, no máximo, castelo de areia, dada a alta vulnerabilidade de todas as ondas que atingiam Carmen? A paciente apresentava uma "insuficiência imunológica psíquica"[4] ou a psicanalista necessitava viver, na gradação extrema da onipotência à impotência, a sensação de insuficiência psíquica própria? Por vezes, insinuava-se a procura insana de alguém a quem atribuir a culpa por tudo o que se apresentava em Carmen. Eram esses os reflexos preocupantes na relação transferencial turbulenta, absorvente e invasiva, em especial no início deste atendimento clínico.

Alguns momentos do tratamento

Após cerca de dois anos de tratamento, os embates acirrados entre mãe e filho, em parte, haviam se arrefecido. A relação entre

4 Noção criada por Berlinck (2000) ao descrever pacientes que apresentam estrutura psíquica incapaz de se proteger de ataques virulentos externos, além de disponibilidade a ataques virulentos internos que, frequentemente, conduzem à própria destruição.

Carmen e Augusto, tornando-se um pouco mais cordial, era por vezes até colaborativa e afetuosa. Carmen se pusera em marcha para tentar produzir algo profissionalmente, embora tropeços inexperientes ou mágico-onipotentes terminassem por comprometer seus projetos.

Conseguira uma pequena aposentadoria oficial, negociara dívidas antigas, vendera alguns objetos e obras de arte, ocupara-se de questões inventariais dos pais. Abria-se para novos contatos sociais e retomava outros, entre eles o contato distanciado com o irmão. Cuidava da limpeza e da manutenção da casa, agilizava a locação de um imóvel que não conseguia vender. Timidamente começara a cuidar da saúde, sua aparência ganhando gradativamente contornos mais harmônicos, (pois) cortara os imensos cabelos e portava vestimentas mais adequadas para a idade.

Um momento de destaque foi o desfazer-se de alguns móveis que pertenciam à mãe, para então se ocupar da exumação e da incineração de seus restos mortais. Enterrada em sepultura pertencente à família de amigos, desejava dar-lhe um lugar definitivo. O luto se encaminhava, mas muito seria preciso para se concluir, estando Carmen paralisada nessa impossibilidade há muito tempo. A seu modo, destacava que havia sido *difícil deixar de ser filha e tornar-se "a mãe"* a partir do falecimento da matriarca.

Outra questão de importância foi começar a impor alguns limites ao filho: contas bancárias separadas, atribuição de encargos financeiros e algumas tarefas domésticas, além do controle no uso do automóvel quando se comportava inconvenientemente ou quando Carmen considerava inadequado o propósito. Por vezes, no entanto, flagrou-se atribuindo a ele falhas que competiam a ela própria. Abalava-se com isso, porém não mais chegando ao desmoronamento pessoal de outrora.

Em períodos de recaída, a desorganização cotidiana e os frequentes esquecimentos de Carmen provocavam a ira de Augusto. Essas ocorrências incrementavam nela os sentimentos de fracasso pessoal e desesperança, culminando em considerável diminuição da autoestima e em autorrecriminações persistentes. Por vezes, duvidava da própria capacidade de desfrutar do tratamento, como também duvidava de que a psicanalista contasse com tempo hábil para a tarefa necessária.

O tratamento de Carmen durou cerca de três anos. Entre avanços e recuos, o processamento mental antes impossível progredira. O contato com a realidade interna e o enfrentamento à realidade externa aumentaram consideravelmente. Seu atendimento foi interrompido pelas dificuldades financeiras que ainda enfrentava, porém muito trabalho analítico ainda se fazia necessário.

Avançando rumo ao Eu em ruína

O *Eu em ruína* diz respeito à experiência traumática da perda de um ser amado, de seu amor, ou de algo que tenha ocupado esse lugar, o que leva o Eu a sucumbir ao colapso de forma dramática e, por vezes, integral. Tem lugar em um psiquismo que, embora de funcionamento primitivo, mantinha-se razoavelmente edificado antes da comoção transbordante dessa perda. Uma perda real, mas que constitui também uma perda imaginária e representa simbolicamente uma perda mais essencial para o psiquismo.

O ser amado, que não pode ser perdido, do qual não há separação possível, é sentido como absolutamente necessário para o eu, imprescindível para que se mantenha minimamente edificado e operante. Não consegue se separar e reconhecer a alteridade do objeto, por nunca ter se constituído efetivamente como distinto.

A noção de *Eu em ruína* abriga uma complexidade intrínseca. Diz respeito a uma falha na constituição psíquica e envolve um comprometimento da coluna de sustentação do Eu, edificada em torno do eixo de estruturação narcísica e do fortalecimento egoico, alicerces centrais da subjetividade. Além disso, comporta uma regressão que é perturbadora das funções egoicas, o que produz um afastamento do contato com a realidade psíquica e um distanciamento do mundo externo e da interação com a realidade. Em função de uma organização narcísica de personalidade, as relações de objeto que o sujeito estabelece são fundamentalmente narcísicas e, portanto, impregnadas de onipotência e permeadas de identificação projetiva.

Considera-se com Klein (1946/1991) que a perda de maior repercussão para o psiquismo é aquela do objeto interno idealizado. Desse modo, pode ser identificado, no sujeito que vivencia a presença do objeto como absolutamente imprescindível para sua sustentação emocional, o imenso temor de perder o objeto interno idealizado. Isso o colocaria no enorme risco de sucumbir e entrar em colapso.

Numa perspectiva freudiana, é pela via da regressão, da escolha objetal para a identificação narcísica com o objeto amado perdido, que o sujeito tenta eliminar a perda sofrida. Sente-se fortemente fixado ao objeto e, de maneira contraditória, apresenta uma fraca resistência do investimento objetal, podendo regredir ao narcisismo à menor dificuldade, como descreveu Freud (1917[1915]/1974) ao tratar do acometimento melancólico.

Como se sabe, a melancolia causa a impressão de um enigma, pois não fica exposto o que absorve o sujeito completamente, havendo uma diminuição extraordinária do sentimento de autoestima e um imenso empobrecimento do Eu. A profunda ambivalência de sentimentos que no luto patológico gera culpa, negação e autorrecriminações obsessivas, na melancolia conduz o sujeito a identificar-se narcisicamente com o objeto perdido e tornar-se alvo do ódio que nutre pelo objeto. Essa divisão do ego e a reversão do ódio contra si se dão em função do impedimento de dirigir hostilidade ao objeto, o que constitui, por fim, uma luta entre ego e superego, que culmina em uma surpreendente vingança encarnada no próprio Eu.

Um Eu que vive alienado ao objeto amado, sendo este representante e substituto do ideal do ego, pode se esvair em hemorragia de si sob a sombra do objeto quando este é perdido. Em um processo eminentemente narcísico de características melancólicas, não é alcançada a consciência sobre a perda do Eu implicada, além de haver extrema necessidade em não deixar escapar o objeto que porta suas marcas ideais de identidade. O sujeito vivencia a dor imaginariamente em torno do objeto e, assim, fantasia destruí-lo de forma oral canibalística e, ao mesmo tempo, retê-lo e controlá-lo ao modo anal retentivo, como destacou K. Abraham (1924/1970).

Por ocasião do "trabalho de luto", o luto arcaico em torno da perda inevitável do objeto original é revivido em toda a sua plenitude, destacou Klein (1935/1996). No entanto, a perda que não conseguiu ser processada na constituição psíquica impede o bom curso de elaboração da perda que se dá na atualidade do sujeito. Em tais circunstâncias, em vez de ter lugar o mecanismo mais progressivo da introjeção, movimento de expansão em direção ao mundo objetal como definiu originalmente Ferenczi (1909/1988), dá-se a incorporação do objeto, justamente em direção contrária, como enfatizou Torok (1995). Isso porque a incorporação, como uma fantasia de reparação narcísica, procura evitar o contato com a realidade da perda. Contornando-a e compensando-a de forma mágica e instantânea, reforça uma ligação de dependência em relação ao objeto, ligação esta que o processo de introjeção buscaria por fim. Em reação maníaca, o ego busca saciar ilusoriamente a fome de introjeção por meio da fantasia de incorporação oral, procurando vorazmente recuperar o objeto, pois não consegue enfrentar a alteridade e processar sua ausência (TOROK, 1995).

O estabelecimento de uma identificação sólida e estável do ego com um bom objeto tem papel estruturante no erigir da coluna de sustentação psíquica do Eu, numa perspectiva kleiniana. Inicia-se com a incorporação do objeto arcaico, mas deve evoluir para a possibilidade de introjeção, mecanismo essencial para que o sujeito efetive a implantação do objeto perdido dentro do ego. É a partir daí que se faz possível dar curso ao processo de identificação, essencial para o desenvolvimento mental e o fortalecimento egoico. Quando esse processo se encontra comprometido, gera a impossibilidade por parte do sujeito de se separar e perder o objeto real no qual projetou uma imagem ideal, e o qual se constitui como representante simbólico do objeto original e da união narcísica primária.

É a ação primordial do objeto primário que semeia vida no aparelho psíquico em formação e, com seu investimento, ajuda a delinear os contornos da imagem narcísica, estruturante da subjetividade. Se o objeto primário não captar e reconhecer essa existência distinta, nem refletir e significar o que pode divisar como o sujeito em formação, poderá ficar inscrito no inconsciente um vazio, e o Eu, identificado com o nada, permanece uma "moldura vazia". Instala-se uma disposição melancólica, um enfraquecimento do Eu de ordem traumática, que reflete uma fixação mortífera no ideal do Eu inacessível, a qual, por sua vez, imprime uma desvitalização ao mundo e reflete o domínio de uma patologia do abandono, como relembrou Lambotte (1996).

Em algum momento da estruturação da vida mental, o objeto, sob os ataques de ódio que lhe são dirigidos, tem de "poder morrer" no cenário psíquico do sujeito, para que a ele o sujeito possa sobreviver com primazia desejante. É na esteira do objeto frustrante e decepcionante que surge o objeto que pode ser odiado, do qual o sujeito se sente impelido a se separar, e é na ausência do objeto que nasce a possibilidade evolutiva de simbolização, de pensamento.

As características superegoicas, em ação no acometimento melancólico, estão intrinsecamente atreladas à força dos impulsos pré-genitais e à identificação arcaica com objetos parciais, o que corresponde à noção de superego primitivo, descrita por Klein (1932/1975). O Eu do melancólico permanece submetido ao sadismo da instância superegoica primitiva e sob os efeitos da ação predominante da pulsão de morte. Assim, a angústia é muito mais pela sobrevivência do Eu que um verdadeiro penar pelo objeto que, neste caso, guarda características eminentemente narcísicas e é reflexo do conflito interno entre o ego e o superego, como indicou Freud (1923).

O ressentimento pela alteridade do objeto impede a criação de um espaço psíquico onde teria lugar um terceiro, condenando o sujeito a viver na ilusão narcísica de união com o objeto primário e, portanto, não podendo abdicar de seu controle nem dar lugar à sua necessária substituição. Nessas circunstâncias, a perda de um objeto amado é vivida mais profundamente como a perda de si mesmo. A falta do objeto ou de seu amor desvelam o vazio ao qual o sujeito é remetido, uma vez que em sua organização narcísica não há, ainda, a constituição da possibilidade de uma ausência.

Fédida (1999) relacionou a noção de vazio a uma depressão arcaica, anterior à posição depressiva conceituada por Klein. Esse vazio pode impedir o acesso à posição depressiva, que se dá em associação com o tempo do desmame e quando entra em jogo a questão da ausência do objeto. Desse modo, considerou ser a posição depressiva um momento criativo da constituição temporal da ausência, à qual o vazio pode estar impedindo acesso e, portanto, dificultando o luto. Por sua vez, a relação analítica não teria propriamente a função de substituir o ausente nem preencher o vazio de seu lugar, mas a de fundar a relação de ausência, que é desconhecida no psiquismo desse sujeito. Isso se daria por meio da especial presença do analista, que, na relação com o paciente, acolhe o ausente imaginário (o seio ou a mãe) para poder nomear e colocar palavras nesse vazio, possibilitando a significação essencial implicada no intervalo da ausência que envolve disjunção e desligamento. Esse intervalo lembra o terceiro simbólico, a presença analítica envolve "o ausente nela acolhido, mas faz escutar sua perda e estabelece sua ausência" (FÉDIDA, 1999, p. 122).

A partir da constituição psíquica da possibilidade de ausência do objeto, desponta a possibilidade de ser concebido um terceiro, investido no "tempo narcísico do Édipo" para além da relação mãe-filho, embora essa triangulação seja regida pelas funções de intrusão-apropriação características da regulação narcísica, como sustentou Faimberg (2001), aproximando-se da concepção de Klein (1945/1996) de um complexo de Édipo primitivo em que o pai constitui uma alternativa oral e possibilita a substituição do investimento libidinal em relação à mãe, representada no objeto-seio perdido por ocasião do desmame e pela ação da realidade. Sem poder se dar a constituição de um terceiro, mesmo que de forma primitiva e incipiente, é inevitável a hipoteca do sujeito à ligação indissolúvel com o objeto primordial. Assim, uma identificação positiva precoce com o pai é poderosa força contra o perigo de engolfamento com a mãe, como pontuou Loewald (*apud* ETCHEGOYEN, 2002).

O narcisismo parental dá origem ao narcisismo primário da criança, já indicava Freud (1914/1974). No entanto, por vezes o sujeito permanece escravizado aos restos do projeto desejante dos pais e de antepassados. Isso inviabiliza a construção de um lugar para si, a apropriação de sua história e o trilhar do caminho da desidentificação, condições essenciais para a liberação do desejo e a constituição de um futuro próprio.

Quando em questão, a alienação do sujeito ao objeto e a impossibilidade de separar-se dele e perdê-lo devem ser consideradas uma provável incapacidade do objeto real em sua delicada função de confirmação narcísica e promoção da separação entre ambos. Essa desilusão necessária deve ter lugar após a primitiva indiferenciação e a subsequente ilusão de união narcísica sujeito-objeto, sendo este um processo que se inicia pela ação da figura materna, mas que deve ter continuidade na ação da figura paterna. A ausência da provisão ambiental suficientemente boa, destacou Winnicott (1988), pode dificultar o desenvolvimento do Eu ao impedir ou transtornar o seu processamento da realidade. Ela é condição imprescindível para que o psiquismo infantil se estruture com fronteiras bem estabelecidas, tornando-se portador de um narcisismo seguro e estável, desenvolvendo e alimentando-se do amor a si.

Como indicou Green (1988), o amor a si trabalha na direção da preservação do Eu, e é fruto da unificação das pulsões parciais sob a égide de Eros. O amor a si se constitui ao preço de abdicar de ser "mais do que eu", tratando-se de uma compensação pela perda do amor fusional com o objeto.

A melancolia constitutiva do início da vida psíquica, melancolia em *statu nascendi,* dá-se no momento evolutivo que corresponde à posição depressiva na visão de Klein (1946/1991). No entanto, poderia ser vista muito mais como condição localizada na passagem da posição esquizoparanoide para a depressiva, como inicialmente a definia (KLEIN, 1935/1996). Desse modo, poderia a melancolia constitutiva corresponder à fronteira entre a psicose e a neurose, como considerava Freud (1923) ao postular o quadro clínico da melancolia, uma neurose narcísica por excelência.

De todo modo, a melancolia constitutiva pode deixar pontos de fixação importantes, porém relativamente invisíveis até o sujeito ser atingido pela perda de um ser amado e, assim, ser devastado pelo acometimento melancólico. Um verdadeiro colapso narcísico que o leva à queda vertiginosa da ilusão à desilusão, do ideal ao fracasso, tendo lugar uma imensa perturbação na relação com o ideal do ego, herdeiro do narcisismo primário e resultante das identificações primárias, como indicou Freud (1914/1974). Além disso, um golpe narcisista contra o ego pode, independentemente do objeto, produzir a melancolia como uma ferida aberta (FREUD, 1917[1915]/1974).

A fixação oral seria uma das condições para o acometimento melancólico, relacionada à grave ferida imprimida ao narcisismo por uma decepção amorosa sofrida na vida precoce. Indicou K. Abraham (1924/1970) que a crise de depressão melancólica seria indubitavelmente provocada por um desapontamento amoroso na vida do sujeito, o que o remeteria àquela vivência primitiva.

O sujeito, futuro melancólico, teria vivido uma experiência de perda do lugar junto à mãe sem que houvesse outro objeto capaz de acolher sua demanda libidinal. Voltar-se para o pai também teria fracassado e, a partir daí, a experiência se constituiria como de abandono total e, sobre ela, se articulariam as tendências depressivas precoces (LEITE, 2002).

A reversão em mania é característica do processo maníaco-depressivo, o que faz com que o sujeito apresente, mesmo nos intervalos livres, a alternância entre estados mentais depressivos e reações maníacas. Como se o "crime" das repetidas destruição e expulsão do objeto amado, buscando como efeito a negação da dependência, se desse, de tempos em tempos, em plano psicológico. "Crime" este direcionado à figura materna, em relação à qual é vivido originalmente o conflito ambivalente que atravessa o sujeito (ABRAHAM, 1924/1970).

Em contrapartida, é interessante considerar a ideia de Stein (1988) de que todos os homens teriam sido alvo do ódio materno devido à separação instaurada pelo nascimento. Carregando para sempre esse ódio, as Erínias de uma mãe, o sujeito o reverteria contra si aguardando vingança, o que garantiria uma ligação indestrutível com a figura materna. Esse "cair do ódio materno sobre o filho" estaria associado à descrição freudiana da melancolia e, pela via do infante, poderia ser remetido à noção kleiniana de uma melancolia constitutiva, com foco no desfazer da ilusão de união narcísica com o objeto original.

Não é possível desconsiderar que, associado ao amor materno aos filhos, tem lugar um ódio destrutivo que pode se expressar na superproteção de mães fálicas em relação a seus filhos, constituindo base para que a melancolia tenha lugar. Uma vez que o poder é plenamente atribuído à mãe fálica e nela se concentra, os filhos se constituem na incapacidade de se cuidar e se proteger. Lançados no âmbito do desamparo passivo, entregam-se ao outro de forma submissa e impotente para serem explorados e manipulados. Permanecem no cultivo de uma "insuficiência imunológica psíquica", como descreveu Berlinck (2000).

Desse modo, ligações de dependência cega se proliferam, vida afora, em sujeitos que ofuscadamente seguem o objeto amado como sombra, mesmo que em algum reduto psíquico haja certa consciência e possam ocorrer tentativas de romper com essa alienação. A reação maníaca é parte do funcionamento maníaco-depressivo, baseia-se em fantasias mágico-onipotentes e constitui uma tentativa de destruição do objeto e negação de sua dependência. Portanto, avança defensivamente em direção contrária e paradoxal ao acometimento melancólico.

Encontra-se, sempre à espreita, uma depressão narcísica quando o "objeto absolutamente necessário" permanece excessivamente presente, por não ter dado lugar à perda para dentro, à representação e à consequente simbolização. Este é um aspecto do "trabalho do negativo", processo constitutivo descrito por Green, que resulta em um indivíduo que não consegue manter-se vivo e ativo sem contínuo aporte de estimulação externa, como indicaram Figueiredo e Cintra (2004).

Na ausência da implantação de um narcisismo estruturado e uma autoimagem vigorosa, pode predominar no psiquismo a ação do narcisismo destrutivo, resultante da primazia da ação da pulsão de morte sobre a pulsão de vida, indicou Rosenfeld (1988). Nesses casos, os ataques desferidos à ligação com o objeto indicam uma destrutividade ativa, que pode se reverter em poderosos impulsos autodestrutivos do sujeito. Além disso, seu aspecto libidinal pode se apresentar na supervalorização do *self*, tendo por base a idealização e sendo reveladora da intolerância à humilhação pela separação e pela dependência em relação ao objeto.

É importante relembrar que Freud (1917[1915]/1974) acreditava apenas ser possível o indivíduo se matar se o ego trata a si mesmo como objeto e, portanto, dirige contra si a hostilidade nutrida primariamente em relação a um objeto do mundo externo. Quando a ameaça de suicídio está presente, encontra-se em ação um ataque originariamente destinado ao objeto introjetado, vivido como mau por romper a união idílica pretendida pelo narcisismo do sujeito. É uma forma de o ego tentar eliminá-lo, bem como ao próprio id que é odiado.

Em contrapartida, em alguns casos o autoextermínio pode ter uma vertente altruísta, abrigando fantasias que procuram preservar os objetos bons internalizados e a parte do ego com eles identificada, tratando-se de uma maneira pela qual o ego procura se unir aos objetos amados. Em outros casos, embora compreendendo fantasias semelhantes, o suicídio do melancólico pode se voltar ao mundo externo e aos objetos reais, como (em parte) substitutos dos objetos internalizados. Assim, visa preservar seus objetos amados reais do ódio perigoso e incontrolável que é sempre crescente dentro de si (KLEIN, 1935/1996).

Sobre o "trabalho do luto" e o "trabalho da melancolia"

Após se ocupar com os conceitos de narcisismo e ideal de ego em 1914, Freud passou para o estudo do processo de luto e de sua interface com a melancolia. Uma vez comprovada na realidade a ausência do ser amado, tem lugar no "trabalho do luto" um desligamento gradativo do objeto e o reinvestimento libidinal no ego. Com a introjeção do objeto perdido no ego, ao final, há a possibilidade de ligação com um novo objeto. No entanto, a sombra do objeto perdido pode recair sobre o ego, em função de uma identificação narcísica posta em ação porque o amor a ele não pode ser renunciado, sendo obstaculizado um curso normal para o processo de luto (FREUD, 1917[1915]/1974).

Contudo, em 1926, Freud ressaltou que à perda do objeto, que é conferida pela via perceptiva, soma-se a perda do amor do objeto, sendo esta um perigo muito mais duradouro e determinante de ansiedade.

A melancolia constitui um processo bem mais complexo que o luto e suas causas são mais amplas. Comporta perda de natureza mais ideal, encontra-se associada a uma perda subtraída da consciência e pode emergir mesmo quando o objeto é perdido apenas enquanto objeto de amor. A ambivalência de sentimentos em relação ao objeto é um elemento distintivo em relação ao luto e instala um conflito que permanece na raiz do processo patológico, o que pode ser de origem constitucional, ser um elemento de toda relação amorosa desse ego particular ou estar relacionado a experiências que envolveram ameaça de perda do objeto (FREUD, 1917[1915]/1974).

Por seu lado, indicou Fédida (1999, p. 66, grifo do autor):

> *[...] a perda do objeto (separação, abandono...) só implica ameaça se provocar a destruição do eu. A identificação primitiva é tal que a angústia da perda do objeto de amor deixa-se interpretar como a angústia do eu de não conseguir sobreviver para além do desaparecimento do objeto: a melancolia é menos a reação regressiva à perda do objeto do que a capacidade fantasmática (ou alucinatória) de* mantê-lo vivo como objeto perdido.

Por ser um enlutado com a vida, o melancólico encontra-se mergulhado numa perda em relação a si próprio, verdadeira ferida aberta situada na esfera psíquica e, assim, constitui um destino de perdedor e uma ânsia de amor inesgotável, como bem sintetizaram as palavras de Peres (1996). O empobrecimento do ego resulta da contingência interior que devora o sujeito numa "constelação psíquica da revolta", sendo "por ofensa real ou decepção" que a relação de objeto fica abalada. O suicídio do melancólico representa essencialmente um retorno a si do desejo de matar o outro.

Na evolução freudiana da noção de melancolia, retomada por Moreira (2002), confere-se que Freud, em 1895, no "Rascunho G", havia relacionado a melancolia a uma perda na vida pulsional, enquanto em 1915, no texto *Luto e melancolia*, definiu-a como uma perda objetal, que se transformava em uma perda para o ego, fazendo a analogia com uma "ferida aberta" e indicando que na melancolia o buraco é na esfera psíquica. Em 1897, no "Rascunho N", ele havia considerado a melancolia no eixo do complexo de Édipo, apontando-a como uma manifestação da acusação pela morte dos pais, muito antes de considerá-lo conceito fundamental da psicanálise e do complexo nuclear das neuroses a partir dos anos 1920.

Nessa abreviada síntese, identificam-se ideias que deram origem a distintos enfoques metapsicológicos do processo melancólico, dos quais um em especial merece destaque. Em seu trabalho sobre o luto e a melancolia, Freud (1917[1915]/1974) referiu-se especificamente ao "trabalho da melancolia", o qual foi retomado e amplamente desenvolvido por Rosenberg (2003), que visava estabelecer sua distinção em relação ao "trabalho do luto". Distinção muito oportuna, pois elucida o processo de elaboração necessário no enfrentamento à perda de um ser amado, para que o sujeito possa conduzir o luto normal e não tombar em melancolia. Ou mesmo se isso se der, que ao menos possa emergir desse acometimento.

O "trabalho do luto" é alavancado pelo próprio narcisismo, conduzindo o sujeito ao desapego do objeto perdido, seu desinvestimento e o reinvestimento libidinal em outro objeto. Trata-se, portanto, da possibilidade de "destacabilidade", que no luto é garantida, mas na melancolia é muito difícil ou impossível. Portanto, o "trabalho da melancolia" trata-se de assegurar a questão prévia da "destacabilidade" entre as representações do sujeito e do objeto que estão coladas, para que o desapego seja possível. Isso se encontra intrinsecamente dependente do investimento narcisista que foi feito previamente no objeto e terá de ser desfeito, pois implica um desinvestimento narcisista de si que faz experimentar a perda do objeto como a perda de si, o que praticamente constitui a predisposição à melancolia.

A introjeção-identificação representa a via de saída pela qual o Eu, que se encontra imobilizado entre a impossibilidade de desinvestir no objeto e a impossibilidade de continuar a investir, possa dar curso a esse processo. Além de proceder à desidealização do objeto, dá lugar a sua acusação e sua culpabilização, o que está diretamente relacionado à raiva primária envolvida na constituição do objeto original.

Essa raiva, por não poder ser expressa nem vivida fora dos acessos de medo de destruir o objeto e perdê-lo, compõe-se e é compensada pelo investimento narcisista-idealizado de objeto, o que constitui uma tentativa desesperada de ligar a raiva ao objeto, ou pelo menos constituir um limite que impeça que a raiva do sujeito destrua o objeto. Isso se mantém desde que nada desperte a raiva subjacente. Caso o objeto "se recuse" ao sujeito e ao amor narcisista que este lhe dedica, desencadeia-se no sujeito o acesso melancólico. Assim, reage ao aumento de sua raiva em relação ao objeto com um novo investimento narcisista. Isso é realizado tanto pela regressão à identificação narcísica como por uma fixação ainda mais estreita do sujeito ao objeto. O sujeito melancólico utiliza a raiva do objeto para destruir a si mesmo (ROSENBERG, 2003).

Nessa perspectiva, o suicídio do melancólico se deve a um fracasso do "trabalho da melancolia", pois, se pudesse ter sido conduzido com sucesso, levaria ao final do acesso melancólico, uma vez que evitaria o desinvestimento narcisista do Eu, além de se encerrar o reinvestimento libidinal em novo objeto externo. O objeto perdido permaneceria introjetado e, com ele, o ego poderia se identificar, incluindo-o e guardando-o em seu interior, prescindindo da necessidade de mantê-lo atrelado a si e evitando estabelecer relações objetais regidas pela alienação.

Um olhar sobre a psicopatologia

Em períodos críticos na vida do sujeito com um funcionamento mental primitivo, a divisão e a dissociação entre aspectos de sua personalidade podem se acentuar e contribuir para especial desarticulação subjetiva. O Eu é remetido à sua disposição polimorfa-perversa original, ficando sob a pressão de impulsos pré-genitais e sofrendo os efeitos prevalentes da atividade da pulsão de morte. Constitui-se uma oportunidade para manifestação de traços psicopatológicos contrastantes e exacerbados, reflexo de identificações primárias que não foram integradas em uma consistente unidade subjetiva.

Podem ocorrer expressivas distorções da realidade externa e dificuldades extremadas de contato com a realidade interna nos estados psicóticos, sendo predominante a fuga para o objeto bom interno que resulta na negação da realidade psíquica e externa. No entanto, quando prevalece a fuga do ego para o objeto bom externo, emergem a forte dependência em relação aos objetos e o enfraquecimento egoico, característicos das neuroses graves (KLEIN, 1935/1996).

Confere-se que diferentes aspectos da vida mental podem se mesclar ou antagonizar, promovendo, por vezes, especiais dificuldades diagnósticas quanto à especificação do quadro psicopatológico ou ao funcionamento mental predominante. Como indicou Leite (2002), não são observadas na clínica estruturas psicopatológicas puras e, desse modo, o diagnóstico estrito só impede a escuta do paciente em sua singularidade.

Na mesma direção, Berlinck (1997, p. 35) lembrou que a

> *que aplicação de categorias nosográficas na clínica sem uma escuta cuidadosa e prolongada pode se constituir*

> *numa resistência do psicanalista à sua própria escuta. Declarar que um sujeito é histérico, obsessivo, perverso ou psicótico, serve muitas vezes para se evitar a confrontação com o enigma que o outro é.*

Se Freud (1917[1915]/1974) enfatizava a estreita relação entre narcisismo e depressão, considera-se com Berlinck (2000) que a depressão pode manifestar-se em qualquer estrutura clínica sempre que o psiquismo solicita restauração de seu narcisismo. Porém, como advertiu Moreira (2002), é na clínica psicanalítica que se evidencia a distinção entre a melancolia e a depressão, o que infelizmente não tem constituído uma constante no enfoque psiquiátrico, que muitas vezes torna a melancolia invisível por detrás da depressão.

A perda objetal vivida como intolerável pelo sujeito que odeia a diferença, luta contra a separação e não consegue empreender o luto pelo objeto perdido ou pela perda de seu amor remete à consideração de uma perda narcísica implicada e, ainda, ao insuportável abalo em seu próprio ideal. A natureza e a magnitude dessa vivência subjetiva radical remetem à hipótese de não absorção psíquica da perda original na estruturação primitiva do sujeito quando submetido à marca da ação da realidade. A incorporação do objeto é o recurso basicamente utilizado para substituir a ferida narcísica original do sujeito, pois busca reintroduzir em si o que está projetado no objeto e que constitui efetivamente o verdadeiro sentido da perda (ABRAHAM; TOROK, 1995).

Nesse sentido, por ocasião da perda súbita de um objeto narcisicamente indispensável, o que ocorre é a recusa da introjeção dessa perda do ideal, pois representa a morte do ideal originário do sujeito. Em uma fantasia narcísica de luto, o sujeito deseja que o objeto o perca e não sobreviva a essa perda, imagina condená-lo a lhe dedicar amor e por ele permanecer enlutado, sendo este o sacrifício que impõe àquele que o abandonou ou desapareceu e, portanto, frustrou seu desejo de restituição narcísica por intermédio de um objeto externo.

Além disso, um ponto importante sublinhado por N. Abraham e Torok (1995) é que muitas vezes esses pacientes são enfocados clinicamente como histéricos ou histerofóbicos, podendo chegar ao fim do tratamento sem que esse problema de base seja tocado.

Por seu lado, Rosenberg (2003) enfatizou que a problemática narcisista está estritamente intrincada com a problemática objetal, e isso não apenas nos sujeitos de estrutura melancólica. Destacou que o "trabalho da melancolia" é a elaboração psíquica que visa liquidar um investimento narcisista de objeto. Além de sublinhar que esse investimento comporta uma tensão interna entre a parte de investimento narcisista e a parte de investimento objetal, destaca, ainda, que isso varia segundo cada caso e de acordo com o momento subjetivo vivido.

De modo consistente, Green (2002) concebe um cruzamento entre a histeria e os casos-limite, quadros psicopatológicos que guardam um caráter proteiforme que os aproxima sobremaneira, muito mais que os casos-limite às psicoses severas, como costumeiramente é apontado. Indicou que, entre a histeria e os casos-limite, a depressão é uma ameaça permanente. Pode ir da simples depressão neurótica, que comporta acusações diretamente formuladas e voltadas para o objeto, até as formas mais graves: depressões de estrutura mais narcísica e próximas da melancolia, nas quais dominam a autoacusação e as ideias de indignidade. Nesses últimos casos, destacou que na análise da transferência revela-se a tenaz persistência das fixações aos objetos incestuosos, bem como a impossibilidade de se separar deles e se efetivar o luto.

Se o ego está relativamente organizado na histeria, encontra-se muito pesadamente comprometido nos casos-limite, destacando--se a problemática narcísica envolvida. Enquanto a erotização é mais presente na histeria, acha-se menos evidente nos casos-limite. Nos casos de histeria que são mais próximos aos casos-limite, o objeto permanece como insubstituível, indispensável, necessário à sobrevivência do indivíduo, sendo as angústias de separação e de intrusão marcantes e o conflito deslocado do confronto das pulsões com o superego para as relações entre o eu e o objeto.

Nas tentativas de suicídio do histérico, seu caráter fraco e superficial indica que o desejo de morrer é muito menos determinante que o desejo de sair magicamente de uma situação dolorosa afetivamente intolerável. Em contrapartida, o suicídio dos casos-limite é bem mais perigoso, algumas vezes de difícil distinção entre a tentativa de sair de uma situação que parece insolúvel, com desejo prevalente de dormir, e a pulsão incoercível de querer morrer. Essa distinção deve se nortear pela destrutividade orientada em direção ao objeto ou ao ego (GREEN, 2002).

Relembrando que a dimensão melancólica se manifesta nas mais diferentes estruturas psíquicas, Leite (2002) propõe o paradigma da melancolia para a compreensão do sofrimento histérico, um excesso devastador que emerge em situações-limite do tratamento desses pacientes. A partir disso, sugere que na falência das defesas histéricas, direcionadas à conquista de uma posição feminina, um "buraco hemorrágico" pode escavar-se, provocando um esvaziamento de sentido e instalando a ameaça do nada, a ausência de possibilidades com a qual o Eu pode identificar-se. Sendo este um movimento típico da melancolia, compreende uma regressão narcísica e indica falhas na constituição da própria imagem, revelando assim o padecimento histérico por uma imagem narcísica fragilmente constituída.

Segundo Leite (2002), a problemática narcísica da histeria oral pode reeditar algo da vivência primitiva do sujeito melancólico. Uma vez abandonado pelo desejo do Outro, refugia-se num negativismo defensivo e evita o investimento objetal, permanecendo identificado a um ideal do Eu inacessível e padecendo do efeito "turbilhonar" e "hemorrágico" (LAMBOTTE *apud* LEITE, 2002). É importante ainda lembrar que a histérica, em sua incapacidade de amar o outro, só conhece o amor narcísico. Busca a imagem de si mesma refletida no outro, ao mesmo tempo que deseja saber o que este quer dela e o quanto vale para ele. Assim, corre sempre o risco de repentinamente não valer mais nada (LEITE, 2002).

Sob o impacto do encontro

Ao considerar a noção de *Eu em ruína*, torna-se imprescindível levar em conta o que é vivido na clínica com esses pacientes em franco desamparo, vivendo na mais completa alienação ao objeto perdido e inapetentes pela vida. Permanecem fixados no passado do que foram, caracterizam-se pela impossibilidade no presente e encontram-se desesperançados na ausência de um futuro para si.

O declínio amplo, abrupto ou progressivo, leva esses pacientes à psicoterapia como um derradeiro recurso. Os psicanalistas, médicos de Eros, como destacava Fédida (1988), empreendem a tentativa de reanimá-los psiquicamente, de ajudá-los a enfrentar esse colapso na existência, transformando o vivido em experiência. Buscam ajudá-los a dar um valor simbólico à dor inadmissível diante de uma realidade que não absorvem, estando em pauta sempre a perda de um ideal de si ou do objeto que representava esse ideal.

Ao inclinar-se sobre a desmontagem do eu, que coloca em risco a continuidade da existência desses sujeitos perante a falta do objeto que lhes figura como absolutamente necessário, o psicanalista é inevitavelmente afetado pelo que emerge na transferência/contratransferência.

A relação analítica é atingida pelo *pathos*, uma vez que o tratamento procede da atividade fantasmática do analisando e do analista, ressaltou Fédida (2002). O trauma do encontro depende essencialmente da capacidade do psicanalista e de sua *rêverie*[5] para, a partir de sua afetação pelo *pathos*, colocar em ação a ressonância, a continência, a metabolização e a metaforização dos afetos que estão em curso. Desde a posição de estrangeiro, necessita deflagrar chances de reverter o processo de corrosão vital que domina o paciente. Para que isso seja possível, o psicanalista tentará ajudá-lo a construir em análise um Eu mais bem estruturado, favorecendo o emergir de um ego mais fortalecido e auxiliando na construção mais integrada e estável da imagem de si e dos objetos internos e externos.

A reação perante a perda pode constituir o luto normal, o luto patológico ou a eclosão de uma melancolia, podendo ser esta uma questão de grau e manter estreita relação com o luto arcaico, destacava Klein (1940/1996). Nessa esteira, Fédida (1999) considerava que a análise é uma tentativa de permitir ao paciente com depressão maligna aceder à posição depressiva, fundando a relação da ausência que por ele é desconhecida. O paciente, impossibilitado

5 *Rêverie:* termo adotado por W. Bion em 1962 para se referir a um estado de mente que o bebê requer da mãe. Ela necessita estar em estado de calma receptividade para acolher os sentimentos da criança que lhe são intoleráveis e, por isso, foram expelidos para dentro da mãe por meio do mecanismo de identificação projetiva. A mãe, em exercício de sua função alfa, processa o que recebe dentro de seu próprio psiquismo, para depois devolver ao bebê, dando significado ao que foi projetado. Essa é a forma pela qual o conteúdo inicialmente intolerável pode ser reintrojetado pelo bebê. Nesse processo, ele começa a aprender com a mãe como desenvolver sua capacidade para refletir sobre seus próprios estados de mente (HINSHELWOOD, 1992).

frente ao luto pela separação do objeto, pode receber ajuda pela análise, de modo a sair do vazio enfrentado com a ausência do objeto. Assim, abre-se a possibilidade de existir e ser acolhido o terceiro simbólico, ainda a ser constituído naqueles sujeitos que são atravessados pela perda de um ser amado e desabam em ruína sob essa sombra.

Considerou Rosenberg (2003, p. 131):

> *O "trabalho da melancolia" durante um acesso melancólico não muda a maneira de investir do melancólico, somente permite que ele, por um deslocamento custosamente realizado, repita o modo de investimento com relação a outro objeto. Dito isto quando não se trata de uma saída espontânea de um acesso melancólico, mas de um tratamento analítico, podemos esperar, e este será fundamentalmente nosso objetivo com pacientes desse tipo, "objetificar" tanto quanto possível seu tipo de investimento.*

No entanto, a noção de depressividade desenvolvida por Fédida (2002) foi aproximada por ele à "capacidade depressiva" de Klein, além de apresentar uma perspectiva mais promissora que aquela apontada por Rosenberg. Tal noção se refere à constituição da experiência da perda e à transformação da vivência interior por ela, em função do melhor acesso do sujeito à própria vida psíquica, porém tendo claro o objetivo de traduzi-la em representações e linguagem. Nesse sentido, a depressividade não seria alheia à experiência do luto pelo ser amado e a todas as vivências de separação e abandono. A reanimação do vivo no depressivo consistiria, portanto, na reapropriação subjetiva daquela experiência fundamental da perda, da separação e do luto. Nessa perspectiva, a capacidade depressiva é uma capacidade de criação, e o tratamento psicanalítico solicita a restituição da depressividade, uma vez que favorece no paciente a percepção interna e o contato com o que permaneceu da experiência primeira da subjetividade, da descoberta da vida em contato com a morte.

Conclusão

Balizada pelo vivido na clínica psicanalítica e em busca da metapsicologia em germe contida no caso clínico de Carmen, visava aprofundar-me no funcionamento psíquico do sujeito que, após a perda de um ser amado, do seu amor ou de algo que tenha ocupado esse lugar, entra em colapso. Desse modo, busquei avançar no delinear da noção de *Eu em ruína*, objetivo central deste trabalho.

Nesse sentido, considero o "trabalho da melancolia", ampla e profundamente descrito por Rosenberg (2003), um processo cuja elaboração é imprescindível na estruturação psíquica inicial, garantindo a primordial separação sujeito-objeto. A perda e a separação em relação ao objeto primário, que promovem a ruptura da fantasia onipotente de união narcísica presente no psiquismo em estruturação, geram o confronto com a morte e o emergir da angústia de aniquilamento, destacou Fédida (2002). Descreveu, dessa forma, o impacto no desenvolvimento psíquico arcaico, indicando que o psiquismo pode melancolicamente procurar *mantê-lo vivo como objeto perdido,* em vez de conduzir-se progressivamente para o reconhecimento da perda e a consequente instauração da depressividade, uma capacidade criativa do psiquismo saudável.

A melancolia *in statu nascendi,* descrita por Klein (1935/1996), parece dizer respeito a essa vivência arcaica e implica uma tarefa psíquica imprescindível de ser processada ao longo da posição depressiva. Se esse trabalho psíquico inicial não puder ter êxito, descolando as representações do sujeito e do objeto como indicou Rosenberg (2003), e os separando como nomeou Klein (1935/1996), o sujeito permanece impedido de levar a efeito o que, desde Freud (1917[1915]/1974), foi apontado como "o trabalho do luto", o qual pressupõe ser possível a destacabilidade do objeto.

Por ocasião da perda do objeto-seio, é imprescindível que o psiquismo possa avançar na passagem da indiferenciação e da união narcísica para uma relação objetal com sujeito e objeto diferenciados, pois é o que termina por constituir a dimensão da ausência em seu mundo interno, como destacou Fédida (1999).

Esse processo, além de estruturante do psiquismo, é imprescindível para o desenvolvimento das relações objetais vindouras, pois, em cada nova situação de perda, reapresenta-se o luto arcaico com todas as implicações e as dificuldades remanescentes, indicou Klein (1935/1996), restando ao sujeito, a cada vez, a exigência desse trabalho psíquico. Porém, naquele que tomba no buraco da perda de si e na ferida narcísica incontornável quando perde um ser amado, o seu amor ou o que possa ter ocupado o lugar de objeto narcisicamente indispensável, esse trabalho psíquico fracassa reiteradamente. E são essas repetidas tentativas frustradas que, ao falharem, vão comprometendo a subjetividade e, finalmente, configuram o *Eu em ruína* em múltiplas áreas do viver.

O "trabalho do negativo", proposto por Green (*apud* FIGUEIREDO; CINTRA, 2004), ressalta a necessidade de o objeto ser perdido para dentro, deixando de ser excessivamente presente e absolutamente necessário, para que o sujeito não se constitua condicionado à estimulação externa para se manter vivo e ativo.

Quando N. Abraham e Torok (1995) destacaram a perda original envolvida na estruturação subjetiva, apontaram para um processo arcaico no qual o sujeito projetaria seu ideal imaginário no objeto. Em função de perturbações e fixações nesse processo arcaico, o sujeito poderia, ao longo da vida, permanecer impossibilitado de enfrentar a perda do objeto amado, uma vez tendo projetado sobre ele seu próprio ideal.

Retomando, o "trabalho da melancolia" inclui lidar com o excesso de destrutividade que emerge no Eu e necessita assegurar: a destacabilidade do objeto, a liquidação do investimento narcisista-idealizante do objeto perdido e a expressão da raiva-sadismo em relação ao objeto com o fim de ligá-la e elaborá-la. Necessita ainda assegurar a vivência da culpa pelo sadismo e sua transformação em masoquismo, que é, por sua vez, o retorno desse sadismo sobre si. Tudo isso para que, ao final desse trabalho elaborativo, seja possível ao ego utilizar sua libido narcisista para fazer o reinvestimento libidinal em um novo objeto. Isso sem que se esgote a libido narcisista nessa tarefa, pois, se isso ocorrer, o suicídio pode tornar-se iminente. Como destacou Rosenfeld (1988), o narcisismo destrutivo pode predominar em função da não estruturação sólida de um narcisismo com clara função de vida para a subjetividade.

Ocorrendo a possibilidade de reinvestimento libidinal em um novo objeto, acaba se demonstrando que a pulsão de vida venceu a batalha contra a pulsão de morte. Luta esta que esvaziava e empobrecia o Eu, mergulhado que estava sob os ataques de um superego sádico e que, na impossibilidade de o luto se dar, poderia ser levado à própria morte. Eros se faz presente em sua função de ligação, integração e intrincação pulsional, dominando e superando o movimento de destruição, desintegração e desintrincação pulsional de Tânatos.

Desse modo, tem lugar a tentativa de viabilizar no psiquismo o estabelecimento de relações de objeto menos narcísicas e idealizadas, de acordo com a necessária distância de alteridade para com o objeto. Institui-se o sujeito desejante e, a seu lado, um objeto que seja desejado por ser outro, mas que também possa ser odiado e abandonado quando perdido.

Esse trabalho elaborativo tendo êxito, a organização narcisista desse psiquismo poderá alcançar uma melhor estruturação interna e estabelecer fronteiras mais elásticas e permeáveis tanto internas como externas, condição esta a ser atingida por intermédio das tarefas de diferenciação e integração psíquicas que compõem a posição depressiva. Abre-se, então, caminho para o psiquismo avançar em seu crescimento, estabelecendo relação mais diferenciada e evoluída com seus objetos internos e externos.

No entanto, para o sujeito que se torna um "Eu em ruína", não penso na possibilidade de reversão espontânea, uma vez que seu quadro é mais abrangente e comprometedor que um acometimento melancólico. Isso porque, como podemos conferir, além do padecer melancólico, apresenta a destruição regressiva do que se encontrava relativamente erigido nas diferentes áreas de sua vida. Nesse caso, a ajuda psicoterapêutica se torna absolutamente imprescindível, pois com ela há a possibilidade de construção em análise, sob um olhar estrangeiro e no exercício de escuta de um terceiro, o psicanalista.

Nesse sentido, em diversidade com Rosenberg (2003), acredito que uma mudança psíquica mais substancial e estrutural possa se dar nos pacientes que conseguem empreender seriamente um tratamento. Por esse intermédio, têm a chance de promover e instaurar em seu psiquismo o que não conseguiu ser levado a efeito no desenvolvimento primitivo, tampouco ao longo de suas experiências e vivências anteriores. E, na relação transferencial, poderão agora ver emergir a depressividade: uma capacidade depressiva criativa que anteriormente não conseguiu ser alcançada.

Independentemente das características psicopatológicas predominantes, no funcionamento psíquico desses quadros de "Eu em ruína" parece sempre haver a reverberação de um "trabalho" arcaico que não foi cumprido ou completado no início da vida mental. Dessa forma, o desenvolvimento psíquico que foi possível a partir daí carregou consigo essa marca inicial e seguiu os rastros dessa falha constitutiva. Não podendo esta ser apagada, pode, no entanto, ser alvo da escuta analítica e transformada pela relação que se dá na transferência, no interjogo entre paciente e psicanalista.

Para finalizar, retomo o caso clínico de Carmen, ilustrativo das dificuldades e das impossibilidades que podem impregnar o psiquismo desde sua origem, determinando a repetição incessante das tentativas de efetivar e completar o "trabalho do luto". No seu caso, por ocasião da perda da mãe amada, da perda da imagem ideal de si e da decepção profunda com o filho adorado, escancarou-se sua impossibilidade de elaborar. Desvelou-se o incompleto processo de consumação do luto arcaico da posição depressiva e, fundamentalmente, o "trabalho da melancolia" que não fora efetivado em sua estruturação subjetiva.

O acometimento melancólico do qual Carmen não encontrava saída possível resultava de repetidas tentativas frustradas de conduzir o "trabalho da melancolia", mas que, no entanto, produziam apenas soluções e reparações mágico-onipotentes. Estas apenas contornavam a ferida narcísica intransponível e, pela repetição reiterada do fracasso no processo elaborativo, terminaram por conduzi-la à ruína nas distintas áreas do viver. Sem ajuda de psicoterapia, em que a escuta de seu sofrimento *pático* se desse por um terceiro, Carmen não poderia alavancar sua necessária reanimação psíquica, a fim de superar o profundo estado depressivo-melancólico em que se encontrava há muitos anos e reconstruir tudo o que havia ruído em sua vida.

A vivência na transferência/contratransferência foi o balizador por excelência em relação à complexidade do caso clínico de

Carmen e à dificuldade diagnóstica que a atravessava. Por trás de sua apresentação histeriforme, residia uma organização narcísica mais fundamental e primitiva, que compreendia problemas de limite tanto internos como externos ao Eu.

As oscilações de Carmen entre estados maníacos e depressivos revelavam uma estruturação psíquica marcada pela instabilidade e pela falta de coesão egoica, atravessada por angústias de natureza tanto persecutória quanto depressiva. Vivia constantemente oprimida pela impossibilidade de atingir o seu ideal de ego, além de constituir uma subjetividade bastante vulnerável às ocorrências desestabilizadoras vividas em relação ao mundo externo e junto aos objetos reais.

A preocupação pelo objeto e a angústia de perda do amor nessa paciente mesclavam-se ao temor pela sobrevivência do ego, gerando tentativas de reconstituição interna e de reparação objetal que fracassavam ou não alcançavam a profundidade necessária. E, com isso, renovava-se o sentimento de culpa junto ao objeto e a autorrecriminação de um Eu que reiteradamente fracassava perante o próprio ideal.

A triangulação edípica acenava no horizonte psíquico, porém não havia se estabelecido efetivamente, não se sustentando em lugar sólido de seu mundo interno. No entanto, Carmen constituíra uma triangulação ilusória que sofria poderosas interferências pré-edípicas das questões narcísicas e diádicas mais primitivas. A fantasia onipotente original de plenitude junto ao objeto não oferecia espaço efetivo para a entrada de um terceiro, ameaçadoramente sendo vivido como uma intrusão devastadora e uma perda irreparável da união narcísica com o objeto.

Em tais circunstâncias, penso que Carmen, ao buscar tratamento, vivia uma situação-limite, deflagrada por uma reação essencialmente melancólica a partir da perda da figura materna, a qual se encontrava intimamente associada à perda da imagem ideal de si. As demais ocorrências e frustrações externas que ocorreram em contiguidade a essas perdas, objetal e narcísica, concorreram para a desestabilização de Carmen e a levaram a concentrar ainda mais suas expectativas e incrementar a idealização em seu vínculo de natureza narcísica com o único filho. A profunda decepção que sofreu e o sentimento de ser injustamente atacada pelo filho tão idealmente amado geravam ódio e indignação, que, em alguma medida, revertiam-se em massacrante sentimento de fracasso pessoal e em autorrecriminações paralisantes.

A manifestação histeriforme de sua subjetividade parecia indicar um transbordamento pulsional que não conseguia ser contido e organizado internamente, portanto, inconscientemente buscava no outro, e em suas reações, os próprios limites faltantes entre as instâncias psíquicas ou as bordas falhas de delimitação da fronteira interno-externo. Sua demanda narcisista de amor, decorrente da dificuldade de manter um bom equilíbrio narcísico, fazia com que o ego se sentisse no impedimento de separar-se do objeto, uma vez que isso o deixaria entregue à sua fragilidade radical e também vulnerável a sofrer a ameaça de intromissão por parte de um objeto que não possibilita ao ego diferenciar-se, como indicou Figueiredo (2003).

Carmen procurou tratamento por não processar as perdas sofridas, sem conseguir elaborar o luto e reverter seu profundo acometimento depressivo-melancólico em depressividade criativa, o que seria essencial para poder se processar na subjetividade a experiência fundamental da perda, da separação e do luto. Junto a Carmen, isso constituía uma meta verdadeiramente difícil de ser atingida, como no tratamento dos demais pacientes que fenecem profundamente sob a perda do objeto amado. Porém, esse processo teve início no período em que se deu seu tratamento.

Apesar dessa problemática primitiva e constitutiva, por um largo período em sua vida, Carmen parecia ter encontrado uma maneira precária de administração interna de seus conflitos e enfrentamento ao mundo externo. Isso possibilitara o erigir de uma vida de suficiente viabilidade e até mesmo de algum sucesso, como pode ser observado em casos semelhantes. Porém, a partir das perdas enfrentadas de ordem ideal, narcísica e objetal, o amplo fracasso e a inviabilidade subjetiva se instalaram em Carmen. Quando procurou tratamento, ela era um *Eu em ruína* que necessitava encontrar a acolhida e a escuta de um terceiro para que pudesse se por em marcha a viabilidade de seu resgate.

Referências

ABRAHAM, K. Breve estudo do desenvolvimento da libido, visto à luz das perturbações mentais. *In*: *Teoria psicanalítica da libido*: sobre o caráter e o desenvolvimento da libido. Rio de Janeiro: Imago, 1970. p. 81-160. Obra publicada originalmente em 1924.

ABRAHAM, N.; TOROK, M. Luto ou melancolia, introjetar-incorporar. *In*: *A casca e o núcleo*. São Paulo: Escuta, 1995. p. 243-257.

BERLINCK, M. T. A histeria e o psicanalista. I: BERLINCK, M. T. (org.). *Histeria*. São Paulo: Escuta, 1997. p. 29-47.

BERLINCK, M. T. *Psicopatologia fundamental*. São Paulo: Escuta, 2000.

ETCHEGOYEN, A. Psychoanalytic ideas about fathers. *In*: TROWELL, J.; ETCHEGOYEN, A. (org.). *The importance of fathers*: a psychoanalytic re-evaluation. Hove: Brunner-Routledge, 2002. p. 20-41.

FAIMBERG, H. A telescopagem das gerações a propósito da genealogia de certas identificações. *In*: KAËS, R. *et al. Transmissão da vida psíquica entre gerações*. São Paulo: Casa do Psicólogo, 2001. p. 71-93.

FÉDIDA, P. *Clínica psicanalítica*: estudos. São Paulo: Escuta, 1988.

FÉDIDA, P. *Depressão*. São Paulo: Escuta, 1999.

FÉDIDA, P. *Dos benefícios da depressão*: elogio da psicoterapia. São Paulo: Escuta, 2002.

FERENCZI, S. Transferência e introjeção. *In*: BIRMAN, J. (org.). *Sándor Ferenczi*: escritos psicanalíticos. Rio de Janeiro: Taurus, 1988. p. 29-59. Obra publicada originalmente em 1909.

FIGUEIREDO, L. C. O caso-limite e as sabotagens do prazer. *In*: *Psicanálise*: elementos para a clínica contemporânea. São Paulo: Escuta, 2003. p. 77-107.

FIGUEIREDO, L. C.; CINTRA, E. M. U. Lendo André Green: o trabalho do negativo e o paciente limite. *In*: CARDOSO, M. R. (org.). *Limites*. São Paulo: Escuta, 2004. p. 13-58.

FREUD, S. Extratos dos documentos dirigidos a Fliess – Rascunho G: Melancolia. *In*: *Edição Standard Brasileira das Obras Psicológicas Completas de Sigmund Freud*, vol. I. Rio de Janeiro: Imago, 1987. p. 282-290. Obra publicada originalmente em 1895.

FREUD, S. Extratos dos documentos dirigidos a Fliess – Rascunho N: Notas III. *In*: *Edição Standard Brasileira das Obras Psicológicas Completas de Sigmund Freud*, vol. I. Rio de Janeiro: Imago, 1969. p. 344-348. Obra publicada originalmente em 1897.

FREUD, S. Sobre o narcisismo: uma introdução. *In*: *Edição Standard Brasileira das Obras Psicológicas Completas de Sigmund*

Freud, vol. XIV. Rio de Janeiro: Imago, 1974. p. 85-119. Obra publicada originalmente em 1914.

FREUD, S. Luto e melancolia. *In*: *Edição Standard Brasileira das Obras Psicológicas Completas de Sigmund Freud*, vol. XIV. Rio de Janeiro: Imago, 1974. p. 271-291. Obra publicada originalmente em 1917[1915].

FREUD, S. Neurose e psicose. *In*: *Edição Standard Brasileira das Obras Psicológicas Completas de Sigmund Freud*, vol. XIX. Rio de Janeiro: Imago, 1976. p. 187-193. Obra publicada originalmente em 1923.

FREUD, S. Inibições, sintomas e ansiedade. *In*: *Edição Standard Brasileira das Obras Psicológicas Completas de Sigmund Freud*, vol. XX. Rio de Janeiro: Imago, 1976. p. 95-201. Obra publicada originalmente em 1926[1925].

GERBASE, C. *Federico Fellini*. Disponível em: http://www.zaz.com.br/cinema/favoritos/fellini.htm. Acesso em: 9 jan. 2021.

GREEN, A. *Narcisismo de vida, narcisismo de morte*. São Paulo: Escuta, 1988.

GREEN, A. *La pensée clinique*. Paris: Odile Jacob, 2002.

HINSHELWOOD, R. D. *Dicionário do pensamento kleiniano*. Porto Alegre: Artes Médicas, 1992.

KLEIN, M. Primeiros estádios do conflito edípico e da formação do superego. *In*: *Psicanálise da criança*. São Paulo: Mestre Jou, 1975. p. 173-202. Obra publicada originalmente em 1932.

KLEIN, M. Uma contribuição à psicogênese dos estados maníaco-depressivos. *In*: *Amor, culpa e reparação e outros trabalhos (1921-1945)*. Rio de Janeiro: Imago, 1996. p. 301-329. Obra publicada originalmente em 1935.

KLEIN, M. O luto e suas relações com os estados maníaco-depressivos. *In*: *Amor, culpa e reparação e outros trabalhos (1921-1945)*. Rio de Janeiro: Imago, 1996. p. 385-412. Obra publicada originalmente em 1940.

KLEIN, M. O complexo de Édipo à luz das ansiedades arcaicas. *In*: *Amor, culpa e reparação e outros trabalhos (1921-1945)*. Rio de Janeiro: Imago, 1996. p. 413-464. Obra publicada originalmente em 1945.

KLEIN, M. Notas sobre alguns mecanismos esquizoides. *In*: *Inveja e gratidão e outros trabalhos (1946-1963)*. Rio de Janeiro: Imago, 1991. p. 17-43. Obra publicada originalmente em 1946.

LAMBOTTE, M.-C. Verbete "melancolia". *In*: KAUFMANN, P. *Dicionário enciclopédico de psicanálise*: o legado de Freud a Lacan. Rio de Janeiro: Jorge Zahar, 1996. p. 325-330.

LEITE, A. C. C. *Em busca do sofrimento histérico*: a histeria e o paradigma da melancolia. 2002. Tese (Doutorado em Ciências Médicas), Universidade Estadual de Campinas, Campinas, 2002.

MARRACCINI, E. M. *O Eu em ruína*: um estudo sobre a perda. 2007. Tese (Doutorado em Psicologia Clínica), Pontifícia Universidade Católica de São Paulo, São Paulo, 2007.

MOREIRA, A. C. G. *Clínica da melancolia*. São Paulo: Escuta, 2002.

PERES, U. T. Dúvida melancólica, dívida melancólica, vida melancólica. *In*: PERES, U. T. (org.). *Melancolia*. São Paulo: Escuta, 1996. p. 11-71.

ROSENBERG, B. *Masoquismo mortífero e masoquismo guardião da vida*. São Paulo: Escuta, 2003.

ROSENFELD, H. *Impasse e interpretação*. Rio de Janeiro: Imago, 1988.

STEIN, C. *Erínias de uma mãe*: ensaio sobre o ódio. São Paulo: Escuta, 1988.

TOROK, M. Doença do luto e fantasia do cadáver saboroso. *In*: ABRAHAM, N.; TOROK, M. *A casca e o núcleo*. São Paulo: Escuta, 1995. p. 215-235. Obra publicada originalmente em 1968.

WINNICOTT, D. W. *Textos selecionados*: da pediatria à psicanálise. Rio de Janeiro: Francisco Alves, 1988.

2. A tirania do ideal na ruína do Eu

Homero Vettorazzo Filho

Presente com frequência em textos psicanalíticos, a noção de Eu pode ser conceituada de diferentes maneiras em função da concepção de aparelho psíquico à qual está referendada. Por isso, torna-se importante explicitar os referenciais metapsicológicos que fundamentam uma concepção do Eu quando tal termo é utilizado com um estatuto de conceito.

Neste capítulo, a noção de Eu com que trabalho, apesar de fundamentada nas postulações freudianas sobre o ego, não coincide exclusivamente com o conceito freudiano de processo secundário, definido pela presença da lógica da negação, da temporalidade, do terceiro excluído, e por sua articulação com a linguagem como código compartido. Privilegio o Eu – mantendo minha ressonância com concepções metapsicológicas de Freud – em sua dimensão de massa libidinal, que se constitui e se desenvolve a partir da articulação de posições subjetivas desejantes e defensivas. Essas articulações, que têm o sistema pré-consciente/consciente como provedor de ferramentas para o conhecimento de si e do mundo, se fazem sobre moções pulsionais inconscientes que pressionam e invadem a organização do Eu sob a forma de correntes excitantes ou de enunciados incorporados. A noção de Eu aqui proposta pretende contemplar as condensações implicadas na complexidade do conceito de ego, tanto no que diz respeito a seu caráter de instância psíquica - configurando o sistema pré-consciente/consciente - como em sua função constituinte de subjetividade - em sua relação com os processos identificatórios e com as representações inconscientes.

Prefiro também o termo Eu ao termo *self* em função de a noção de *self* parecer enfatizar a ideia:

> *de um sujeito que pode se reconhecer como si-mesmo, como si e como mesmo, isto é, como unidade e continuidade, por certo precária, lábil, alterável, mas capaz de escapar em seu ser à irredutibilidade do conflito, à alteridade do inconsciente, à incompatibilidade das representações, à parcialidade das pulsões e à multiplicidade disparatada das identificações (PONTALIS, 1977/2005, p. 171).*

Clinicamente, me faz mais sentido pensar os processos constituintes da subjetividade articulando-se por meio do processo secundário do sistema pré-consciente/consciente, considerando-os, entretanto, radicalmente em suas implicações com o sistema inconsciente.

Minha intenção neste capítulo é levantar interrogantes metapsicológicos sobre a vivência de ruína do Eu e, a partir daí, pensar formas possíveis de intervenção clínica. Tenho observado essa condição literalmente ganhar corpo no relato de analisandos que durante longos e repetidos períodos se veem irremediavelmente reduzidos à sensação de "não desejarem mais nada na vida", ou então, de que "não se resta mais nada a ser feito, inclusive no trabalho analítico". Em tais situações percebemos que o "imaginário da morte" assume um estatuto de "Verdade" com a qual o paciente se identifica, encarnando-a. Essa condição pode também configurar-se como a outra face da mesma moeda. Ou seja, em vez de se verem totalmente investidos da "Verdade do nada", tais pacientes podem apresentar-se identificados à "Verdade do tudo", encarnando uma excitante e plena sensação "vivente" na qual a "imitação do vivo" os carrega a algo que está mais perto da ruína de sua subjetividade. No dizer de Fédida (1999), a vida é empurrada para longe demais pela sua imitação vivente.

No levantamento e na discussão das questões expostas neste capítulo, além da prática clínica, mantive viva interlocução com textos de Freud e de outros autores cujos pensamentos guardam ressonância com minha forma de conceber a estruturação do psiquismo. Aqui retomo a significância dos processos implicados na constituição do Eu, partindo da postulação de Freud de que na paranoia percebemos o ego se reduzir "*às figuras alheias em função de um processo em que a identificação se desfaz restabelecendo-se novamente as figuras amadas da infância*" (FREUD, 1899/1976, p. 377). Sob tal vértice discuto a importância estrutural dos processos identificatórios na fundação do narcisismo, condição que também considero estruturante por constituir a base das derivações e das retranscrições constitutivas do sistema de ideais-do-Eu. Neste contexto procuro discutir como vai se configurar a ética que subjaz aos mandatos do ideal, bem como as implicações daí decorrentes. A melancolia é também trabalhada sob este vértice em sua franca associação à ruína do Eu.

A regressão como o desfazer regressivo das identificações: a degradação do Eu nas "figuras" amadas da infância

Freud (1899/1976), em carta a Fliess tratando de suas preocupações sobre as "escolhas da neurose", retoma sua pergunta sobre o porquê de uma pessoa se tornar histérica e não paranoica. Argumenta ter tido uma compreensão mais profunda sobre esse processo ao se dar conta de um importante elo que precisava ser considerado na teoria da sexualidade.

Diz Freud (1899/1976, p. 377, grifos meus):

> *O estrato sexual mais primitivo é o auto-erotismo, que age sem qualquer fim psicossexual e exige somente sensações locais de satisfação. Depois dele vem o aloerotismo (homo e heteroerotismo); mas certamente também continua a existir como corrente separada. A histeria (e sua variante, a neurose obsessiva) é aloerótica: sua principal trajetória é a identificação com a pessoa amada. A paranóia* desfaz novamente a identificação; restabelece todas as figuras amadas na infância, que foram abandonadas, e reduz o próprio ego a figuras alheias. *Assim cheguei a considerar a paranóia como a primeira expansão da corrente auto-erótica, como um retorno ao ponto fixo então prevalente. [...]* As relações especiais do auto-erotismo com o ego-original *projetariam viva luz sobre a natureza dessa neurose. Nesse ponto o fio se rompe.*

Nesta consideração Freud condensa uma série de pensamentos que estão na base de importantes conceitos desenvolvidos no decorrer da elaboração de sua teoria. Temos aí o germe de sua concepção sobre os estágios da libido, noção essencial tanto para suas posteriores postulações sobre o narcisismo como para suas primeiras modificações da teoria das pulsões. O desenvolvimento da concepção freudiana sobre o narcisismo ganha grande importância teórica e clínica tendo em vista sua implicação nos processos de recalque do autoerotismo e da constituição do Eu.

O processo identificatório ganha estatuto de ato psíquico estruturante, tendo suas raízes no encontro libidinal com o outro humano sexualizado que, também provido de disponibilidades simbólicas, é fundador, no infante, dos registros do imaginário e do simbólico destinados a configurar e a ligar o sexual excitante investido no processo. Isso marcará definitivamente o caráter primordialmente representacional do Eu, exigindo de Freud uma alteração na postulação de sua primeira dualidade pulsional colocada, até então, em termos da oposição impulso sexual *versus* impulso autoconservativo. Ele propõe que tal dualidade seja reconsiderada agora sob o vértice da oposição libido sexual *versus* libido do ego. Tal posicionamento desvincula o Eu do contexto biológico da autoconservação situando-o no campo estritamente representacional, relacionado, portanto, à autopreservação do sujeito e não ao autoconservativo do biológico. Isso será importante em posteriores reelaborações de Freud em sua teorização sobre a angústia, que passa a ser conceituada como a expressão de uma ameaça vivenciada pelo ego, portanto, relacionada à sua autopreservação.

Assim, ao dizer que a paranoia "desfaz novamente a identificação; restabelece todas as figuras amadas na infância, que foram abandonadas e reduz o próprio ego a figuras alheias", Freud (1899/1976, p. 377) abre o caminho para a postulação de noções fundamentais que desenvolverá em *À guisa de introdução ao narcisismo* (FREUD, 1914/2004). Neste texto, ao tratar do ideal-do-Eu e da consciência moral – base de suas concepções sobre superego –, vincula a voz dos pais da infância à origem das legalidades presentes nos mandatos dessas instâncias.

Acompanhando a obra de Freud, fica claro que tais mandatos não se reduzem a simples ordens formais. São mandatos nos quais as palavras podem encarnar em si – realizar – um imaginário no qual o indivíduo se encena em um jogo pulsional atuado como efeito do desejo onipotente do outro. Uso imaginário como expressão do estatuto em que se apresentam os roteiros fantasmáticos nos quais o Eu se configura em uma relação de causalidade com seus objetos à medida que se apresenta, e posteriormente se representa, dentro de tais fantasmas. Também neste contexto podemos entender a noção de "imago" – de si e dos objetos – como composições imaginárias. A possibilidade de o Eu se enunciar a partir desse imaginário marca a imbricação desse registro com o simbólico. Entretanto, nem sempre tal articulação encontra derivação suficiente no registro simbólico no qual o indivíduo, abstraindo-se da cena, já pode se pensar, para assim enunciar-se, como sujeito.

A fixação nas cenas imaginárias nos faz pensar na participação do outro nesse jogo sempre atravessado por um sexual à procura de realização, e sobre o qual não se tem consciência. Freud (1909/1976) deixa isso claro ao relatar, no historial sobre o Homem dos Ratos, o episódio em que o paciente, ainda menino, durante um confronto rivalizante com o pai, dirige-lhe com muita raiva xingamentos. Pela falta de vocabulário, utiliza-se de palavras de seu cotidiano investidas com um tom ofensivo. O pai perplexo – e mobilizado em suas próprias pulsões – profere de forma ameaçadora: "o menino ou vai ser um grande homem, ou um grande criminoso" (FREUD, 1909/1976, p. 208). Quando o paciente procurou Freud, já adulto, tal mandato ainda ecoava em seu imaginário, estando na base tanto de seus fantasmas sadomasoquistas - como os da famosa tortura dos ratos - como nas dúvidas obsessivas que o torturavam moralmente. Foi também depois desse episódio que o paciente diz ter se tornado covarde.

Freud (1909/1976) promove com esse texto aberturas para pensarmos questões sempre pulsantes em nossa clínica. Contextualizo uma delas tendo como interrogante as formas regressivas do amar. Neste sentido, Freud abre uma discussão sobre a relação entre amor e ódio colocando-os em um mesmo plano, com sentidos e propósitos diferentes. Afirma que o ódio no ser humano precede o amor. Relaciona o ódio com o efeito da interferência à realização do desejo sexual. Deixa, entretanto, subentendido que o amor também está primordialmente condicionado à realização de desejo, e não ao outro propriamente dito. Freud deixa a questão em aberto, salientando que se sabe ainda muito pouco a respeito do amor e do ódio, nomeando o ódio como "fator negativo" do amor (FREUD, 1909/1976, p. 241).

Tal condição ganhará, a meu ver, desdobramentos importantes na obra freudiana. Tratada inicialmente como expressão do sexual infantil em suas configurações sádicas e masoquistas, penso que, posteriormente, constituirá a base das postulações freudianas sobre a pulsão de morte. Nessa nova organização de sua teoria pulsional, propõe a pulsão de vida como possibilidade ligadora, articuladora. Em oposição, a pulsão de morte é conceituada trazendo em seu âmago o conservadorismo - como resistência ao novo - e a destrutividade significada como desligamento, a saber, desconstrução de si e do objeto visando, a qualquer preço, à descarga total de tensão.

Interessa-me marcar o alerta de Freud para o componente do sexual infantil que pode investir o amor e o ódio. Faço um pequeno parêntese para considerar uma distinção, importante na abordagem clínica, que trata de diferenciar o ódio do sadismo. O ódio diz respeito a um sentimento egoico associado à frustração, à privação, à rivalidade, à exclusão etc. O sadismo e o masoquismo são, em contrapartida, da ordem do sexual e encontram expressão nas formas em que o ódio é sexualmente investido. O ódio pode estar relacionado à autopreservação e também à oposição necessária para se atingir a alteridade, devendo, em tais circunstâncias, estar integrado às possibilidades simbólicas e ligadoras do Eu. A erotização do ódio trata-se de uma condição totalmente distinta visto que, ao ativar precocemente formações reativas defensivas, imobiliza o Eu, capturando-o em roteiros sadomasoquistas. Nesta condição, a interpretação do ódio em si, como finalidade do inconsciente, pode apenas ficar culpabilizante e acentuar ainda mais tais defesas. Dar tal intencionalidade ao ódio, penso, pode reiterar conteúdos atuados cujas finalidades não conhecemos.

Destaco também o alerta freudiano sobre a erotização do amor e do ódio, visto que nesta condição o objeto perde sua condição de alteridade para ficar reduzido à função de objeto parcial da pulsão. Pacientes que erotizam seus sentimentos têm suas análises marcadas por condições clínicas de difícil manejo transferencial: transformam-se no próprio sentimento encarnando-o à flor da pele, ou então pelo investimento excessivo de sua fala acabam por se decompor regressivamente nos personagens de seu discurso, em uma espécie de real onírico (sonambúlico) no qual narrador/narrativa se confundem em uma excitante e inesgotável trama. É nessa trama que nos é imposto pensar o factual da realidade, da sessão e de nós mesmos. Um modelo útil nesse sentido é o da figurabilidade dos sonhos, em que temos a degradação regressiva da palavra e do pensamento em imagens sensoriais cuja materialidade reside nas inscrições das marcas mnêmicas, base de nosso fantasiar inconsciente.

Retomo a proposta freudiana de considerar a regressão como um desfazer, regressivo e alucinado, das "identificações" em "figuras amadas e abandonadas na infância", ou seja, nos objetos de investimento e de configuração do infantil – agora restabelecidos, por captura indiciária, na realidade que ganha assim um colorido alucinado.

É interessante notar que o movimento regressivo traz em si claramente uma função desobjetalizante, porque o retorno no real das figuras primariamente investidas tem como efeito um processo de desidentificação, tanto do Eu como do objeto. Esse processo acarreta uma fragilidade na trama de articulação simbólica do Eu que, nestas condições, vive a percepção endopsíquica de si como risco de invasão e de desmoronamento, passando então, defensivamente, a percebê-la como estando fora de si. Tal condição predispõe, por sua vez, à aderência compulsiva do Eu em pessoas, afetos, pensamentos ou situações da realidade que mantenham ressonância com traços indiciários primitivos negados internamente. Observamos assim uma degradação do Eu e de suas formas de vinculação objetal com consequente comprometimento da sua capacidade de implicar-se em suas experiências, inclusive no trabalho analítico, condição que consiste em sério entrave à análise de tais pacientes.

Dessa forma, a intuição de Freud sobre os processos regressivos abre dois caminhos importantes para a escuta no trabalho psicanalítico. Em função da dimensão regressiva assumida pela palavra na sessão analítica, o discurso do paciente e a palavra do analista devem ser considerados em suas implicações com o contexto universal da regressão onírica. Penso que tanto a escuta da sessão analítica como sonho como o sonhar do analista durante a sessão – condições predispostas pela livre associação e pela escuta flutuante – devem ter seu embasamento metapsicológico nas condições implicadas pelos processos regressivos. No mesmo contexto,

Freud (1917/2006, p. 109), ao postular as identificações, em suas configurações mais regressivas, como "uma primeira etapa - aliás, bastante ambivalente em sua forma de manifestação - de como o Eu escolhe os objetos", nos permite usar os processos regressivos transferenciais como formas de pensar o acesso e a intervenção psicanalítica nesses tempos primeiros e constitutivos do aparelho psíquico e da subjetividade.

A constituição do narcisismo como ato estruturante do Eu e como base para a constituição do sistema de ideal-do-Eu

As relações entre corpo, imagem e Eu estiveram sempre presentes nas teorizações psicanalíticas. O corpo faz barulho visto que é erógeno e, como propõe Freud, o Eu tem sua primeira dimensão como corporal, mesmo antes do reconhecimento de sua imagem especular. Aí parece residir o corpo-coisa, o corpo-pulsão que, inscrito, se retranscreve em sistemas de percursos recorrentes, resultando no que Freud chamou de fantasias inconscientes. Tais são os "fantasmas" que podem nos devorar, nos submeter, nos extasiar, nos gratificar, enfim, nos capturar, não só a partir de dentro, mas também a partir de fora, "nesse estranho familiar" que a realidade passa a assumir quando atravessada pelo real do "endopsíquico" nela identificado.

A dimensão de corpo-coisa está presente na teoria freudiana não só em suas postulações sobre a pulsão e os destinos pulsionais, mas também em seus desenvolvimentos posteriores ao tratar da constituição das instâncias psíquicas em sua relação com o mundo pulsional. Desde o início de sua obra, no *Projeto para uma psicologia científica*, e posteriormente na sistematização de sua primeira tópica, Freud já havia desenvolvido uma noção de Eu que, apesar de estar relacionada primordialmente à consciência, nunca deixou de ser considerada em sua derivação a partir do inconsciente.

Em sua postulação sobre o Eu-real-inicial, Freud (1915/2004) parece aí localizar esse corpo-pulsão, ou seja, essas inscrições psíquicas primeiras nas quais não há distinção entre Eu e o mundo, tampouco está operando a oposição prazer/desprazer, mas o princípio da inércia, ou seja, a tendência à abolição total da excitação. O Eu-real-inicial "aprenderia" a distinguir o "interior" e o "exterior" a partir da possibilidade de fuga por meio da ação muscular. O interior seria demarcado pelos estímulos dos quais não se pode fugir. A partir dessa inscrição psíquica primeira, com a formação dos primeiros circuitos representacionais, base das fantasias inconscientes, e com a vivência de prazer obtida a partir da alucinação desses primeiros trajetos pulsionais – realização alucinatória de desejo –, vamos ter a sistematização de outra condição denominada Eu-prazer-purificado, na qual o princípio regulador seria o princípio de prazer. Aí se encontram, a meu ver, as bases da noção de corpo erógeno, que marca o autoerotismo como forma erógena de realização sexual prazerosa. Estamos ainda frente a um corpo disperso, ou seja, um Eu-prazer que não ganhou ainda uma imagem totalizante e única.

Freud (1923/2007, p. 38), ao afirmar que "o Eu é sobretudo um Eu-corporal, mas ele não é somente um ente de superfície: é, também, ele mesmo a projeção de uma superfície", condensa nesta condição de "eu-corporal" todas essas "imagens", ou, dizendo melhor, todas essas inscrições corporais descritas, acrescidas de mais uma: a imagem totalizante de si que tem o narcisismo como base estruturante, a partir dos processos identificatórios.

Lacan (1953/1986) propôs com a noção de estágio do espelho um momento constitutivo no qual se produz, a partir da identificação à imagem do outro – matriz identificante –, uma imagem unificada de si, correspondente aos primeiros esboços do Eu. Ao reconhecer sua "imagem" a criança inicia uma relação especular com ela mesma, correlata à sua relação com a mãe, cujo olhar é tal qual o próprio espelho em que se vê.

Aulagnier (1999), apoiada nas postulações freudianas sobre corpo, pulsão e constituição do sujeito, concebe o aparelho psíquico, desde suas primeiras inscrições, configurado em três tipos de registros – de escritas – nos quais a subjetividade se inscreve. No registro do originário todo o existente é autoengendrado pela psique. Sua escrita, o pictograma, forja representações com as quais se nega o "fora de si", marcando a passagem de um "corpo sensorial para um corpo relacional". No registro do processo primário – no qual localizo a concepção de fantasia inconsciente e situo a noção de imaginário que uso neste capítulo –, todo o existente é efeito do poder onipotente do desejo do outro. Na cena fantasmática, que corresponde a essa forma de inscrição, já se representam dois espaços distintos, mas que estão submetidos e significados segundo a onipotência do desejo da mãe. No registro do secundário, todo o "existente" tem uma causa que poderá ser conhecida por meio do pensamento. Nesse contexto o Eu tem como tarefa primordial representar (pensar) o existente – inclusive existentes particulares como os sentimentos vivenciados –, bem como representar-se enquanto existente, sob a forma de uma construção de ideias, uma vez que é nomeando a "coisa" que ela passa a existir para o Eu. Aulagnier considera a oposição entre simbólico e imaginário como interna ao Eu, fazendo a distinção entre um núcleo simbólico, estável, do Eu e as figuras sucessivas com que imaginariamente se compõe no suceder do processo identificatório.

Tal modelo por ela proposto tem sido de grande valia clínica como forma de pensar o sujeito – tanto o analisando como o analista – em suas várias dimensões, que se apresentam simultaneamente no ato analítico, configuradas em diferentes linguagens: aquilo que se diz, que não é o mesmo do que se age ou reage, ou do que se encarna.

A respeito da dificuldade humana de integrar o sentir, o agir e o pensar, podendo-se ser apenas um, a escritora Clarice Lispector (1968/1999, p. 465) poeticamente pondera: "O que eu sinto não ajo. O que eu ajo não penso. O que penso não sinto. Do que sei sou ignorante. Do que sinto não ignoro. Não me entendo e ajo como se me entendesse".

Nesse contexto do corpo pensado como base primordial para as representações do Eu, o narcisismo, portanto, viria como expressão de um novo ato psíquico que se impõe contra a dispersão autoerótica que se apresenta no corpo erógeno. Na constituição desse processo, seguindo o pensamento freudiano, ressaltaria duas funções psíquicas estruturantes: o recalque originário e o processo identificatório.

A partir desse vértice, retorno à questão freudiana da identificação como ato psíquico novo, primordial na constituição do narcisismo, na estruturação e no desenvolvimento do Eu, portanto, como novo destino libidinal, que se opõe à descarga autoerótica. Para tal destaco algumas proposições de Bleichamar (1993/1994), de grande alcance clínico, em que a autora pensa as inscrições psíquicas nos tempos originários ao considerar a diferença entre o inconsciente materno e o narcisismo materno. No primeiro contexto, a mãe se torna tanto portadora de um desejo inconsciente como suporte material de uma mensagem enigmática que, transmitida ao bebê, o parasita sexualmente e o submete a um afluxo que deve procurar vias de escoamento. Ao mesmo tempo, a partir de suas representações egoico-narcísicas do pré-consciente, ela pode ver seu bebê como um todo, como uma *Gestalt* organizada, investindo-o e identificando-o como outro humano semelhante. Portanto, a libido desligada, intrusiva, que penetra, será ligada inicialmente por vias colaterais por meio desse narcisismo estruturante que o vínculo amoroso propicia. O Eu não se constitui no vazio, mas sobre as bases das ligações prévias entre sistemas de representações preexistentes; essas ligações, como Freud as descreveu no *Projeto*, consistem em investiduras colaterais.

É também na condição de identificação que Freud (1923/2007, p. 42, grifos meus) propõe a constituição do ideal-do-Eu:

> *Independente do tipo de resistência que o caráter vá futuramente erigir para lidar com os efeitos das cargas de investimentos recolhidas dos objetos, essas primeiras identificações do início da vida, ainda da primeira idade, irão se generalizar e ser duradouras.* Isso nos remete à questão de como surge o Eu-Ideal, pois, por trás deste, esconde-se a primeira e mais significativa identificação do indivíduo, aquela com o pai da sua própria pré-história pessoal. *Em um primeiro momento, essa identificação não parece ser a consequência nem o resultado de um investimento objetal, pelo contrário, ela é uma identificação* direta e imediata, anterior a qualquer investimento de objeto.

É interessante pensar o contexto do que seria uma *pré-história pessoal*. A associação imediata é a de uma história que se inscreve em tempos constitutivos do aparelho psíquico e do Eu, mas que nos antecede em nossa implicação como sujeito constituído. Tais inscrições primitivas, por decorrerem do encontro com um outro humano, também precedido em sua subjetividade por sua própria pré-história pessoal, trazem, na forma de se inscreverem, ressonâncias com os modos de investimento e de significância "intergeracionais" – contexto que me permite pensar, sob o ponto de vista representacional, a ideia freudiana de herança filogenética e de fantasias originais. No que diz respeito a "uma identificação direta e imediata, anterior a qualquer investimento de objeto", somos levados a pensar o processo identificatório em um contexto anterior ao descrito por Freud (1917/2006, p. 109) em *Luto e melancolia*, quando o definiu como "uma primeira etapa de como o Eu escolhe os objetos".

Penso que a formulação de Bleichmar (1993/1994, p. 4) sobre a função narcisisante materna ajuda a dimensionar essa identificação que precede a escolha de objeto: "Ser pensado pelo outro é condição de vida em sua persistência. Ser amado e ser pensado implica um não apoderamento do corpo por parte do outro: o próprio corpo só chega a ser próprio porque alguém, generosamente, cedeu uma propriedade de si mesmo que se torna alheia".

No mesmo contexto dessa identificação direta, Aulagnier (1979/1985), em sua concepção de projeto identificatório, cunhou a noção de sombra falada. Enfatiza assim que, antes mesmo de nascermos como sujeitos, estamos marcados, em nossa origem, pela antecipação de um Eu construído a partir do discurso que a mãe produz sobre o corpo do infante, encarnando-o como "sombra falada" e inscrevendo-o em uma ordem temporal e simbólica. Tal discurso se dá em uma dimensão muito além de um simples código linguístico, já que não se trata somente de palavras; é um ato de dirigir-se a um outro que alude tanto à mãe – implicada em seu desejo – quanto à criança – incluída como destinatária desse enunciado e, portanto, da projeção desse desejo.

É importante marcar que o narcisismo como estruturante, como força ligadora, integradora – ato psíquico fundante do ego e dos processos de subjetivação –, deve ser diferenciado do gozo narcísico como expressão do sexual pulsional parcial que, ao procurar descarga total, desconstrói, degrada regressivamente, tanto o objeto como o Eu, no "real psíquico" da coisa-complementar.

Fica assim nitidamente delineado o duplo que investe a constituição narcísica, base do processo identificatório. Ao mesmo tempo que uma mãe sonha o filho como sujeito humano semelhante, com autonomia nos projetos futuros que inventa para ele, portanto, com possibilidades transgressivas, ela o toma também sob a forma de objeto-causa de seu desejo e, com isso, o tem como realização pulsional sexual. Como adultos – na condição de clivados em nosso psiquismo pelo recalque primário –, ao "cuidarmos" de uma criança tendo "em mãos" seu corpo, suas formas de satisfação, de castigo etc., somos ativados – tal qual nos sonhos – em formas regressivas de satisfação do pulsional infantil, tomando-a como objeto de realização parcial da pulsão. Portanto, não é só o "infantil" da criança que deve ser pensado dentro de formas fantasmáticas de atuação e de realização pulsional – configuradas nas lógicas pré-genitais da libido: oral, anal, fálica. Considerar tal condição em sua dimensão transferencial na relação analítica parece-me fundamental, inclusive como forma de se pensar a ética do desejo do analista em uma análise.

Bleichmar, em seminários não publicados realizados em São Paulo durante junho de 2006, antecipa a questão ética, entendida radicalmente como reconhecimento da alteridade, para esse início da vida. Assim, a construção da subjetividade é considerada em relação aos tempos de fundação do psiquismo e aos processos envolvidos na estruturação do Eu, de seus ideais (Eu-ideal/ideal-do-Eu) e do supereu, tendo-se especialmente em vista a implicação de tais processos na constituição de uma ética subjetiva. Deslocada assim para antes da resolução edípica, a ética é considerada em relação às formas de apropriação do corpo e dos sentimentos da criança, que pode ser tratada pelos adultos como extensão de suas próprias necessidades, ou seja, como objeto parcial de descarga de suas pulsões, sejam elas prazerosas ou angustiantes. A condição traumática instituída pela franca dependência da criança em relação ao adulto sedutor e cuidador incita tal *abuso afetivo*, como o qualificou Freud (1909/1976).

Pelo fato de ser secundária às primeiras inscrições, a palavra, como significante, alude a aspectos da sexualidade inconsciente – que correspondem aos excessos exercidos na maneira como as funções dos cuidados primários com a criança são realizadas – situando-se para além da significação que o discurso do adulto possa representar. Tais excessos infiltrados na linguagem do adulto interferem na forma como as legalidades vão se constituir em uma pessoa. A renúncia da criança como objeto de pulsão constitui a raiz da renúncia pulsional, que também deve ser exigida do infante em relação à mãe, instalando-se assim o que Bleichmar nomeia de condições de amor. A incondicionalidade do amor, e também da obediência, pode estar na base de formas de circulação do narcisismo familiar, fazendo com que certas opiniões particulares ganhem aspecto de lei geral.

As crianças formulam quem são em correspondência direta ao que ouvem de certas propostas do adulto. Muitas vezes tais proposições, apesar de mascaradas com emblemas culturais, visam primordialmente à erotização da criança como objeto de realização do sexual. Tal condição sendo introjetada marca também a erotização dos processos constitutivos do ideal-do-Eu. Assim, a tirania do Eu-ideal infiltra-se na "ética" do ideal-do-Eu, que, enquanto resíduo identificatório, deve contar com as bases de legalidade implicadas na renúncia do outro como objeto-complementar, ou seja, considerando-o em sua dor e em seu próprio desejo. Penso ser a erotização do ideal-do-Eu aquilo que está em jogo na exigência pulsional presente na autorrecriminação do melancólico, condição que Freud (1917/2006, p. 108) configurou como a "sombra do objeto que caiu sobre o Eu".

Freud (1914/2004) mantém, em relação à constituição do ideal-do-Eu – tal qual nas sucessivas postulações sobre a teoria das pulsões –, seu paradigma sobre a constituição e o desenvolvimento do psiquismo e da subjetividade em um movimento dual, que se contrapõe continuamente em uma repetida oposição entre ligações e desligamentos que se interpenetram. Assim, vai dizer que o ideal-do-Eu é herdeiro do Eu-ideal – trazendo em si, portanto, sua renúncia e, ao mesmo tempo, a tentativa de recuperação. No mesmo movimento, o supereu é o herdeiro do complexo de Édipo.

Em *À guisa de introdução ao narcisismo*, Freud (1914/2004) discorre sobre a gênese do ideal-do-Eu, relacionando-o às raízes da consciência moral e também aos delírios de ser observado. Sobre a segunda condição ele diz: "Na verdade foi a influência crítica dos pais que levou o doente a formar seu ideal-do-Eu, que lhe é transmitido pela voz e tutelado pela consciência moral" (FREUD, 1914/2004, p. 114). Retoma, assim, a questão da decomposição de "identificações" em "figuras" – no caso, a voz – relativas às pessoas, alvos primários das pulsões, que são assim restituídas a partir de sua captura por algum elemento na realidade que guarde ressonância com traços indiciários do objeto original. Neste sentido, retomo a questão proposta por Freud (1917/2006), que, ao tratar da identificação melancólica como a sombra do objeto que recai sobre o Eu, ressalta que tal forma de autorrecriminação seria no fundo uma queixa contra o objeto alvo de tal identificação.

A noção de sombra falada (AULAGNIER, 1979/1985) dá figurabilidade e movimento à colocação freudiana, no sentido de sua articulação com o sistema de ideais-do-Eu. A autora propõe que a persistência do equivalente de tal sombra falada se reencontra sempre no horizonte da relação libidinal do Eu com seus ideais - de si mesmo ou com aqueles projetados na relação com o outro. Assinala, entretanto, a importância de que a distância entre tal sombra e o objeto investido seja reconhecida, desde as origens. Tal condição implica que a dúvida, o sofrimento, a agressão possam ser vividos - tanto pela mãe quanto pela criança - nos momentos em que não se assegura a concordância entre sombra e objeto. Caso contrário, por ser degradada no "real psíquico" dos objetos pulsionais que a compõem, tal sombra falada, em vez de abrir perspectiva de porvir, pode assumir em sua relação com o Eu o estatuto de um gozo mórbido. Tal contexto metapsicológico ganha para mim expressão clínica na melancolia.

A melancolia como expressão clínica do Eu em ruína

Apesar de se tratar de uma das formas mais antigas de sofrimento da "alma", a melancolia - que etimologicamente significa "bile negra", em franca alusão às alterações de humor relacionadas às disfunções hepáticas - persiste como uma das formas de sofrimento mais frequentes na atualidade. Bezerra Barros (2000) enfatiza na melancolia seu aspecto resistencial marcado por maciças inibições que ganham corpo na radicalidade do esvaziamento da dimensão desejante - em vez da fala inerente ao desejo o que se apresenta é uma paralisia, ou seja, "o desejo inibido". Inibição no sentido freudiano diz respeito a um registro diferente do sintoma. Assim, na acepção de Bezerra Barros (2000, p. 1), o melancólico "não apresenta propriamente um sintoma, ele é o próprio sintoma, e é neste plano do ser, que freqüentemente paga um preço muito alto".

Freud (1924/2007) separa a melancolia das psicoses incluindo-a entre as neuroses narcísicas. Nesta ocasião já tem desenvolvida sua última postulação sobre a teoria das pulsões, propondo Eros como a afirmação - do que produz prazer, união - em contraponto à pulsão de morte configurada como expulsão do que produz desprazer. Nestas primeiras tentativas de organização psíquica, a expulsão não equivale ainda ao símbolo da negação. Tal condição, conforme Freud (1925/2007) descreve em *A negativa*, só vai se tornar possível após o desenvolvimento do juízo de julgamento. Citando Lambotte, Bezerra Barros (2000) diz que o discurso melancólico reforça o lugar da melancolia entre as neuroses narcísicas em razão de como nela se configuram as funções de julgamento. Neste sentido, propõe que, apesar do negativismo,

> *a realidade, para o sujeito melancólico, não está nulamente colocada em causa enquanto sua existência (juízo de existência), mas no interesse que ela possa lhe oferecer. Trata-se, portanto, da relação que o sujeito possa manter com ela que está denegada, desmentida (em* Verneinung*). Isso nos faz manter a operação de denegação para caracterizar a posição do sujeito melancólico no confronto com a realidade. O sujeito, mais do que utilizar a negação-símbolo em seu discurso, ilustra concretamente por sua atitude negativista um reconhecimento de si mesmo que é ao mesmo tempo um isolamento da realidade. A formação do símbolo e o automatismo da expulsão ficaram intimamente associados a um modo de expressão específica do sujeito melancólico (LAMBOTTE* apud *BEZERRA BARROS, 2000, p. 5).*

Retomo neste contexto a afirmação freudiana em *Luto e melancolia* (1917/2006, p. 108) de que: "a melancolia é uma identificação do eu com o objeto que foi abandonado". Por tratar-se de movimento regressivo, a busca do objeto perdido implicaria um processo de desidentificação. Temos aí configurada a condição referida por Freud (1899/1976) do ego reduzido, desfeito, em figuras alheias, objetos-fonte de investimento libidinal. Tal contexto predispõe o sujeito melancólico a renunciar ao movimento desejante de reencontrar na realidade o substituto da "Coisa" (*Das Ding*) perdida, da qual ele teria a representação. Nesse processo de desidentificação o melancólico, tornando-se o objeto perdido em sua relação regressiva com o ideal, coloca-se imaginariamente no lugar de tal "Coisa", inibindo assim qualquer posição desejante. É ainda dentro deste contexto que, na melancolia, o sujeito coloca-se inacessível assumindo-se no lugar da Verdade. Frente a todas essas considerações, não podemos deixar de enfatizar a condição fetichista que subjaz, no melancólico, às relações entre seu Eu e seu ideal como sombra encarnada do objeto perdido.

O Eu em ruína: pelos árduos caminhos das transferências

> *Não aguento mais viver assim... Não quero mais viver assim... Não tenho vontade de nada... Não consigo levantar da cama... Fico lá, com o travesseiro tapando meus ouvidos, encolhida, imóvel, não quero ouvir barulho, movimento, nada. São tantos anos assim. Tanta análise, tratamento, remédios... Não muda nada... Não aguento mais viver assim...*

Falas como essas, frequentes e persistentes, dominavam nossos encontros, mas principalmente os desencontros. Percebia-me tomado por reações e pensamentos que geralmente me soavam como defensivos. Tinha a impressão de poder ser arrastado por um turbilhão - também despertado em mim - que me tragaria para um buraco negro: um mundo de trevas onde só existia lugar para autorrecriminação, decepção e conformismo. Tomado por tal estado de espírito, percebia meu pensar circulando, sem saída, entre considerações sobre minha real possibilidade de ajudá-la e sobre as limitações reais do próprio método analítico em seu tratamento. Mais discriminado, conjecturava se tais pensamentos - aparentemente fundamentados exclusivamente na ética - também não poderiam ter suas raízes mergulhadas em uma "decepção moralista" oriunda de minha captura na realização de meus próprios fantasmas encenados regressivamente em relação às demandas do meu ideal.

Frequentemente ocorriam-me imagens em consonância com minha experiência de total impotência frente à concretude do não desejo encarnada na atitude da paciente. Preocupava-me em discernir se meu "sonhar" não estaria a serviço de uma função resistencial que visasse manter-me isolado e protegido em minhas conjecturas - como uma forma de não aprofundar, e afundar, em um terreno de "nada a ser feito" proposto pela paciente e no qual a percebia se afogando. Aliás, uma cena que me ocorria várias vezes nesse atendimento era do filme *O piano*,[1] na qual a personagem central é arrastada para o fundo do mar tendo o pé preso ao seu piano que caiu mar adentro. A personagem inicialmente tenta liberar-se, mas depois se deixa afundar em um misto de total complacência e êxtase frente a algo que para mim se configurou como uma paz absoluta, um profundo e calmo silêncio: a ausência absoluta de estímulos, "o sinistro do gozo". No filme, tal êxtase angustiante é quebrado; a jovem solta seu pé da bota que a mantém atada ao piano, voltando à superfície. A imagem do êxtase, revestindo o

1 Filme de 1993, escrito e dirigido pela neozelandesa Jane Campion.

silêncio absoluto com uma intensidade hipnótica, condensava uma questão fundamental a ser tratada nessa análise: a da erotização do nada (e nos períodos de mania a sexualização de tudo) - condição presente na intolerância e na rigidez com que a paciente se afogava em suas exigências e suas recriminações. Sua volta à superfície, por outro lado, configurava-se para mim como possibilidade de análise. Uma força que, no sentido contrário ao êxtase, a despertasse do "transe hipnótico", implicando-a subjetivamente nesse retorno.

A necessidade de criar no espaço analítico condições de exercício de uma função narcísica transvasante em seu caráter identificatório se impunha ao lado do cuidado ético, contrapondo-se às solicitações de que a tomasse sedutoramente na função de salvador de seu desespero e de sua dor. Não podia me entreter com o verniz ético e humanista de alguns apelos da paciente, ou mesmo das justificativas que fazia de sua dor, visto que a percebia em uma situação regressiva na qual a legalidade de seu ideal-do-Eu estava a serviço da tirania do seu Eu-ideal. A escuta dessa paciente possibilitou-me conceber a diferença entre dor e sofrimento; para se sofrer uma alegria ou uma dor deve existir um sujeito implicado que possa enunciar seus sentimentos. Encarná-los parece pertencer a uma lógica mais indiscriminada, "para um além de sofrê-los".

A noção, aparentemente simples, de que o desejo do analista deve ser o de análise, teve de ser árdua e singularmente trabalhada neste tratamento. Por estar encarnado na paciente, o "nada" ganhava corpo também na dupla analítica, configurando-se em constantes alterações de *setting*. Precisava ter o cuidado de não contrarreagir pela angústia em mim suscitada, mas também de não perder a liberdade de agir analiticamente. Era fundamental que tivesse meu agir pensado não como uma questão técnica, mas metapsicológica. Com esta questão em mente fiz muitas revisões no proceder com a paciente. Tentava escutá-la nas dissonâncias que marcavam sua fala, seu *acting* e seu sentir, implicando-me nesse processo no que diz respeito àquilo que minha presença, minhas reações e minhas intervenções ativavam nela. Sabia que não podia me distrair com seus personagens, seu sofrimento, suas oscilações de humor, ou com minhas conjecturas que muitas vezes ficavam a serviço do faz de conta em que vivia. Visando à proposta de analisá-la, era no confronto transferencial que deveria manter meu campo de atuação. Atentar para esses pequenos grandes detalhes, aparentemente tão conhecidos e corriqueiros, tem uma função de abertura de campo analítico e de maior liberdade no agir analítico.

Apresento uma situação clínica significativa no curso dessa análise, que foi arduamente trabalhada no cenário transferencial. Tal condição, configurada em um *acting out* da paciente, dava corpo a uma série de compreensões sobre as legalidades que regiam suas formas de "ser" na vinculação consigo e com o outro. Assim, tanto meu agir - por meio da fala e da forma de posicionar-me - como as possibilidades de a analisanda me escutar estavam articuladas e contidas por um processo em construção no tratamento.

A paciente vinha mergulhada em seu nada, faltando às sessões, e tomada por uma persistente ideia de suicídio. Os familiares e seu psiquiatra cogitavam a possibilidade de submetê-la novamente a uma série de eletrochoques. Percebia um tumulto moralista no qual o "clima" acusatório e culpabilizador dominava em evidentes atuações sadomasoquistas. Era um "*ménage* a muitos" no qual o "salve-se quem puder" transformava-se na voz muda que ecoava em meio a um estrondoso turbilhão. Isso era captado pela paciente, que contra-atuava colocando-se passiva em uma condição permeada de angústia e de um estranho e prazeroso torpor. Frente ao aumento progressivo de suas faltas, começou a telefonar-me no horário de suas sessões pedindo, nos recados deixados na secretária eletrônica, que ligasse de volta. Ao retornar a ligação, após reiterar seu sofrimento e inteirar-me de que não aguentava mais estar viva, mantinha-se calada por longos períodos.

Incomodado com seus telefonemas e com o *acting* que passou a tomar conta de seu tratamento, via-me em um impasse. Concebi que respondê-los ou não se tratava de uma questão metapsicológica - portanto, nem técnica nem humana - a ser considerada. O que estava em jogo era seu risco de invasão por intensidades externas ou internas, condição que denunciava falhas no recalque primário e na constituição da membrana egoica - fruto das disponibilidades simbólicas do Eu e implicada em sua função de filtro. Se, por um lado, solicitava-me, como seu analista, atuar no sentido de restaurar tais funções, por outro, minha condição de escuta tornava-se precária frente à emergência de seus apelos e à ameaça de ela matar-se - acrescida da dificuldade com o *setting*, uma vez que não vinha às sessões. Portanto, levando-se em conta minhas hipóteses metapsicológicas, qualquer palavra que eu dissesse oscilaria entre sua ineficácia e o risco de perturbar gravemente a analisanda.

Após semanas em tal condição, resolvi intervir expondo-lhe minha dificuldade em trabalhar neste contexto. Tinha como intenção dar-lhe referentes de pensamento e também implicá-la em minha decisão de não mais atender seus telefonemas. Sua reação foi de desespero, dizendo-se abandonada e desacreditada em sua condição de não conseguir levantar-se para vir à análise. Discordei pontuando que ao reagir de imediato ela não havia me escutado nem pensado sobre minhas colocações. Pedi que se acalmasse e tentasse me ouvir. Reforcei que, ao ser tomada pela sensação de abandono e descrédito, não percebia que eu também existia; que estava falando de mim e das minhas condições de trabalho. Acrescentei que a percebia incomunicável, trancada em sua solitária. Perguntei-lhe se ela sabia o que era solitária. Frente a sua falta de resposta insisti, chamando-a pelo nome, reiterando que havia lhe feito uma pergunta e questionado o que tinha a me dizer a respeito. Respondeu-me impaciente, chorando: "Não sei o que você está perguntando... Solitária? Aquele verme?". Concordei que era exatamente isso e acrescentei, após continuar mobilizando-a com perguntas, se ela lembrava que o tal verme era hermafrodita e que vivia encerrado em uma relação fechada consigo mesmo. Reforcei o propósito de ela voltar às sessões, visto que a experiência atual, além de não a estar ajudando a se pensar, no que dizia respeito a mim, deixava-me sem condições de trabalho por sentir-me pressionado, ameaçado e tendo de agir às cegas. Encerrei o telefonema com ela persistindo em sua sensação de não ter sido ouvida e compreendida. Após essa intervenção a paciente continuou faltando por mais algumas semanas, sem fazer qualquer comunicação.

Nesse período considerei, em carne viva, a diferença entre desejo de análise e desejo do analista. Minha decisão em agir – apoiado na transferência – conforme o que pensava sobre os processos psíquicos em jogo na paciente me dava a dimensão do que era "desejo de análise". Conheci o "desejo do analista", como contraponto, no impasse de atendê-la na realização de suas necessidades. Concebi o esforço de manter-me vinculado à proposta de analisá-la contrapondo-se à "tentação" em me decompor, regressivamente, nos seus objetos primários realizadores de desejos. Tal condição colocou-me em contato direto com as duas situações resistenciais princeps para o trabalho analítico que se tornavam explícitas na demanda da paciente em: 1) ser objeto-causa de desejo para o analista e vice-versa; 2) "restituir", no lugar do analista, o "lugar" dos pais onipotentes da infância que garantem a imortalidade e a anulação da realidade como lugar de alteridade. O êxito em se conseguir a segunda condição apoia-se na regressão do lugar de análise a um lugar de realização de desejos.

Outra questão que se abre a partir daí é a distinção entre o ideal e a idealização, que muitas vezes são tomados indiscriminadamente como se fizessem parte de uma mesma condição, mas que penso consistirem em concepções diferentes inclusive no manejo clínico. Freud (1923/2007) coloca a sublimação como destino pulsional enquanto mantém a idealização como um processo relacionado a uma transformação do objeto. Penso que o ideal - como "instância psíquica" herdeira do narcisismo em sua função estruturante fundadora do Eu, fruto do processo identificatório e base das identificações futuras e da abertura simbólica para o Eu enunciar-se a partir de uma posição subjetiva desejante - propicia o destino pulsional sublimatório. Penso também que é na relação entre implantação do ideal e instalação do recalque primário que reside a base da ética do ideal - que guarda assim profunda relação com os modos de apropriação do corpo da criança como forma privilegiada de realizações pulsionais dos pais, ou seja, tendo-a primordialmente como objeto-causa de seu desejo em detrimento de sonhá-la em sua alteridade. Especificando o sentido do "sonhar a alteridade", não se trata de os pais não reconhecerem objetivamente o filho como outro, mas de, em tal reconhecimento, renunciarem ao filho como objeto causa, e realização, de desejo - afinal somos todos sujeitos clivados pelo recalque do pulsional que nos habita. O imbricar do duplo que investe a constituição narcísica - a mãe sonha o filho com autonomia nos projetos futuros que inventa para ele ao mesmo tempo que o toma sob a forma de objeto de realização pulsional sexual - é determinante nas formas que marcam a constituição do ideal em sua ética e em sua proposta subjetivante.

O sexual que infiltra o processo de constituição do ideal em sua relação com a estruturação do narcisismo torna-se explícito nos movimentos regressivos quando o ideal se decompõe em seus objetos primários de realização pulsional. Tal condição nos permite postular, seguindo Freud, que na melancolia presenciamos o Ideal decompor-se na sombra do objeto sexualmente supervalorizado. Essa concepção se apoia no imbricar de duas postulações freudianas: a primeira, em *À guisa de introdução ao narcisismo* (FREUD, 1914/2004, p. 113), de que a idealização é concebida visando *à* "supervalorização sexual do objeto", e a segunda, em *Luto e melancolia* (FREUD, 1917/2006, p. 108), de que as autorrecriminações na melancolia são consideradas em função da "sombra do objeto que caiu sobre o Eu".

A consideração de tais discriminações faz sentido no meu trabalho clínico, visto que a palavra e a posição do analista e do analisando na cena analítica podem estar a serviço de uma cena fantasmática marcada e disfarçada no gozo transferencial e, portanto, na degradação do simbólico, apesar do brilho de seu uso. A função narcisisante, em seu caráter instaurador do recalque do autoerotismo e de constituição do simbólico, ganha uma importante função promotora de subjetivação na clínica - visto que sua proposta de renúncia da criança como objeto-causa de desejo e de satisfação pulsionais implica a assunção e a simbolização da falta. Tal função não deve ser confundida com maternagem, com aconselhamentos ou com meras reafirmações, que, ao contrário, estão a serviço exatamente do oposto, ou seja, da resposta no real do encontro criador/criatura e, portanto, da morte do desejo pela sua realização imaginária no real.

Referências

AULAGNIER, P. *Os destinos do prazer*. Rio de Janeiro: Imago, 1985. Obra publicada originalmente em 1979.

AULAGNIER, P. Nascimento de um corpo, origem de uma história. *Revista Latinoamericana de Psicopatologia Fundamental*, São Paulo, v. 2, n. 3, p. 9-45, set. 1999.

BEZERRA BARROS, E. Melancolia e verdade: a identificação imaginária como objeto real. *Estados Gerais da Psicanálise de São Paulo*, jul. 2000. Disponível em: http://www.geocities.com/HotSpring/Villa/3170/EG.htm. Acesso em: 5 jul. 2009.

BLEICHMAR, S. *A fundação do inconsciente*: destinos de pulsão, destinos do sujeito. Porto Alegre: Artes Médicas, 1994. Obra publicada originalmente em 1993.

FÉDIDA, P. O agir depressivo. *In*: *Depressão*. São Paulo: Escuta, 1999. p. 15-36.

FREUD, S. Carta 125. *In*: *Edição Standard Brasileira das Obras Psicológicas Completas de Sigmund Freud*. Rio de Janeiro: Imago, 1976. v. I. p. 377-378. Obra publicada originalmente em 1899.

FREUD, S. Notas sobre um caso de neurose obsessiva. *In*: *Edição Standard Brasileira das Obras Psicológicas Completas de Sigmund Freud*. Rio de Janeiro: Imago, 1976. v. X. p. 157-252. Obra publicada originalmente em 1909.

FREUD, S. À guisa de introdução ao narcisismo. *In*: HANNS, L. A. (coord. da trad.). *Obras Psicológicas de Sigmund Freud*. Escritos sobre a psicologia do inconsciente. Rio de Janeiro: Imago, 2004. v. I. p. 95-131. Obra publicada originalmente em 1914.

FREUD, S. Pulsões e destinos da pulsão. *In*: HANNS, L. A. (coord. da trad.). *Obras Psicológicas de Sigmund Freud*. Escritos sobre a psicologia do inconsciente. Rio de Janeiro: Imago, 2004. v. I. p. 133-174. Obra publicada originalmente em 1915.

FREUD, S. Luto e melancolia. *In*: HANNS, L. A. (coord. da trad.). *Obras Psicológicas de Sigmund Freud*. Escritos sobre a psicologia do inconsciente. Rio de Janeiro: Imago, 2006. v. II. p. 99-122. Obra publicada originalmente em 1917.

FREUD, S. O eu e o id. *In*: HANNS, L. A. (coord. da trad.). *Obras Psicológicas de Sigmund Freud.* Escritos sobre a psicologia do inconsciente. Rio de Janeiro: Imago, 2007. v. III. p. 11-92. Obra publicada originalmente em 1923.

FREUD, S. Neurose e psicose. *In*: HANNS, L. A. (coord. da trad.). *Obras Psicológicas de Sigmund Freud.* Escritos sobre a psicologia do inconsciente. Rio de Janeiro: Imago, 2007. v. III. p. 93-102. Obra publicada originalmente em 1924.

FREUD, S. A negativa. *In*: HANNS, L. A. (coord. da trad.). *Obras Psicológicas de Sigmund Freud.* Escritos sobre a psicologia do inconsciente. Rio de Janeiro: Imago, 2007. v. III. p. 145-158. Obra publicada originalmente em 1925.

LACAN, J. A tópica do imaginário. *In*: *O Seminário.* Livro 1: Os escritos técnicos de Freud. Rio de Janeiro: Jorge Zahar, 1986. p. 89-106. Obra publicada originalmente em 1953.

LISPECTOR, C. Mais do que um jogo de palavras. *In*: *A descoberta do mundo*. São Paulo: Rocco, 1999. Obra publicada originalmente em 1968.

PONTALIS, J.-B. Nascimento e reconhecimento do "self". *In*: *Entre o sonho e a dor.* São Paulo: Ideias e Letras, 2005. p. 169-200. Obra publicada originalmente em 1977.

3. Desmantelamento do Eu e cuidados fundamentais

Sérgio de Gouvêa Franco

Madrugada de bicicleta nos Jardins

A angústia não o deixa dormir a noite toda, muitas vezes. Ansiolíticos. Por vezes toma a bicicleta: passeia pela madrugada, perigosamente, nas ruas chiques dos Jardins... É com dificuldade que os estudos avançam, melhor dizer se arrastam, em uma escola de Administração renomada: instabilidade em tudo. A família parece estruturada: pai médico, mãe empresária, irmã menor em colégio famoso. A investigação mais cuidadosa mostra, entretanto, que no jogo familiar (LAING, 1971), Roberto perde feio: humilhado, ferido, feminilizado. Não apenas ele, a família toda sofre, mal podem dissimular os efeitos destruidores da loucura.

Paranoia. É possível identificar seu medo em seu modo de falar, em seu jeito de trazer o material. Assustado. Parece sempre invadido, sem pele psíquica (ANZIEU, 1989), sem unidade, cindido, sem proteção na fronteira. Seus gestos são truncados, sem harmonia, sem beleza. Vive com medo de todos. Teme que um vizinho do apartamento enorme escute o que está dizendo. Alteração na entonação da voz e desorientação espacial. O afastamento da comunidade dos falantes: palavras feitas e refeitas segundo os critérios da condensação e do deslocamento. A presença do inconsciente se faz.

São perturbações importantes na imagem do próprio corpo. Oralidade perturbada? Desconfia da estruturação corporal. O queixo poderia crescer e sair do seu tamanho normal, ficar grande. Conta uma alucinação oral/visual: imagens de animais que olham e falam de modo ameaçador. São ataques violentos do supereu. Tudo o que faz, pensa e constrói é profundamente atacado. Não pode decidir, marcado por uma cisão profunda. Roberto se pergunta se Deus está contra ele. Há esta experiência de estar sem rumo, sem norte, sem parâmetro. Há uma fruição constante, sem referências fixas. Não tem para onde ir, não tem casa: confusão.

A psicose

A etimologia da palavra psicose não ajuda muito, trata-se de um derivado verbal do conhecido termo grego *yuch*, que quer dizer alma, vida, indivíduo, pessoa. Thayer (*apud* TAYLOR, 1978, p. 246) diz: "é quase o conceito moderno do ego". A terminação de psicose indica no grego "animar, dar vida". Psicose seria, assim, algo como a vida egoica. O sentido psiquiátrico é relativamente recente, parece que ele foi introduzido por von Feuchtersleben - decano da Faculdade de Medicina de Viena - em 1845. Ele queria indicar um estado generalizado de perda de juízo de realidade. Durante o século XIX se difundiu a noção de psicose, basicamente na literatura psiquiátrica de língua alemã, para designar as enfermidades mentais em geral, vale dizer, a loucura (GALO, 2001). Se a pesquisa etimológica não é importante, a pesquisa na história da psiquiatria o é; no entanto, tal pesquisa foge aos propósitos deste artigo.

Com o aparecimento da psicanálise, várias noções sobre a psicose se estabelecem. Sabemos que o trabalho clínico de Freud se centrou fundamentalmente nas neuroses. A investigação a respeito das psicoses ficou em grande medida entregue aos seus discípulos e continuadores. Grande parte do que Freud pensou e escreveu sobre psicose se deu em meio ao seu contato com Jung. A dupla Jung e Bleuler representava o melhor da psiquiatria do início do século XX, com uma ênfase dinâmica que os aproximava da psicanálise. Freud preferiu pensar o domínio da psicose sob a categoria da paranoia em vez da esquizofrenia. Sob a influência da amizade com Jung é que escreve *Schreber* em 1911, discutindo as questões do recalque das pulsões homossexuais e da projeção na paranoia. O que procura é estabelecer uma etiologia e um funcionamento psíquico da psicose, desvalorizando o fundamento orgânico (FREUD, 1911/1996). Devemos reconhecer que Freud tinha considerado os mecanismos de projeção na psicose desde os seus trabalhos no fim do século XIX. Assevera desde essa época que os sintomas delirantes devem ser vistos como tendo sentido e nexo para os pacientes. Mas o trabalho mais importante de Freud sobre a psicose é certamente o seu estudo do relato autobiográfico de Schreber.

O que está ausente no texto de Schreber é a discussão da psicose em torno do tema do narcisismo. Este tema será abordado em 1914, portanto três anos mais tarde, quando a psicose passa a ser vista como uma retração da libido ao Eu, que é retirada de pessoas e coisas do mundo externo (FREUD, 1914/1996). A megalomania, por exemplo, é o resultado deste retraimento libidinal. O que fica claro é que na psicose a sustentação psíquica do sujeito depende de outro como um duplo, como um arrimo de sua integridade. Uma perturbação neste apoio pode desencadear a degradação psicótica: o Eu não suporta a alteridade. O delírio de grandeza ou o delírio de perseguição são formas compensatórias do desmantelamento do Eu. Nos textos posteriores *Neurose e psicose* e *A perda da realidade na neurose e psicose*, publicados em 1924, Freud afirma que na psicose há uma problemática entre o Eu e o mundo externo. O Eu cria um mundo interno e externo, devido a uma frustração intolerável, que substitui a realidade. A maioria dos sintomas manifestos, especialmente as construções delirantes, deve ser entendida como tentativas secundárias de restauração do laço objetal (FREUD, 1924/1996a; 1924/1996b).

Quase encerrando a sua obra, em 1937, Freud destaca a importância da construção em análise (FREUD, 1937/1996). É que Freud descobre que nem sempre se trata de encontrar um material recalcado, que deve ser recordado. Os delírios na psicose são comparados ao trabalho de construção: são tentativas de explicação e cura. Compreende-se assim que, em Freud, o delírio tem uma função organizadora na psicose. Compreende-se também que todo delírio tem um fragmento de verdade.

O paradigma winnicottiano

Winnicott simultaneamente se aproxima e se afasta da psicanálise freudiana. Em busca de análise, procurou em 1923 Ernest Jones. Foi Jones quem o colocou em contato com James Strachey, com quem fez análise por dez anos. Quem começa com Jones e Strachey começa com Freud. Ao fim de dez anos, Strachey encaminha Winnicott a Melanie Klein. Strachey entende que se Winnicott está preocupado em aplicar a psicanálise às crianças, deve travar contato estreito com ela. Winnicott toma Klein como supervisora e se forma com ela, mas vai muito além dela. Todas as formulações sobre a criatividade, sobre fenômenos e objetos transicionais, por exemplo, permanecem estranhas ao campo kleiniano. Winnicott parece ser o primeiro analista contemporâneo sem escola. As heranças freudiana e kleiniana estão sujeitas a constantes reformulações e mudanças, a partir de uma experiência clínica muito diferente das experiências desses seus dois mestres. Nunca constituiu um grupo ao redor de suas verdades, permitindo que os analistas que se aproximavam ficassem livres para se apropriar do que quisessem. Foi Masud Khan, a partir da segunda metade do século XX, que passou a divulgar a obra e o pensamento de Winnicott. Em Winnicott, podemos dizer, a tradição e a descoberta estão em articulação. Do saber freudiano ao saber kleiniano, Winnicott produziu uma psicanálise própria.

Uma das mudanças fundamentais que interessa aqui destacar é que em Freud a neurose tem um valor de referência, é um ponto de partida para as formulações sobre o funcionamento psíquico. Em Winnicott, são os casos fronteiriços e a psicose que fornecem os elementos para suas transformadoras contribuições. Winnicott está atento ao vazio da experiência dos *borderline*. Ele se dá conta de que o que acontece antes é o que importa. Ou, colocando de outra maneira, o que importa é o que não aconteceu antes, impedindo a integração que leva à formação da personalidade. Não que Freud esteja errado, pensa ele, apenas toma como dado algo que nem sempre ocorre. Nos primórdios, o ego está por se constituir e a integração é uma possibilidade que dependerá de muitos fatores, e pode não se dar.

Em Freud, os sentimentos de culpa, de perseguição e de angústia têm origem no complexo de Édipo, ou seja, em uma relação triangular: mãe, pai, filho. Klein observou, entretanto, esses sentimentos em momentos muito anteriores, em fases pré-edípicas, nas relações iniciais mãe/bebê. Tais observações criaram uma questão à metapsicologia freudiana. Com vistas a manter a centralidade do complexo de Édipo, Klein postula um Édipo precoce. Uma dificuldade é que Freud via nos momentos iniciais uma relação dual, e não triática. Klein resolve o impasse imaginando que crianças de ambos os sexos mantêm com a mãe, desde o início, uma relação a três. Para ela a criança possui um saber inato sobre o estatuto triangular dos relacionamentos.

Winnicott considerava Klein uma grande clínica; quando começou a se relacionar com ela, ficou surpreso que ela já soubesse sobre as crianças aquilo que ele ia aos poucos aprendendo em sua própria clínica. Mas depois de um tempo estudando com ela, Winnicott conclui que o complexo de Édipo precoce de Klein, ainda que fosse uma solução engenhosa, não correspondia a suas vivências e seus problemas clínicos. Fica convencido de que existem temas iniciais na vida humana que não podem ser tratados com os elementos da concepção edipiana, são angústias primordiais que falam de ameaças à própria existência humana: medos de aniquilamento, de entrar em um estado de não integração, de perder o contato com a realidade, de desorientação espacial e de experiências de estar desalojado do próprio corpo. Uma característica básica dessas angústias todas é que elas se dão antes que exista um indivíduo em condições de experienciá-las. Portanto, elas não podem ser entendidas em termos dos conflitos gerados nas relações edipianas.

Winnicott pensa que a condição inicial não é tanto de um Édipo potencial, mas de um ser frágil, finito, que precisa de outro humano para continuar existindo: as primeiras relações não são do tipo objetal. O bebê precisa da mãe e só ela pode, por meio de seus cuidados, garantir que surja nele a confiança em si e no mundo. Para Winnicott não se trata de inveja ou ciúme de algum objeto inicial, não o seio, nem a própria mãe. O bebê não pode nestes momentos iniciais distinguir seu Eu daquilo que é "não Eu". Não existe um objeto interno ou externo, bom ou mau. A relação de dependência do bebê para com sua mãe não é uma relação a três, nem mesmo uma relação a dois. Talvez seja importante esclarecer: no início, o bebê enquanto tal não existe. Não há uma distinção entre o interno e o externo, entre o próprio e não próprio. Nas condições do início, o bebê apresenta necessidades e problemas que têm a ver com as garantias de sua integração no tempo e no espaço, até que possa criar a distinção das realidades interna e externa, das coisas e de si mesmo.

Estas angústias, que Winnicott chamou de "impensáveis", têm origem em uma falha ambiental específica. Quando a mãe não pode, por qualquer razão, assegurar a evolução do humano rumo a certo grau de integração, angústias impensáveis aparecem. Essas angústias têm uma importância clínica fundamental: estão profundamente relacionadas à etiologia e ao tratamento das psicoses. Nesta forma de ver, os problemas edípicos só se tornam centrais se certo grau de saúde psíquica for atingido. Se for, pensa Winnicott, as formulações metapsicológicas e clínicas de Freud são inteiramente aplicáveis. Caso haja interrupções ou mesmo colapsos da integração progressiva inicial, criando condições para o aparecimento da psicose, a renovação da técnica é fundamental.

A construção de um caso

Pierre Fédida e François Villa organizaram em 1999 uma coletânea sobre a natureza do caso clínico: *Le cas en controverse* (D'AGORD, 2001a). As reflexões veiculadas nesta coletânea e as que a partir daí se multiplicaram, produzidas por diversos autores em várias partes do mundo, têm o condão de desmistificar uma visão ingênua do caso clínico e relançá-lo em uma perspectiva epistemológica mais ampla. Ainda que o caso seja construído a partir de uma história pessoal, ele não é um testemunho positivista. O que fica em evidência no caso não é tanto a pessoa do paciente quanto o seu tratamento. Trata-se de uma reconstrução de eventos clínicos que surge de dentro de um quadro de referência, em que o próprio analista está inserido. Entre as dimensões fenomenológica, sintomatológica e a perspectiva diagnóstica, há um esforço que busca organizar, interpretar e relançar o acontecido no tratamento em um contexto metapsicológico. Colocando de outro modo: a construção do caso depende da situação analítica, ou seja, da transferência e do trabalho clínico.

A importância do caso, como ensina Fédida, tem a ver com sua dimensão de pesquisa, de investigação, de expansão do pensar clínico e metapsicológico: "o caso é uma teoria em gérmen" (*apud* D'AGORD, 2001b, p. 12). Trata-se de um trabalho que procura dar conta do que vai acontecendo na clínica, para além do que se sabe e do que é primeiramente consciente. Neste sentido, a construção do caso tem uma dimensão de prospecção, de avanço em uma região ainda escura. Não há interesse em se repetir o conhecido. O vivido na clínica está sempre exigindo muito mais que se sabe. Para se dar conta daquilo que não se tem domínio é preciso se lançar, construindo aquilo que ainda não existe. Neste processo de reconstrução do caso, a partir das experiências clínicas, a participação do analista tem um largo papel. Não falamos de arbitrariedades ou elucubrações interpretativas, mas de um trabalho fiel e cuidadoso, consciente de que o caso sem o trabalho do analista não existe.

A epistemologia psicanalítica é clínica, algo que precisamos repetir e valorizar em tempos em que o método quantitativo frequentemente é apresentado como o único que faz jus ao título de científico. O rigor quantitativo tem valor e lugar: ele segue sendo outro do método clínico, a ser considerado. Todavia, segue o engano, sustentado por relações institucionais de poder, de pensar que o subjetivo possa ser dispensado, que o humano todo possa ser captado apenas por métodos objetivantes. Na construção de um caso não há cisão pesquisador/pesquisado, não há uma observação de fora da cena – aí a sua força. A clínica da escuta e não a clínica objetivante é que está em condições de sustentar a subjetividade envolvida. Ela é que traz à tona elementos insuspeitos e inconscientes ao par paciente/analista. Na escuta o analista produz, tem uma atividade associativa e mesmo especulativa. É na transferência que o caso é construído. Ao contrário de fraqueza metodológica, trata-se tanto de uma libertação do narcisismo do paciente e do analista quanto de um enfoque que não enxerga aquilo que não pode ser pesado ou medido. Caon (2001, p. 43) afirma: "não parece possível ao analisante escrever seu retrato metapsicológico próprio". A construção do caso é uma contribuição científica primeiramente ao paciente em toda a sua riqueza e complexidade, que recebe como oferta uma narrativa inédita com que pode se identificar, mas é também uma contribuição à pesquisa e à elaboração metapsicológica, fazendo avançar enigmas e mistérios que não aparecem em outro lugar que não na própria clínica e na própria vida.

Mais que um estudo de caso, o que temos é a construção do caso, em que o drama pessoal do paciente é acompanhado e escutado pelo analista, em busca de sentido e cura. Toda a construção do caso é feita dentro de hipóteses metapsicológicas. Toda construção de caso visa a um grupo que recebe e aprecia o trabalho do psicanalista/pesquisador. A construção de caso renova a clínica do analista e o seu modo de pensar. Como escrevem Moura e Nikos (2001, p. 75) sobre a pesquisa psicanalítica com construção de caso: "eis aí a principal essência do que se chama pesquisa psicanalítica: promover uma abertura de sentidos para os dados em que o pesquisador está debruçado".

Roberto e o desmantelamento do Eu

Roberto aparece ao analista como frágil em suas relações familiares. O desmantelamento do Eu começa a ser pensado no relacionamento inicial mãe-filho, como em tantos outros pacientes fronteiriços ou psicóticos. O caso começa a ser construído: frágil, a mãe poderia não ter sido capaz de impedir as invasões e as descontinuidades de proteção a uma personalidade que ainda não se constituía. Parece ser necessária agora a recuperação da técnica ativa: o analista teria de se adaptar às necessidades do paciente onde a mãe falhou.

O paciente se identifica com a mãe frágil que o desprotegia. Não consegue reconhecer a violência dos constantes ataques do pai agressivo. Não apenas a violência, tampouco sabe reconhecer o bem-estar que tão raro vivencia. Esmagado pelo pai, não pode colocar em questão a sua violência. Teme desestabilizar a frágil força paterna e possivelmente toda a família. Tudo perturba seu débil contorno corporal/egoico. Não pode se expressar.

Psicose e cuidados fundamentais

No modo de compreender de Winnicott, as bases para a saúde mental são lançadas na primeira infância, por uma mãe dedicada ao seu filho. Sem esta ambientação favorável, o bebê sofre. Winnicott (1952/2000, p. 306) vê uma linha de continuidade no humano, da concepção à morte, de modo que "a criança é o pai do homem". Sem a experiência de uma construção psíquica paulatina na infância, o adulto adoece. A saúde da criança e do adulto depende, portanto, em importante medida, da possibilidade da mãe de cuidar das necessidades de seu filho lactante. Essas necessidades no início são absolutas. Da mãe se espera uma dedicação imensa no começo da vida de seu filho. Winnicott gosta da palavra "devoção", que uma vez despida de todo sentimentalismo religioso, pode expressar o trabalho intenso da mãe no trato do seu filho. "A saúde mental é o resultado de um cuidado incessante que possibilita a continuidade do crescimento emocional" (WINNICOTT, 1952/2000, p. 306). Embora Winnicott reconheça a complexidade e as dimensões controvertidas da etiologia da psicose, ele vê nas perturbações neste período da lactância, anterior à formação de um ser psíquico integral, fator etiológico fundamental para tal psicopatologia.

A partir de suas observações de crianças e, sobretudo, de sua experiência de cuidado de adultos psicóticos ou neuróticos graves, em estados momentâneos ou permanentes de regressão, Winnicott intui que no início o indivíduo não é uma unidade. Sua vulnerabilidade a estados esquizoides e à franca esquizofrenia depende em grande medida do modo como este ser ainda não integralizado é exposto à realidade. Trata-se de um momento delicado, quando o bebê depende absolutamente de sua mãe. Um fracasso importante aí resulta em organizações defensivas contra a confusão e a não integração. Se a mãe *está* em condições de fazer uma adaptação ativa e sensível às necessidades do seu bebê, este pode permanecer protegido do ambiente até quando queira. Finalmente o bebê faz um movimento espontâneo e, digamos, "toca" o ambiente, descobrindo e construindo um "não Eu". Se o ambiente, por outro lado, não se adaptar ao bebê e entrar no seu mundo psíquico por iniciativa própria, o bebê vive isso como uma invasão e se defende. A defesa é o isolamento, que visa readquirir uma sensação de continuidade e proteção.

Nesta situação de falha do ambiente (basicamente oferecido pela mãe ou por alguém que a substitui) surgem as distorções psicóticas. Após a intrusão do ambiente no mundo do bebê, segue o seu isolamento psíquico e o aparecimento de uma organização defensiva para repudiar a invasão. Para Winnicott, a técnica para tratar pacientes que tiveram essa experiência na infância deve incluir a atitude que não foi experimentada pelo bebê: uma adaptação ativa e sensível às suas necessidades psíquicas, proporcionada por uma grande plasticidade da parte do analista.

Nos momentos iniciais, há um grande potencial criativo no bebê surgido de sua intensa necessidade, que o coloca em uma verdadeira prontidão para a alucinação. A mãe sensível, profundamente identificada com o seu bebê, acaba oferecendo, no momento e no lugar certos, exatamente aquilo que o bebê está alucinando. É esta experiência de criar o que lhe está sendo oferecido, de encontrar aquilo que alucina, repetida muitas vezes, que dá ao bebê a ilusão da onipotência e o faz se sentir amado, importante, seguro. No caso de essas coisas não acontecerem satisfatoriamente, fruto de uma adaptação insatisfatória do ambiente, surge uma cisão básica, em que uma vida secreta se estabelece com pouco ou nenhum contato com a realidade. O resultado é uma vida artificial e falsa, finalmente vazia, fria, sem sentido, baseada em total submissão. Em casos mais graves, o caos se estabelece. De qualquer forma, a ilusão não se constitui nem se desfaz completamente, levando o paciente, na vida adulta, a exigir do seu entorno a aquiescência para construções mais ou menos delirantes.

Várias perturbações podem se dar a partir destas insuficiências iniciais. Uma delas seria o uso da inteligência para compensar a experiência da não integração. Neste caso, aparece um intelectualismo artificial, um excesso, que visa compensar a ausência desta adaptação do ambiente nos primeiros momentos. Aparece uma hipertrofia dos processos intelectuais, que parecem completamente divorciados do corpo e dos afetos. Outra experiência é a sensação que esses pacientes têm de não se sentirem alojados no próprio corpo. Esta sensação de desintegração ameaça terrivelmente o paciente, tornando o indivíduo um paranoico por qualquer causa. No desenvolvimento mais feliz, o mundo externo com seus perseguidores e suas invasões é neutralizado pela presença e pela atuação da mãe devota, que sustenta o bebê física e emocionalmente. Sem essa proteção o potencial paranoide se desenvolve. É para se defender das terríveis angústias deste estado paranoide que surge uma forte organização defensiva, desde a infância. Para escapar ao ataque paranoicamente esperado, o paciente evita a integração.

Aspectos clínicos e metapsicológicos da regressão

Winnicott valoriza o tema da regressão na clínica de pacientes graves. Suportar a regressão do paciente é, para ele, mais que um aspecto da técnica, ou do estilo pessoal do analista. Trata-se de propiciar condições de desenvolvimento de um processo iniciado e conduzido pelo inconsciente do paciente, com seu ritmo, seus recuos e suas complexidades. A técnica ativa é o modo possível de manter a abstinência com pacientes graves: o que exige muitíssimo do analista. É uma ativa adaptação às necessidades do paciente, que permite a este avançar, ou voltar rumo aos seus sofrimentos mais brutais. Dada a primariedade do modo como o paciente se liga, cabe ao analista uma postura que se aproxima à de uma mãe que segura o seu bebê. Quando o analista deixa que o processo seja conduzido pelo inconsciente do paciente, exatamente como faz no tratamento da neurose, podem surgir no analista, neste caso da psicose, sentimentos difíceis de manejar: seu inconsciente é profundamente mobilizado. É preciso estar certo das dificuldades. Constantemente o tratamento ultrapassa o analista, que outra vez precisa ver o que lhe escapa.

A regressão de que fala Winnicott, refere-se a um tipo específico de paciente, com falhas importantes no relacionamento inicial mãe/bebê. Se não for possível suportar a regressão nestes casos, a análise pode se centrar sobre uma construção social grandemente falsa, que não representa as dinâmicas mais profundas da personalidade. Este mundo interior profundo, marcado por angústias e medos impensáveis, pode permanecer soterrado, disfarçado por esta construção defensiva que se chama psicose. A regressão para

Winnicott representa, portanto, um poderoso recurso da psique, uma corajosa tentativa de ir até o ponto onde as "angústias impensáveis" foram experimentadas. Um destino muito mais infeliz na psicose – aliás, uma ameaça sempre presente – seria simplesmente o caos, situação em que a capacidade de regressão fica completamente anulada.

Talvez este ponto mereça uma elucidação. Para Winnicott a regressão está ligada a ideia de que, frente a perturbações iniciais graves, houve um congelamento da situação de falha, que gera tanta angústia. Há também uma esperança de que, em situações mais favoráveis futuras, essa falha congelada possa ser descongelada e tratada. Veja que ele não está pensando primeiramente na regressão libidinal a pontos de fixação do investimento e suas fases. A regressão de que fala é, sobretudo, a regressão a uma situação de dependência e se refere ao desenvolvimento do ego. Ele está falando de uma adaptação adequada do ambiente, ainda que tardia. Se for possível uma regressão à dependência, processos curativos podem ser suficientes para descongelar a situação de falha e revelar o vínculo entre a psicose e a saúde. Isso só se dá se um ambiente de confiança real se estabelece.

O modo de refletir de Winnicott (1954/2000c, p. 378) sobre a psicose destaca sua sensação de insuficiência diante do paciente: "Fui obrigado a crescer como pessoa no decorrer do tratamento, de um modo doloroso que eu teria tido prazer em evitar" – assevera falando de um atendimento de um paciente grave. É honesto para reconhecer os impedimentos ao avanço do tratamento que se apresentam nele mais que no paciente:

> *Particularmente, foi-me necessário aprender a examinar a minha própria técnica toda vez que surgiam dificuldades, e em todas as cerca de doze fases de re-*

> *sistência ocorridas ficou claro em seguida que a causa originava-se de algum fenômeno de contratransferência, tornando necessária uma auto-análise adicional do analista (WINNICOTT, 1954/2000c, p. 378).*

Com essas observações, pretende esclarecer o que pensa sobre o que seja realmente a abstinência e o não atendimento da demanda do paciente. A técnica ativa na psicose não pode ser confundida com um simples reasseguramento. Ele avalia o ponto assim:

> *Formações reativas no comportamento do analista são prejudiciais não porque se fazem presentes na forma de reasseguramento e negação, mas porque representam elementos inconscientes reprimidos no analista que irão limitar sua capacidade de trabalho (WINNICOTT, 1954/2000c, p. 390).*

Desmantelamento egoico e o caminho entre as pedras

O caminho é entre pedras: machuca os pés. Se fosse neurose, se poderia falar em pés inchados de Édipo. O caminho entre pedras aponta, entre outras coisas, para os limites do analista. Ele não é onipotente. O caminho é entre pedras para o paciente também. O analista não está disponível no fim de semana e nas férias, o paciente sofre, atua e ataca. O vínculo parece frágil. O paciente expressa intenção de interromper o tratamento, o analista se inquieta. São afetos complexos, a cisão está presente. O paciente quer se aproximar e quer se afastar, ao mesmo tempo. O analista não é suficiente. Será suficientemente bom?

Entre pedras, um caminho. A estabilidade do tratamento, a duras penas conquistada, permite as primeiras falas claras acerca dos conflitos da sexualidade e da agressividade. Toma a iniciativa e vai para o divã: o paciente melhora, um namoro mais duradouro se anuncia. A compreensão e o acolhimento excepcionais – incluindo a escuta não apenas da necessidade intensa de aproximação, mas da necessidade igualmente intensa de separação – permitem a continuidade. Ele regride saudavelmente à dependência do analista. Roberto se anima e vai encontrando um caminho... Entre pedras se prenunciam movimentos de busca e de concretização.

Considerações finais

A julgar por certos modelos propostos, certos modos de construir um caso, as perspectivas não são nada animadoras. Mas aqui as vicissitudes de um *self* dissociado não devem ser vistas como um castigo eterno. Refletindo sobre trabalho anterior de Jacques Lacan e o estádio do espelho, Winnicott pergunta: o que vê o bebê quando olha para o rosto da mãe? O bebê normalmente vê a si mesmo, responde. É preciso entender que este *normalmente* expressa a qualidade de uma mãe capaz de se identificar e se adaptar ao seu bebê: uma adaptação no começo quase completa. O olhar da mãe não é sem desejo, não é desinteressado. Winnicott não sugere que esse olhar devesse ser vazio para não ocorrerem as intrusões. O desejo da mãe expressa algo com que o bebê pode se comunicar. O olhar invasivo, ao contrário, é o que reflete o humor da mãe voltada para si, ou pior ainda, reflete as suas defesas diante da vida. A mãe que não reage ao bebê, cujo rosto é fixo, inflexível, acostuma o seu bebê a não ser visto, mesmo quando olha para o espelho-mãe. As consequências são a formação de um conjunto exagerado de mecanismos de defesa, podendo levar a casos fronteiriços como o aqui apresentado, no limite da psicose. Segundo André Green (1988), há o complexo da mãe morta que se aplica ao analista, aquela que mesmo viva é incapaz de reagir ao seu filho. Esta mãe morta para o seu bebê gera ela mesma uma morte psíquica, mais ou menos intensa, no seu pequeno filho.

Há quem diga que Freud nunca abandonou completamente sua teoria da sedução. Na verdade, ele gradualmente a modificou e integrou com base nos estudos sobre a sexualidade infantil. Se assim for, os efeitos nocivos da sedução propugnados em Freud podem ser comparados a esta mãe que "morre" para o bebê, apenas usando-o, sem real capacidade de enxergá-lo e refleti-lo. Cabe ao analista pensar o lugar que ocupa no tratamento do fronteiriço ou psicótico, quando sem qualquer sentimentalismo, sem negação da agressividade - marca fundamental da experiência humana -, sem sedução, posso ativamente sustentar o paciente em seus processos de regressão necessários, que finalmente possam levá-lo a não apenas se aproximar de angústias impensáveis, mas recuperar desde dentro do processo o seu crescimento emocional, com vivência e manifestação autênticas de si mesmo.

Referências

ANZIEU, D. *O eu-pele*. São Paulo: Casa do Psicólogo, 1989.

CAON, J. L. Retrato, auto-retrato e construção metapsicológica de Serguéi Constantinovitch Pankejeff, o "Homem dos Lobos". *Pulsional Revista de Psicanálise*, São Paulo, v. XIII, n. 140-141, p. 22-44, 2001.

D'AGORD, M. Sobre a coletânea *Le cas en controverse. Pulsional Revista de Psicanálise*, São Paulo, v. XIII, n. 140-141, p. 7-11, 2001a.

D'AGORD, M. Uma construção de caso na aprendizagem. *Pulsional Revista de Psicanálise*, São Paulo, v. XIII, n. 140-141, p. 12-21, 2001b.

FREUD, S. Notas psicanalíticas sobre um relato autobiográfico de um caso de paranóia. *In*: *Edição Standard Brasileira das Obras Psicológicas Completas de Sigmund Freud*. Rio de Janeiro: Imago, 1996. v. XII. Obra publicada originalmente em 1911.

FREUD, S. Sobre o narcisismo: uma introdução. *In*: *Edição Standard Brasileira das Obras Psicológicas Completas de Sigmund Freud*. Rio de Janeiro: Imago, 1996. v. XIV. Obra publicada originalmente em 1914.

FREUD, S. Neurose e psicose. *In*: *Edição Standard Brasileira das Obras Psicológicas Completas de Sigmund Freud*. Rio de Janeiro: Imago, 1996a. v. XIX. Obra publicada originalmente em 1924.

FREUD, S. A perda da realidade na neurose e na psicose. *In*: *Edição Standard Brasileira das Obras Psicológicas Completas de Sigmund Freud*. Rio de Janeiro: Imago, 1996b. v. XIX. Obra publicada originalmente em 1924.

FREUD, S. Construções em análise. *In*: *Edição Standard Brasileira das Obras Psicológicas Completas de Sigmund Freud*. Rio de Janeiro: Imago, 1996. v. XXIII. Obra publicada originalmente em 1937.

GALO, A. G. *Acerca de la transferencia en pacientes gravemente perturbados*. Desde la perspectiva de Donald Winnicott. Argentina, 2001. Disponível em: www.winnicott.net. Acesso em: nov. 2003.

GREEN, A. *Narcisismo de vida, narcisismo de morte*. São Paulo: Escuta, 1988.

GREIF, L. M. V. *D. W. Winnicott's Clinicalt.* Argentina, 2001. Disponível em: www.winnicott.net. Acesso em: nov. 2003.

LAING, R. D. *The Politics of the Family*. London: Tavistock, 1971.

MOURA, A.; NIKOS, I. Estudo de caso, construção do caso e ensaio metapsicológico: da clínica psicanalítica à pesquisa psicanalítica. *Pulsional Revista de Psicanálise*, São Paulo, ano XIII, n. 140-141, p. 69-76, 2001.

MUTCHINICK, D. *Winnicott*: una clinica que leva su nombre. Argentina, 2001. Disponível em: www.winnicott.net. Acesso em: nov. 2003.

TAYLOR, W. C. *Dicionário do grego*, vocabulário grego-português. Rio de Janeiro: Juerp, 1978.

WINNICOTT, D. W. Psicoses e cuidados maternos. *In*: *Da pediatria à psicanálise - Obras escolhidas*. Rio de Janeiro: Imago, 2000. p. 305-315. Obra publicada originalmente em 1952.

WINNICOTT, D. W. Aspectos clínicos e metapsicológico da regressão no contexto psicanalítico. *In*: *Da pediatria à psicanálise - Obras escolhidas*. Rio de Janeiro: Imago, 2000c. p. 374-392. Obra publicada originalmente em 1954.

Bibliografia complementar

ABRAM, J. *A linguagem de Winnicott*. Dicionário de palavras e expressões utilizadas por Donald W. Winnicott. Rio de Janeiro: Revinter, 2000.

AB'SABER, T. A. M. Um jogo de Winnicott. *Percurso Revista de Psicanálise*, São Paulo, ano IX, n. 17, p. 18-26, 1996.

BERLINCK, M. T. *Psicopatologia fundamental*. São Paulo: Escuta, 2000.

BERLINCK, M. T. *et al.* Esquizofrenia e miscigenação. *Revista Latinoamericana de Psicopatologia Fundamental*, São Paulo, v. IV, n. 4, p. 7-16, dez. 2001.

CARTOCCI, L.; FRANCO, M. M. Winnicott: contribuições de uma clínica para a atualidade. *Percurso Revista de Psicanálise*, São Paulo, ano IX, n. 17, p. 7-10, 1996.

DELOUYA, D. A pulsão "destrutividade" e o "pai" do self. O acesso ao real em Winnicott. *Percurso Revista de Psicanálise*, São Paulo, ano IX, n. 17, p. 27-34, 1996.

FÉDIDA, P. *Clínica psicanalítica*: estudos. São Paulo: Escuta, 1988.

FÉDIDA, P. *Nome, figura e memória*. São Paulo: Escuta, 1992.

FÉDIDA, P. *O sítio do estrangeiro*. São Paulo: Escuta, 1996.

FROCHTENGARTEN, J. A exploração das dificuldades. Uma proposta de leitura de Winnicott. *Percurso Revista de Psicanálise*, São Paulo, ano IX, n. 17, p. 49-55, 1996.

GONÇALVES, C. S. Ódio e medo na contratransferência. *Percurso Revista de Psicanálise*, São Paulo, ano IX, n. 17, p. 35-40, 1996.

GURFINKEL, D. O carretel e o cordão. *Percurso Revista de Psicanálise*, São Paulo, ano IX, n. 17, p. 56-68, 1996.

HOPPE, M. W. Do modelo narrativo à escritura do fato clínico: o drama do paciente e o caso do analista. *Pulsional Revista de Psicanálise*, São Paulo, ano XIII, n. 140-141, p. 56-62, 2001.

LAING, R. D. *Self and Others*. New York: Pantheon, 1969.

LAING, R. D. *The divided Self*: an existential study in sanity and madness. London: Penguin, 1979.

LEITE, E. B. P. Ressonâncias do objeto. O brincar e o espaço analítico: Fédida, Winnicott e o fort-da. *Percurso Revista de Psicanálise*, São Paulo, ano IX, n. 17, p. 91-100, 1996.

LEITE, S. O desejo de Freud e a questão da psicose no campo psicanalítico. *Pulsional Revista de Psicanálise*, São Paulo, ano XVI, n. 175, p. 33-47, 2003.

LOPARIC, Z. Winnicott: uma psicanálise não-edipiana. *Percurso Revista de Psicanálise*, São Paulo, ano IX, n. 17, p. 41-47, 1996.

OUTEIRAL, J.; MOURA, L. *Paixão e criatividade.* Estudos psicanalíticos sobre Frida Khalo, Camille Claudel, Coco Chanel. Rio de Janeiro: Revinter, 2002.

RODRIGUES DA SILVA JR., M. O manejo da regressão na situação analítica: apontamentos sobre a perspectiva winnicottiana. *Percurso Revista de Psicanálise*, São Paulo, ano IX, n. 17, p. 15-17, 1996.

ROSA, S. S. A dissociação do *self* e suas implicações na educação. *Percurso Revista de Psicanálise*, São Paulo, ano IX, n. 17, p. 75-83, 1996.

SAFRA, G. A vassoura e o divã. *Percurso Revista de Psicanálise*, São Paulo, ano IX, n. 17, p. 69-74, 1996.

SOUZA, M. L. R. Considerações... *Percurso Revista de Psicanálise*, São Paulo, ano IX, n. 17, p. 11-14, 1996.

VILETE, E. P. Amor e ódio na obra de Winnicott (Cria Cuervos). *Percurso Revista de Psicanálise*, São Paulo, ano IX, n. 17, p. 85-90, 1996.

WINNICOTT, D. W. *O brincar e a realidade.* Rio de Janeiro: Imago, 1975.

WINNICOTT, D. W. *A criança e o seu mundo.* Rio de Janeiro: LTC, 1982.

WINNICOTT, D. W. *O ambiente e os processos de maturação.* Estudos sobre a teoria do desenvolvimento emocional. Porto Alegre: Artmed, 1983.

WINNICOTT, D. W. *Natureza humana*. Rio de Janeiro: Imago, 1990.

WINNICOTT, D. W. *Os bebês e suas mães*. São Paulo: Martins Fontes, 1996.

WINNICOTT, D. W. *Tudo começa em casa*. São Paulo: Martins Fontes, 1999.

WINNICOTT, D. W. A defesa maníaca. *In*: *Da pediatria à psicanálise – Obras escolhidas*. Rio de Janeiro: Imago, 2000. p. 199-217. Obra publicada originalmente em 1935.

WINNICOTT, D. W. Desenvolvimento emocional primitivo. *In*: *Da pediatria à psicanálise – Obras escolhidas*. Rio de Janeiro: Imago, 2000. p. 218-232. Obra publicada originalmente em 1945.

WINNICOTT, D. W. Pediatria e psiquiatria. *In*: *Da pediatria à psicanálise – Obras escolhidas*. Rio de Janeiro: Imago, 2000. p 233-253. Obra publicada originalmente em 1948.

WINNICOTT, D. W. Memórias do nascimento, trauma do nascimento e ansiedade. *In*: *Da pediatria à psicanálise – Obras escolhidas*. Rio de Janeiro: Imago, 2000. p. 254-276. Obra publicada originalmente em 1949.

WINNICOTT, D. W. O ódio na contratransferência. *In*: *Da pediatria à psicanálise – Obras escolhidas*. Rio de Janeiro: Imago, 2000. p. 277-287. Obra publicada originalmente em 1947.

WINNICOTT, D. W. A mente e sua relação com o psicossoma. *In*: *Da pediatria à psicanálise – Obras escolhidas*. Rio de Janeiro: Imago, 2000. p. 332-346. Obra publicada originalmente em 1949.

WINNICOTT, D. W. A agressividade em relação ao desenvolvimento emocional. *In*: *Da pediatria à psicanálise – Obras esco-*

lhidas. Rio de Janeiro: Imago, 2000. p. 288-304. Obra publicada originalmente em 1950.

WINNICOTT, D. W. Objetos transicionais e fenômenos transicionais. *In*: *Da pediatria à psicanálise - Obras escolhidas*. Rio de Janeiro: Imago, 2000. p. 316-331. Obra publicada originalmente em 1951.

WINNICOTT, D. W. Retraimento e regressão. *In*: *Da pediatria à psicanálise - Obras escolhidas*. Rio de Janeiro: Imago, 2000a. p. 347-354. Obra publicada originalmente em 1954.

WINNICOTT, D. W. A posição depressiva no desenvolvimento emocional normal. *In*: *Da pediatria à psicanálise - Obras escolhidas*. Rio de Janeiro: Imago, 2000b. p. 355-373. Obra publicada originalmente em 1954.

WINNICOTT, D. W. Formas clínicas da transferência. *In*: *Da pediatria à psicanálise - Obras escolhidas*. Rio de Janeiro: Imago, 2000. p. 393-398. Obra publicada originalmente em 1955.

WINNICOTT, D. W. A preocupação materna primária. *In*: *Da pediatria à psicanálise - Obras escolhidas*. Rio de Janeiro: Imago, 2000a. p. 399-405. Obra publicada originalmente em 1956.

WINNICOTT, D. W. A tendência antissocial. *In*: *Da pediatria à psicanálise - Obras escolhidas*. Rio de Janeiro: Imago, 2000b. p. 406-416. Obra publicada originalmente em 1956.

WINNICOTT, D. W. Pediatria e neurose infantil. *In*: *Da pediatria à psicanálise - Obras escolhidas*. Rio de Janeiro: Imago, 2000c. p. 417-423. Obra publicada originalmente em 1956.

4. A violência dos ideais na anorexia nervosa: o Eu corporal em ruína

Ana Paula Gonzaga
Cybelle Weinberg Sardenberg

> *Não entendo por que vocês insistem em mentir para mim. Não entendo por que vocês insistem para que eu coma, se estou explodindo de gorda. Não sei nem porque estão se ocupando de mim com tanta gente doente. Como sempre, só fui mais uma vez incompetente, como em tudo que faço! Não entendo por que vocês não me entendem!*

Essa fala, de uma adolescente internada em uma enfermaria psiquiátrica para tratar-se de anorexia nervosa, parece ter um caráter universal pela forma como representa quem sofre desse transtorno: a descrença no que lhe é dito, ou no que é próprio da realidade; uma distorção, em maior ou menor grau, da imagem corporal, ou da percepção que tem de seu corpo; um prejuízo importante na autoestima; um discurso autoacusatório e o estranhamento que isso provoca tanto em quem acompanha esses casos como nos próprios pacientes.

A chegada dessas pacientes na clínica é impactante, não só pela sua indiferença frente aos riscos que correm, mas pelo contraste entre uma aparência cadavérica e um orgulho incontido por mais essa "conquista". Num primeiro momento, não nos parece estarmos diante de um "Eu em ruína" (pois o que se apresenta é um "Eu todo-poderoso"). Mas de um corpo em ruína, e se há uma queixa, é a de que ele pode emagrecer ainda mais.

Via de regra, estamos diante de meninas jovens, que se destacam nos estudos, na prática esportiva, no trato social, mas que por ocasião da entrada na adolescência, "se percebem gordas" e iniciam uma dieta sustentada de forma drástica e sempre insuficiente para seus propósitos. O que começa como uma restrição calórica dispara uma severa privação de tudo ou quase tudo. A preocupação com a rotina alimentar passa a restringir sua vida social, o contato com os amigos, os laços afetivos e, quase sempre, a vida acadêmica. Esse processo, que pode levar alguns meses, transforma uma jovem púbere e cheia de vida em uma menina isolada, entristecida, emagrecida e sem viço, a poucos passos da morte, sem se dar conta disso e ainda muito determinada a perder mais um quilo: um ideal passional e absurdo, associado nesse momento à estética, ou a algo que se defende como estética. Da mesma maneira que devem ser as melhores alunas e estar sempre à frente do que está sendo ministrado por seus professores, ou ser as melhores atletas etc., criam uma deformação que é serem as "melhores magras". Na realidade, o que parece estar sendo encenado é a vontade de alcançar o impossível, sob o imperativo de algum(ns) ideal(is).

A crença de que ainda é preciso perder mais peso, e que tem a força de uma ideação delirante, nos leva a refletir sobre o que as faz acreditar nessa imagem distorcida, que as induz a iniciar uma dieta tão drástica a ponto de negar suas necessidades, corrompendo o fio de ligação com a realidade, mesmo não se tratando de pacientes psicóticas. Na tentativa de entender esse aspecto da subjetividade, que é o dos ideais que essas pacientes se impõem, partiremos da compreensão freudiana do processo de identificação e constituição do aparelho psíquico, considerando as forças pulsionais como seu motor.

Ao longo de sua obra, Freud sempre se ocupou e chamou a atenção para um modelo evolutivo da mente humana, composta por diferentes extratos não estanques. O modelo de aparelho psíquico proposto é, dessa forma, maleável e passível de adquirir diferentes configurações ao longo da vida, em função das demandas advindas do mundo externo e/ou das exigências pulsionais. Assim, os aspectos originários desse aparelho, que levam em conta elementos constitucionais e relacionais primários e que determinarão constelações significativas na vida do sujeito, também configurarão novos arranjos ao longo de seu desenvolvimento, sem perder a qualidade de um processo que implica acontecimentos simultâneos e em diferentes instâncias. Uma dimensão nesse complexo processo se passa na evolução do movimento identificatório.

Como bem assinala Bleichmar (2005, p. 131), o que inaugura o pulsional na cria humana é "um outro humano, que é um adulto imbuído de sexualidade e que desconhece a existência do prazer sexual obtido nestes cuidados oferecidos ao recém-nascido, já que a fonte que o ativa é o inconsciente". Bleichmar afirma o caráter traumático e irredutível dessa implantação e postula, seguindo a teoria freudiana, que o trabalho psíquico que se impõe a essa mente incipiente será o de encontrar vias de descarga, ou de ligação, para as quantidades excedentes. Esse é o primeiro tempo da vida psíquica: o da instauração da pulsão, dado pelo desejo inconsciente materno. O segundo tempo caracteriza-se pela constituição do recalque originário, que tem por consequência a saída do autoerotismo e a instauração do ego constituído pelo narcisismo e pela base das identificações, em que o outro que interage com o bebê continuará tendo um lugar de importância, pois

> *se por meio de seu inconsciente a mãe excita a cria, ao mesmo tempo, a partir de suas representações egóico--narcísicas do pré-consciente, ela pode ver seu bebê como um todo, como uma* Gestalt *organizada, como um ser humano. A libido desligada, intrusiva, que penetra, será portanto ligada inicialmente por vias colaterais, por meio deste narcisismo estruturante que o vínculo amoroso propicia (BLEICHMAR, 2005, p. 132).*

Vettorazzo (2007) ressalta a ideia do papel estruturante do narcisismo no processo de constituição do ego e aponta o caráter de composição em camadas desse processo. Recorre a Freud e seu modelo das "cascas de cebola" para configurar o dinamismo e a complexidade desse movimento: "cada camada pode se constituir assim em um vértice diferente para se considerar a 'condição narcísica' nos diferentes estágios da estruturação do eu e de suas vinculações com os objetos" (VETTORAZZO, 2007, p. 4). Daí derivaria um terceiro tempo, também proposto por Bleichmar, de instauração das instâncias ideais, tendo por referente essas identificações.

Sobre a importância e a complexidade desses tempos inaugurais e seus desdobramentos clínicos, afirma Bleichmar (*apud* VETTORAZZO, 2007, p. 7):

> *o ego não se constitui no vazio, mas sim sobre as bases das ligações prévias entre sistemas de representações pré-existentes e que estas ligações, tal como Freud descreveu no Projeto, consistem em investiduras colaterais.*

> *Em segundo lugar assinala que este ego que produz inibições e propicia ligações no decurso excitatório não está presente no vivente no início da vida. Corresponde ao outro humano, adulto, que, além de prover recursos para a vida, inscreva também de início estes recursos em sua potencialidade de "pulsão de vida", quer dizer, de ordenamento ligador que propicie uma articulação da tendência regulada à descarga.*

Assim, se por um lado "o ego instaura-se sobre um conjunto de ligações que asseguram sua estabilidade" (BLEICHMAR, 2005, p. 134), dele também derivarão as instâncias ideais ou o superego, em seu sentido de ego ideal e ideal de ego. Daí a importância de considerarmos esse "caldo" de representações e seus desdobramentos nos arranjos em que se constelarão essas instâncias. Ainda segundo Bleichmar, se prevalecem identificações narcisistas na constituição do ego, essas bases perecem em sua função de estabilidade e prevalece, na formação de agências superegoicas, o ego ideal narcisista, o que seria próprio às patologias graves que, "apesar de não serem consideradas como psicóticas, não chegam também à neurose: *pseudo-self*, estruturação *borderline*" (BLEICHMAR, 2005, p. 134).

Considerar essa compreensão dos primeiros tempos de instalação do aparelho psíquico, que inclui a constituição do ego e sua derivação para as instâncias ideais sob a regência das identificações narcísicas, nos parece fundamental para discutirmos os aspectos dinâmicos que se encenam na anorexia nervosa.

O eu em ruína ou um corpo em ruína?

> *Há um excesso de Laura em mim! Vejam como sobra...*

A angústia presente nessa fala é quase palpável, mas, ao mesmo tempo, difícil de se reconhecer pertinente. Não é incomum que profissionais que tratam essas pacientes tentem convencê-las, lhes oferecendo os mais diferentes elementos de realidade, de que o que estão percebendo ou sentindo não corresponde ao factual. Tarefa inglória e sem sucesso: elas estão convictas de que há uma deformação em seu corpo que se reflete, inclusive, no espelho.

Mas de que corpo estão falando? O engano parece se dar justamente quando ignoramos o corpo refletido no espelho. Nasio (2008), seguindo as conceituações de imagem corporal inconsciente, nos adverte: "todas as manhãs as pessoas se defrontam, diante do espelho, com duas imagens: a que está refletida, e a que é apenas sentida. A fusão dessas duas imagens do corpo – uma física, outra mental – define o *eu* de cada um" (p. 101). Ainda segundo Nasio, "o *eu* é o si mesmo identitário, a fronteira filtrante do aparelho psíquico e, sobretudo, a imagem mental do corpo sentido" (p. 101).

Nasio parte das concepções de Lacan e Dolto para chegar à compreensão de um Eu corporal e imagético. Considera que a imagem inconsciente do corpo será composta "pelo conjunto das primeiras impressões gravadas no psiquismo infantil pelas sensações corporais que um bebê, até mesmo um feto, sente ao contato de sua mãe, ao contato carnal, afetivo e simbólico com sua mãe" (NASIO, 2008, p. 19). Circunscreve esse período aos primeiros três anos de vida, em que a imagem do corpo será então significada por duas importantes descobertas. A primeira se refere ao estádio do espelho, proposto por Lacan – quando o bebê pela primeira vez percebe-se refletido no espelho e compreende, ainda precariamente, tratar-se de sua imagem – como precursor e constitutivo do que seria um reconhecimento de si, como uma imagem global. A segunda, por volta dos três anos, quando a criança novamente será confrontada com sua imagem especular, só que dessa vez compreende, "com amargura, que o reflexo que o espelho lhe devolve não é ela, que há uma defasagem irredutível entre a irrealidade de sua imagem e a realidade de sua pessoa" (NASIO, 2008, p. 19). Essa segunda descoberta é postulada por Dolto como uma reação traumática, por decepção e desencantamento, que promoveria o esquecimento das imagens inconscientes do corpo e o investimento do que é a aparência do corpo. Assim, ainda segundo Nasio (2008, p. 21), "a amargura da desilusão dá lugar à astúcia inocente de uma criança que utiliza sua imagem especular em prol de seu narcisismo".

Destacamos, então, a importância das primeiras relações estabelecidas pelo bebê com sua mãe na constituição tanto do ego que representará as identificações narcisisantes, como postula Bleichmar, como das imagens inconscientes do corpo discutidas por Nasio e referenciadas na obra de Dolto. O Eu determinado e subjetivado por esse conjunto de referências - que obviamente são apenas parte da constituição do Eu - trará consequências significativas na percepção e na representação corporais de qualquer pessoa.

No caso das pacientes com anorexia, o corpo visto parece refletir o aprisionamento narcísico em que se encontram. O que está arruinado, maculado, deformado é um corpo imaginário, representante de um ideal impossível de ser atingido. Assim, perseguem a perfeição, que, quando não atingida, diante de suas altas exigências, transforma-se num fracasso de proporções catastróficas.

Fernandes (2008, p. 215) ressalta que "essas jovens nos ensinam que mais do que um superego herdeiro do complexo de Édipo, esses casos nos confrontam com um ego ideal verdadeiramente tirânico, que concentra suas exigências na experiência do corpo". Propõe ainda que se considere a derivação do ego ideal do narcisismo primário, o que nos permite vislumbrar "que esse ego ideal é, antes de tudo, corporal".

A violência dos ideais

> *Quando não consigo me controlar e como, tenho que me punir: me corto, me mordo, me arranho...*

Os sentimentos de decepção e frustração são frequentes e intensos nessas pacientes, indo desde uma autoacusação até atos praticados contra sua própria integridade. Castigar-se, punir-se, acusar-se, machucar-se, tudo isso faz parte de uma rotina diante do que acreditam ser um fracasso por não conseguirem cumprir o contrato que fizeram consigo mesmas de não comer.

O início desses transtornos se dá, via de regra, com a entrada na adolescência, momento evolutivo que demanda a ressignificação e a consolidação dos elementos psíquicos subjetivados na infância. Autores como Aberastury e Knobel (1981) assinalam os lutos a serem elaborados nesse tempo que a adolescência inaugura: pela perda do corpo infantil, dos pais da infância, da identidade infantil e da bissexualidade. O que gostaríamos de ressaltar, além do luto patológico vivido por essas adolescentes, é como os elementos que estamos destacando até aqui se integrarão a esses lutos.

Em artigo intitulado "Observações sobre a estrutura psicótica", Aulagnier (1994, p. 283, tradução nossa) afirma a importância dessa primeira fase do desenvolvimento, que vai desde o nascimento até o momento de "enfrentamento entre o Eu e seu ego especular", e desenvolve a ideia de que "esse momento fecundo que é o estádio do espelho não é, em si mesmo, mais que um ponto de chegada". Ou seja, ele marcaria um ponto de uma história que teve seu início muito antes, no discurso parental, e que garantiu ao sujeito um lugar na cena familiar. Muito antes do parto, uma relação imaginária estabeleceu-se entre a mãe e o bebê:

> *. . . o início da gravidez coincide com – ou acentua – a instauração de uma relação imaginária, na qual o sujeito filho não é representado pelo que é na realidade, um embrião em curso de desenvolvimento, mas pelo que, de um outro lugar, é denominado corpo imaginado, ou seja, um corpo completo e unificado, dotado de todos os atributos necessários para ele. . . . e sobre essa imagem, suporte imaginário do embrião, se verte a libido materna. A imposição dessa imagem é tal que, nos primeiros tempos de vida, a vemos sobrepor-se à criança (AULAGNIER, 1994, p. 285, tradução nossa).*

De acordo com as suas observações, continua Aulagnier, tudo isso parece bastante óbvio. No entanto, não é o que acontece com aquelas mães que, com dificuldade para percorrer esse caminho, passam a gravidez observando as modificações de seu próprio corpo, não conseguindo imaginar aquele embrião como um corpo unificado e separado dela. Esse seria o funcionamento das mães das crianças psicóticas. O que, nos parece, não é o caso das mães das meninas anoréxicas. As mães das meninas que atendemos parecem ter percorrido um caminho oposto a esse, no sentido de terem superinvestido em seus bebês, havendo, por consequência, uma prevalência desse *corpo imaginado,* com que foram sobrepostos pelo narcisismo materno, muito além "dos primeiros tempos de vida".

Aprisionadas num lugar psíquico da mente materna, essas meninas carregam, instalada em sua imagem corporal, um estranhamento e uma terrível insatisfação, fruto de uma dívida impossível de saldar: a de ser a restituição narcísica para sua mãe. Tarefa hercúlea para essa menina, mas que é levada com razoável desempenho durante a infância, quando a mãe ainda tem poder sobre seu corpo, por meio de seus cuidados. No entanto, no momento da adolescência, quando esse corpo toma formas próprias, a menina, além de precisar fazer um luto pela perda do corpo infantil, vive o fracasso de não ter correspondido àquele *corpo imaginado* por sua mãe. E quanto mais o corpo real não obedece e se afasta daquele idealizado, mais é preciso puni-lo e castigá-lo.

Do lado dos pais, o que se vê é o estranhamento, como tão bem definiram Corso e Corso (1997, p. 81): "os controles não funcionam mais, não respondem. Isso explica inclusive algumas desistências. Não são poucos os pais que, depois da chegada da adolescência dos filhos, jogam a toalha como se não houvesse mais nada a fazer". Como diante de um jogo de *video game*, "sentem-se impotentes diante da fatídica expressão *game over* [...] o que, mesmo diante de uma boa pontuação, equivale a: 'Cara, suas chances acabaram!'".

"Suas Majestades, os bebês" chegam à adolescência

> *Não entendemos o que está acontecendo com a nossa filha... Sempre lhe demos tudo, nunca lhe faltou nada... Onde será que erramos?*

Uma das tantas dificuldades enfrentadas pelo profissional que atende pacientes anoréxicas é o manejo com os pais. Acostumados a lidar com uma menina dócil, obediente, filha e aluna "perfeita", de repente encontram-se diante de uma filha que desconheciam: irritadiça, teimosa e dona de uma vontade férrea. Desconcertados, oscilam entre a necessidade de alimentá-las e deixá-las cuidar de sua própria dieta, intimidados diante de alguém que vence pela teimosia e pelo cansaço.

Perguntamo-nos, então, de onde viria essa força, essa capacidade para controlar a fome, o peso e, "de quebra", a família? E por que irromperia na adolescência?

Para Bruch (1973), essa força esconderia a fragilidade e a incapacidade de controlar elementos importantes de suas próprias vidas, e a severa disciplina sobre seus corpos representaria o esforço desesperado de afastar o pânico de não ter poder. O excessivo interesse pelo corpo e por seu tamanho e o rígido controle sobre a comida seriam sintomas tardios de uma luta desesperada contra o "sentimento de ser escravizado", de não ser competente para levar uma vida própria. Nesta busca cega pela sua identidade, as jovens anoréxicas não aceitariam o que seus pais e o mundo lhes oferecem: preferirão passar fome a levar uma vida acomodativa.

Monti (2008), em artigo que trata do contrato narcisístico e da clínica do vazio, nos oferece importantes reflexões sobre a adolescência, que podem ser transpostas para a presente discussão. O autor toma de Aulagnier (1979) a ideia de um contrato narcisístico implícito, que regularia a relação entre as gerações, vinculando uma à outra e garantindo um lugar ao recém-chegado. Essas formulações, nos lembra Monti, já estavam presentes em Freud, na sua *Introdução ao narcisismo* (1914/1974, p. 108):

> *[...] se considerarmos a atitude daqueles pais especialmente ternos com seus filhos, temos de reconhecer que essa atitude é um novo despertar e uma reprodução do próprio narcisismo, do qual os próprios pais tinham desistido havia tempo [...] Ao mesmo tempo, esses pais também tendem a suspender, em favor da criança, todas as aquisições da civilização que seu próprio narcisismo fora obrigado a respeitar, e tornam a reivindicar, pela criança, privilégios dos quais tinham desistido*

> *havia tempo [...] Doença, morte, renúncia do prazer, restrições impostas à vontade pessoal não devem ter validade para ela; as leis da natureza e da sociedade devem ser revogadas em seu favor, ela deve mais uma vez se tornar realmente o centro, o cerne da criação – aquela "Sua Majestade, o Bebê" que outrora os pais se sentiam [...].*

A partir dessas teorizações, Monti observa que, se isso era verdadeiro na época de Freud, nos tempos atuais, com o isolamento das famílias e a mortalidade infantil controlada, há uma valorização da infância nunca antes vista e o estabelecimento de um lugar especial para essas crianças, que realmente tornam-se os soberanos de suas famílias. Sentadas nesse "trono de verdade", um "trono-armadilha" do qual é difícil descer, terão tudo e não terão nada, impedidas de se arriscar e construir suas próprias vidas. Quando crescidas, diante da fragilidade e do vazio de suas existências, "assistirão à ruína das próprias ilusões megalomaníacas" (MONTI, 2008, p. 251).

Perguntamo-nos, então, se ocorreria o mesmo com as anoréxicas de que estamos falando.

> *Eu e meu pai sempre andávamos de mãos dadas e ele dizia que eu era a sua princesa... Agora tudo mudou...*

Meninas, em sua maioria filhas únicas ou primogênitas,[1] colocadas no trono desde o nascimento – ou antes –, sempre

1 Dados coletados pela Clínica de Estudos e Pesquisas em Psicanálise da Anorexia e Bulimia (CEPPAN): de 81 pacientes atendidas, 60 são filhas únicas ou primogênitas, assim distribuídas – de 34 pacientes com anorexia nervosa, 28 atendem a esse critério e, de 47 com bulimia nervosa, 32 atendem ao critério.

corresponderam às expectativas de seus pais: obedientes, cumpriram ao pé da letra a missão de prolongar narcisicamente as suas vidas. No momento da adolescência, chamadas a assumir as rédeas do seu destino, confrontam-se com a impotência e com o sentimento de estarem traindo seus pais. Sensação esta confirmada pelo afastamento deles, decepcionados e magoados com "sua princesa", que não lhes obedece mais.

Mas que desobediência é esta? Elas não se opõem à carreira profissional escolhida por eles, não se rebelam quanto à exigência de horários, não reivindicam o direito de sair de casa quando e como bem entenderem. Simplesmente param de comer! E passam a perseguir um ideal que, se atendido em sua totalidade, as leva à morte. Mas a uma morte escolhida por elas, com um peso determinado por elas e do jeito que elas decidiram:

> *Eu tiro o chapéu para quem morre de anorexia... Porque morrer magro de Aids ou de câncer não tem mérito nenhum... Tem que morrer magro de anorexia, aí sim é que vale...*

Vale o quê? Vale decidir sobre a própria morte. Ideal de onipotência que mascara a impotência de viver sua própria vida. Soberania e soberba de quem não tem nada, de quem triunfa sobre um ego arruinado, refletido, segundo Fernandes (2008, p. 215), "no espelho mortífero de seu ego ideal".

Referências

ABERASTURY, A.; KNOBEL, M. *Adolescência normal.* Porto Alegre: Artmed, 1981.

AULAGNIER, P. *A violência da interpretação.* Do pictograma ao enunciado. Rio de Janeiro: Imago, 1979.

AULAGNIER, P. *Un intérprete en busca de sentido.* Madrid: Siglo, 1994.

BLEICHMAR, S. *Clínica psicanalítica e neogênese.* São Paulo: Annablume, 2005.

BRUCH, H. *Eating disorders*: obesity, anorexia nervosa, and person within. New York: Basic Books, 1973.

CORSO, M.; CORSO, D. L. Game Over – o adolescente enquanto unheimlich para os pais. *In*: *Adolescência*: entre o passado e o futuro. Porto Alegre: Artes e Ofícios, 1997. p. 91-101.

FERNANDES, M. H. As mulheres, o corpo e os ideais. *In*: FERRAZ, F. (org.). *Psicossoma IV* – Corpo, História, Pensamento. São Paulo: Casa do Psicólogo, 2008. p. 207-220.

FREUD, S. Sobre o narcisismo: uma introdução. *In*: *Edição Standard Brasileira das Obras Psicológicas Completas de Sigmund Freud.* Rio de Janeiro: Imago, 1974. v. XIV. Obra publicada originalmente em 1914.

MONTI, M. R. Contrato narcisista e clínica do vazio. *Revista Latinoamericana de Psicopatologia Fundamental*, São Paulo, v. 2, p. 239-253, jun. 2008.

NASIO, J. D. *Meu corpo e suas imagens.* São Paulo: Companhia das Letras, 2008.

VETTORAZZO FILHO, H. *"O Espelho" no mito de Narciso, em Machado de Assis e em Guimarães Rosa*: o narcisismo pensado como condição de estruturação do Eu. Trabalho apresentado em reunião científica da Sociedade Brasileira de Psicanálise de São Paulo. São Paulo, maio 2007.

5. Nas fronteiras do ego

Maria Helena Saleme

A mãe de Pedro o levou para a análise a pedido da escola depois que ele, sem motivo aparente, entrou em uma violenta crise de agressividade, atingindo tudo e todos que estão próximos. O pai sofreu um AVC há dois anos e ainda não se recuperou das sequelas, locomove-se e se expressa com muita dificuldade. Pedro seria igual a qualquer outro menino de sua idade se não tivesse essas crises, que estão se tornando cada vez mais frequentes.

Toda vez que a analista anunciava o fim da sessão, ele entrava em sua crise e saía do consultório carregado pela analista e depois pelo seu acompanhante. Hoje a analista anunciou o fim da sessão 10 minutos antes do término e Pedro começou virando sua caixa e atirando tudo que caiu. A analista lhe diz que ele tem medo de não reencontrá-la mais e que ele não sabe o que fazer com o desespero de se sentir tão sozinho. Vai falando e se repetindo enquanto Pedro atua seu descontrole, um nenê grande de quatro anos esperneando e tentando ter algum controle sobre o mundo. Depois de alguns minutos Pedro grita: "a gente não vai se encontrar!". A analista assegura que sim e que ela estará lá esperando por ele. Pedro se controla e, com papel e barbante, faz um ioiô, conseguindo pela primeira vez sair em paz.

Luis conta um sonho "horroroso": há um bolo muito grande e de repente ele percebe que se trata de um monte de farelos que vão se dispersando, e o bolo já não tem forma alguma. Está se separando do namorado e reconhece o bolo esfarelado como seu estado mental sempre que antevê uma separação importante. Diz: "Desta vez não arrebentei meu carro como sempre aconteceu, mas me sinto em frangalhos. Acho que desta vez vou aguentar me separar dele".

Joca descobriu o prazer em saltar de paraquedas. Não podia mais ficar um fim de semana sem saltar e cada vez que dominava uma determinada altura, partia para outra um pouco maior; brincava também de abrir o paraquedas cada vez mais próximo do chão. Joca se descreve como um viciado em adrenalina, procura análise porque acha que pode morrer em algumas dessas brincadeiras, que são incontroláveis. Não quer morrer, quer e precisa sentir a descarga de adrenalina.

Maria traz para a supervisão o caso de uma paciente adulta em que ela não consegue reproduzir o que acontece nas sessões, tem a impressão de que a paciente nunca a ouve e que a ignora totalmente. Agora Maria pensa em interromper a análise porque sente um sono incontrolável poucos minutos depois de começada a sessão.

Estamos tentando descrever situações nas quais se evidencia uma desarticulação egoica, várias maneiras de ela se manifestar e vários modos de lidar com ela. Ao falar de ruína do ego, encontramo-nos imersos no terreno das compulsões, pois a compulsão se dá no momento em que o ego é dominado por algo que se repete e sobre o qual não tem controle algum; um pouco mais além, o ego fica totalmente submetido a essa força. A frase sempre presente nas compulsões é: *foi mais forte do que eu*. Estamos diante de algo que impõe ao ego atos do corpo e no corpo que são indesejáveis ao sujeito.

Nas primeiras aproximações de Freud sobre o conceito de transferência, que se deram no caso Dora (FREUD, 1905/1985), ela foi definida como um deslocamento das relações das figuras parentais para a figura do analista. Para Freud, tratava-se de uma repetição defensiva que se dá na análise e em todas as relações do sujeito, sendo uma reação exagerada relativamente ao fato que a despertou. Pelas peculiaridades da análise, o analista funciona como catalisador dessas intensidades que Freud considerava reprimidas. Sinais mínimos do analista poderiam engendrar a transferência. Freud pensava nesses sinais mínimos como um modo de burlar a censura e, portanto, de a energia livre se ligar a esses pontos. Nisto Freud trabalhava essencialmente com os conceitos de condensação, de deslocamento e de marcas mnêmicas.

Em 1920, em *Além do princípio do prazer*, Freud retomou seu conceito de trauma.[1] Há, diz Freud, um excesso de excitação no aparelho psíquico do qual o ego não consegue se defender pelos meios habituais e que o coloca em situação de risco, ou seja, invadido pela angústia. Como única saída possível ocorreria a descarga motora, que se dá por meio de ações compulsivas.

Até aqui, caminhamos por dois tipos de invasões no aparelho psíquico: (1) o retorno do material reprimido; (2) o excesso de

---

1 Há várias formulações de Freud sobre o conceito de trauma. As primeiras se deram entre 1892 e 1897, quando o trauma era a causa dos sintomas histéricos e consequência de uma sedução ocorrida de fato na realidade. Em um segundo momento, forjou o conceito de fantasia e percebeu que se tratava de realidade interna, e não externa. Em 1920, retomou o conceito trazendo a ideia de excesso de excitações sem ligação nem acesso ao inconsciente. Finalmente, em 1926, articulou trauma e angústia, descrevendo o fracasso do princípio do prazer e o transbordamento pulsional, que seria a vivência de um grande perigo.

energia psíquica gerado por uma vivência interna de intensidade pulsional exacerbada pela paralisia do processo de ligação efetivado pelo princípio do prazer. O primeiro conduz ao sintoma, e o segundo, à compulsão, ou ao aparecimento de doenças no soma. Esse excesso de energia psíquica precisa diminuir, seja pela representação, seja pela descarga. Penso que, muitas vezes, a procura de análise é uma busca de ajuda no sentido de efetivar a representação psíquica.

Feita esta digressão teórica, podemos voltar às vinhetas clínicas do início do texto. Nos quatro recortes clínicos que fiz, procurei mostrar um limite entre um corpo desenfreado, transbordante de excitações, concomitante ao prenúncio de alguma possibilidade de representação.

As compulsões são, em sua essência, uma forma de defesa ao transbordamento pulsional. Freud (1920/1984), ao abordar o trauma, teorizou sobre vivências que não podiam sofrer repressão; a impossibilidade de o aparelho psíquico fazer uso dessa forma de defesa se devia ao fato de que essas vivências não teriam chegado nem ao estatuto de inconscientes.

Desde a *Comunicação preliminar* (1893/1984), Freud esclareceu que o caráter traumático de uma experiência era dado pela impossibilidade de a impressão desta ser mediatizada por uma lembrança associada a ela para que pudesse, então, transformar-se em símbolo mnêmico, algo a mais que impressão. Freud falava de duas formas de registros existentes no sujeito, uma que se inscrevia como símbolo mnêmico e outra que poderia ser descrita como uma excitação sem inscrição, uma marca, um sinal.

Ainda nessa questão, quero relembrar que no texto *Estudos sobre a histeria (1893-1895)*, Freud trabalhou o excesso de afeto relacionado à doença e o afeto ligado ao tratamento da doença. O afeto seria o signo da vulnerabilidade; seria no encontro do sujeito com o mundo externo que surgiria o afeto perturbador.

Algumas considerações sobre o ego na obra de Aulagnier

Aulagnier, em *A violência da interpretação* (1979/1999a), foi bastante explícita na diferenciação entre o material reprimido e as marcas que não chegaram a ter representação de coisa ou de palavra. Considerou sensações marcadas no corpo, carregadas de afeto, que permaneceriam na esfera das sensações como intensidades e marcariam profundamente as relações humanas. O trabalho analítico que exigem é o de caminhar no sentido de fazer com que as afetações sejam transformadas de Pictogramas a representações figurativas e ideativas. Essas ideias estão claras no segundo capítulo, "Le Processus Originaire et le Pictogramme" (1979/1999b).

Em *O aprendiz de historiador e o mestre-feiticeiro* (AULAGNIER, 1984/1989), trabalhou o conceito de ego, concordando com o conceito forjado por Lacan no que tangia sua definição como uma instância vinculada à linguagem, que se apropria dos primeiros enunciados produzidos pela mãe e que também tem como característica uma sistemática recusa em tomar conhecimento da realidade, pois ignoraria o constante movimento dos seres para manter seu objetivo de buscar unidade e estabilidade.

Contudo, diferentemente de Lacan, não viu o ego como instância passiva nem condenada à alienação. Considerou que as primeiras identificações são alienantes, pois são dadas pelo discurso materno, mas que o ego é também uma instância identificante, e não um produto passivo. Esse processo identificatório é, via de regra, ininterrupto. A criança depende da imagem que lhe é dada pelo outro, mas aceita e recusa essa imagem, é identificante e não uma mera reprodução do discurso materno. Com efeito, para Aulagnier o ego não se constitui como uma mônada, mas no espaço de relação com o outro.

Com o crescimento, a criança percebe muitos outros olhares identificantes (pai, avô, irmão, amiguinho), monta uma espécie de quebra-cabeça e vai consolidando sua construção identificatória. Esse quebra-cabeça só poderá ser montado pela criança se ela recebeu as primeiras peças encaixadas, ou seja, uma união entre o discurso da mãe sobre ela e a identificação que fez de si mesma. Trata-se de dois tempos: o primeiro se refere ao ego identificado pela mãe, e o segundo, ao resultado da elaboração do luto e da apropriação dessa posição identificatória. A partir daí o ego se modificaria pelo restante da vida com as novas peças dadas pelos novos encontros.

Sempre haveria o risco de desencaixes e de criações de fissuras. Na potencialidade psicótica, a fissura se daria na primeira montagem, entre a identificação feita pela mãe e a feita pelo próprio ego. Na potencialidade neurótica, as peças não encaixariam perfeitamente entre as primeiras identificações e as novas identificações, haveria uma ameaça na relação do ego com seus ideais.

Aulagnier trabalhou uma terceira possibilidade que nos interessa especialmente neste momento: a potencialidade polimorfa. Nestes casos, as peças do quebra-cabeça estariam aparentemente bem encaixadas, mas o sujeito não reconheceria no quadro montado o que supunha que ele devesse ser. No seu percurso identificatório teria havido um simulacro de identificação, mas, pela não introjeção desse processo, o sujeito dependeria de algo da realidade que mantivesse essa identificação. As relações passionais e as compulsões representam o estado manifesto desta potencialidade.

Em *Os destinos do prazer* (1979/1985), Aulagnier descreveu uma forma de relação assimétrica em que um dos participantes dependeria totalmente do outro, o qual prescindiria totalmente dele ou veria nele só uma fonte de prazer. Como protótipo dessa forma de relação, Aulagnier citou: a relação do drogadito com a droga; a relação do jogador com os deuses da sorte; a relação de paixão "amorosa" entre duas pessoas.

Nos dois primeiros itens, segundo Aulagnier, haveria um prazer na economia narcísica (identificatória), e o prazer trazido pela droga ou pela sensação de controlar os acontecimentos daria uma trégua no seu conflito identificatório. Tanto a droga quanto o jogo produziriam um prazer que seria valorizado pelo ego na equivalência do risco que representam, ou seja, quanto maior o risco de morte ou de destruição, maior seria o prazer.

Para Aulagnier a paixão é movida pela necessidade, e o amor, pelo desejo. A relação é de necessidade quando o sujeito acredita que depende do outro para sobreviver, para manter sua identificação. Rigorosamente, só o *infants* teria uma relação e necessidade.

Nesta forma de relação de necessidade há uma fragilidade tal que uma mudança no restante do quebra-cabeça ameaçaria os encaixes das peças centrais. Toda vez que o sujeito deparasse com um acontecimento que poderia modificar sua identificação, sentiria o risco de desorganizar-se totalmente e alguma manifestação da ordem da compulsão poderia aparecer. É possível que o sujeito encontre alguém que encarne para ele o lugar de um outro que lhe garanta a identidade de seus pontos de certeza no registro da identificação; e a perda dessa pessoa poderia representar a ruína de toda a construção identificatória.[2]

---

2 Muitas vezes essas separações são seguidas do aparecimento de graves distúrbios orgânicos, que conduzem à procura de médicos aliados da preservação da vida, e a luta entre a vida e a morte toma o terreno do corpo.

Em outra perspectiva, podemos pensar que são sujeitos que, no encontro, não suportam qualquer afetação, pois sua dificuldade reside na impossibilidade de representação. À maneira das potencialidades psicóticas, encontramos nestes casos quistos de sinais mínimos carregados de afeto e sem representação de imagem ou de palavra, que poderiam romper inesperadamente seu invólucro e, assim, aplastar o ego.

Podemos perceber agora a ligação entre marcas sem inscrição, (des)encontros e desarticulação egoica, na seara do transbordamento pulsional. A experiência de todo encontro confrontaria a atividade psíquica a um excesso de informação. Assim, a realidade externa teria um poder de agressão e de transbordamento.

Na teoria do trauma de Freud, a questão não se centralizou na intensidade do afeto, mas na relação de equilíbrio entre excitação e reação, esta como possibilidade de impedir o aumento de tensão O processo psíquico se paralisaria pelo excesso de afeto e a representação (reação) liberaria esta obstaculização. De um lado temos a rigidez e a intensidade do afeto e, do outro, a mobilidade da atividade representativa. Freud também mostrou que lembrar não era o suficiente para a liberação da atividade psíquica, para tanto a lembrança deveria tomar corpo. O afeto seria o essencial na cura.

O aparelho psíquico é insuficiente para dar conta das demandas de excitabilidade e o ser humano está sempre sujeito a afetações que superam sua capacidade de representação. Este é o estado de desamparo.

A capacidade de reorganização da psique é que permitiria a tolerância ao desamparo. Seria a possibilidade de suportar a dor dos furos criados no quebra-cabeça das identificações após encontros que abalaram a organização anterior e de forjar novas peças pelo trabalho de representação formando um novo quebra-cabeça, agora com um número maior de peças. Esses encontros são as circunstâncias reais responsáveis por experiências significativas na história de um sujeito representadas na psique por circunstâncias fantasmáticas transformadas pelo ego historiador (AULAGNIER, 1984/1989), por aquele que interpreta as circunstâncias.

De volta às histórias clínicas

O trabalho do psicanalista é possibilitar a representação dessas afetações que atuam diretamente no corpo sem influência do ego, a não ser para agir. A única forma possível seria o trabalho na transferência, na qual uma história diferente poderia ser escrita nessa relação especial, abrindo a possibilidade de essas marcas ganharem representações no cerne dessa nova história.

Pedro lidava com o excesso no aparato com ação em demasia. Ele se explodia e explodia a caixa de brinquedos e qualquer coisa que aparecesse na sua frente. Tentava se livrar da angústia, da excitabilidade sem simbolização. O ego não deliberava sobre essas ações. Eclosão de um momento de descontrole pela irrupção de algo irrepresentável para Pedro, momento no qual vivia o encerramento da sessão em uma identificação de rejeitado, excluído e odiado. Identificações que faziam parte de sua história, mas que não podia incluir em seu quebra-cabeça e, quando ressurgiam em algum encontro, criavam o excesso insuportável. Sua analista interpretou a separação como o envio desta imagem identificatória. A analista pôde falar sobre essa identificação e lhe oferecer uma prótese que lhe permitiu compreender o final da sessão também como uma promessa de reencontro, ampliando seu repertório sobre separações. Essa interpretação lhe devolveu uma imagem de alguém querido e fez com que ele pudesse restabelecer sua ligação com a analista, tornando possível fazer uma representação dessa nova circunstância com seu ioiô.

Joca, o paraquedista, descreve-nos uma compulsão na qual experimenta o risco de aniquilar seu ego e o prazer de conseguir um amparo a tempo de proteger-se da desintegração, à semelhança de sonhos típicos de elaboração de luto. Sua procura de análise foi entendida como tentativa de sair desse circuito, ou seja, transformar compulsão em sintoma. A repetição está no desafio, no qual Joca vive o prazer de ir aos limites de seu ego e conseguir retornar. Na construção em análise, pôde pensar que a catástrofe iminente de desintegração egoica ocorreu em sua infância e, na impossibilidade de elaborar o que acontecera naquele então, repete compulsivamente uma morte que ele consegue interromper a tempo.

De maneira semelhante, Luis vive o desmanche de seu quebra-cabeça identificatório e tenta simbolizá-lo. Com os acidentes de carro não atingiu o objetivo de livrar-se do excesso de tensão, conseguiu somente driblar momentaneamente seu transbordamento. O sonhar, equivalente ao ioiô de Pedro, é o anúncio de que a questão está podendo tomar, no mundo psíquico, alguma forma diferente daquela da emergência da descarga energética.

Mas, por que dorme nossa analista? Poderia dizer que o excesso de pulsão de morte na relação transferencial e sua impossibilidade de representação poderiam conduzir o analista a um sono incontrolável. Mas esta já é uma história para outra vez...

Referências

AULAGNIER, P. *Os destinos do prazer*. Rio de Janeiro: Imago, 1985. Obra publicada originalmente em 1979.

AULAGNIER, P. *O aprendiz de historiador e o mestre-feiticeiro*. Do discurso identificante ao discurso delirante. São Paulo: Escuta, 1989. Obra publicada originalmente em 1984.

AULAGNIER, P. *La violence de l'interprétation*. Du pictogramme à l'énoncé. Paris: PUF, 1999. p. 52-80. Obra publicada originalmente em 1979.

AULAGNIER, P. *La violence de l'interprétation*. Le Processus Originaire et le Pictogramme. Paris: PUF, 1999. p. 45-80. Obra publicada originalmente em 1979.

FREUD, S. Bosquejos de la comunicación preliminar. *In*: *Obras Completas*. Buenos Aires: Amorrortu, 1984. v. II. p. 29-43. Obra publicada originalmente em 1893.

FREUD, S. Más allá del principio de placer *In*: *Obras Completas*. Buenos Aires: Amorrortu, 1984. v. XVIII. Obra publicada originalmente em 1920.

FREUD, S. Fragmento de análisis de un caso de histeria. (Dora). *In*: *Obras Completas*. Buenos Aires: Amorrortu, 1985. v. I. Obra publicada originalmente em 1905.

FREUD, S.; BREUER, J. Estudos sobre la histeria. In: *Obras Completas*. Buenos Aires: Amorrortu, 1985. v. II, parte IV. p. 290-309. Obra publicada originalmente em 1893-1895.

6. Quando a vida perde o sentido

Heloisa de Moraes Ramos

Mirian Malzyner

> *"Tente ser feliz enquanto a tristeza estiver distraída..."*
>
> "Canção para Jade", Toquinho

Introdução

Vamos trazer algumas ideias sobre o fenômeno depressivo, estado emocional em que a vida perde o sentido, devido a uma perda significativa, variando de momentos pontuais até a depressão que toma conta de toda a existência do indivíduo.[1] Procuramos pensar qual a relação entre esses estados e a arte como possibilidade criativa.

Marion Milner (1973), em seus esforços para compreender o que tornava alguns momentos do seu dia mais brilhantes e intensos que outros, nos quais o contato com o mundo parecia empobrecido

---

1 O termo depressão aqui usado para expressar estados de tristeza e desvitalização não se refere ao conceito de depressão do pensamento winnicottiano. Para este autor depressão é uma conquista do processo de amadurecimento, questão que será abordada mais adiante.

de significado e sentido, escolheu como um caminho de investigação a observação das suas próprias dificuldades com o desenho e a pintura. O registro dessa pesquisa pessoal encontra-se no livro *On not being able to paint*, publicado pela primeira vez em 1950 sob o pseudônimo de Joana Field. Lá ela mostra que a produção criativa está intimamente associada aos aspectos mais primitivos do psiquismo. A liberdade para criar envolve abandonar a segurança do mundo objetivamente percebido para entrar em contato com o desconhecido e o assustador dos processos primários, do pensamento inconsciente. Assim, a associação comum entre arte e loucura parece pertinente.

Quando reconhecemos o traço de um artista, sua marca pessoal e inconfundível, nem sempre atentamos para o fato de que aquela subjetividade envolve um mergulho em áreas do mundo psíquico que colocam o "ser" em grande vulnerabilidade.

A cantora lírica Maria Callas era dotada de uma sensibilidade tão aguçada que suas interpretações memoráveis criaram o mito "Callas", a grande diva. Foi a sombra escura que tomou conta do final da vida dessa personagem iluminada, na forma de uma gradual perda da voz e da alegria de viver, que nos fez buscar conhecê-la um pouco mais, buscando expandir o tema da relação da possibilidade criativa com o sentimento de estar vivo.

Cena I

No dia 17 de setembro de 1977, os principais jornais europeus estamparam nas primeiras páginas: "A prima-dona do século: A cantora Maria Callas morreu ontem, às 13 horas, em consequência de um ataque cardíaco". Houve uma perplexidade geral nos meios artísticos, não se espera que os mitos morram. Maria Callas tinha 53 anos.

A cerimônia fúnebre ocorreu três dias depois, com uma multidão que já se apinhava em frente à Igreja Ortodoxa grega em Paris. Fotógrafos e equipes de televisão disputavam os melhores ângulos para fotografar e registrar a despedida daquela que, nos palcos, havia brilhado com sua magnífica voz e, sobretudo, com a capacidade de interpretar os mais profundos sentimentos humanos. Dentro da igreja, apenas uns poucos verdadeiramente enlutados: sua irmã, alguns amigos e seus fiéis empregados. Na rua, o povo que a admirava e amava.

Maria Callas morreu em seu apartamento em Paris. Há alguns anos vivia solitária e deprimida. *Tudo leva a crer que essa "morte súbita" já havia ocorrido há algum tempo.*

O nosso olhar aproxima-se desse momento da "vida-morte" de Callas, num exercício ficcional procurando articular algumas ideias sobre a relação entre a arte e o sentimento de "estar vivo". Essa diva da música parece ter alcançado esse *status* por uma qualidade especial. Além de uma voz única, as interpretações de Callas eram de uma tal intensidade emocional que era impossível não se deixar afetar por elas. A voz transmitia a alma em sua essência universal. Como entrou a arte na vida dessa mulher?

Maria Callas referia-se a si mesma como tendo duas identidades distintas: a artista e a mulher, revelando a percepção que tinha de aspectos não integrados de si mesma. Sua história indica que talvez ela nunca tenha encontrado recursos para realizar-se como mulher; então, colocava tudo de si na artista. É "Callas", diva e mito, que permanece viva até hoje. A artista alcançou a plenitude, enquanto a mulher deparou-se com limites e frustrações.

Trazemos o mito Callas/a mulher Maria como uma representação pictórica para algo que percebemos na vida e na nossa clínica: o esvaziamento do sentido da vida pela perda do gesto criativo, ação que para Winnicott tem valor constitutivo. Propomos abordar a questão do "Eu em ruína", ou dos estados depressivos graves, enfocando a perda da condição criativa. Pensamos que o ato criativo garante a sobrevivência do Eu, que, de posse do si mesmo, apropria-se do viver, incluindo toda a gama de situações dolorosas e traumáticas. É pela emergência de novos significados que o Eu encontra referências mínimas necessárias para navegar na turbulência.

No cotidiano ocorrem estados vivos e criativos e momentos de esvaziamento e perda; momentos de integração que oscilam com momentos de fragmentação. O ir e vir do movimento contínuo da vida implica perdas e reparações, constituindo um ritmo básico para o acontecer humano e o crescimento psíquico. Se esse ritmo estanca, restringe-se a possibilidade de movimento e de mudança, como se a psique parasse de respirar.

Qualquer abordagem do fenômeno humano implica considerar o paradoxo e a plasticidade da vida e do psiquismo que reverte em vitalidade. Talvez a linguagem artística e o vértice estético sejam a única possibilidade de abarcar a complexidade do viver em todas as suas nuances, inclusive quando o que impera é a falta de vontade de viver.

Qualquer um de nós, a qualquer momento, pode perder a razão de viver. O sentido de realidade é uma conquista continuada que se dá no processo de amadurecimento do indivíduo e envolve a possibilidade de estar no mundo de forma viva e relacionada: sentir-se vivo num mundo vivo, o que envolve uma teia de experiências que se renovam a cada dia e que fazem do ato de acordar para um novo dia um estímulo. Porém, é importante que, ao abrir os olhos, possa-se reconhecer "onde estou" e "quem sou", com base no reconhecimento de algumas características que permanecem estáveis no mundo e em nós mesmos.

Winnicott percebeu que o sentido do real se assenta na experiência da confiabilidade, nos aspectos que conferem a estabilidade do mundo. Além da confiabilidade, a experiência da ilusão permite criar o que está lá para ser encontrado e que vem suprir as necessidades mais básicas do existir humano, sustenta a esperança e promove a aquisição da individualidade, ou seja, poder estar no mundo por inteiro e à sua própria maneira, marca pessoal que nos identifica.

As rupturas nessa relação de confiança com o mundo abalam o sentido de "ser quem se é" ou, em outras palavras, perturbam a "continuidade do ser". Essas rupturas, traumas, variam em intensidade e também na dimensão das consequências, dependendo das áreas atingidas e dos níveis de amadurecimento, configurando um espectro. Os traumas também podem ser cumulativos. Para sobreviver, criam-se manobras defensivas que restringem o contato com o si mesmo.

Fraturas na alma em núcleos significativos para a constituição do si mesmo podem apresentar-se como danos irreparáveis quando atingem os fundamentos da ética do ser.[2] Podem ocorrer abalos em áreas do nosso mundo afetivo que são essenciais para a credibilidade no mundo; áreas onde se abrigam os valores essenciais do indivíduo. Pensamos que existem experiências que dentro de nós não encontram possibilidade de representação e significado por serem frontalmente contrárias aos valores de uma ética existencial própria.

---

2 Safra (2004) refere-se à ética do ser como um conjunto de aspectos que constituem e preservam a condição humana: o segredo, a visibilidade na sombra, o insofrido, o mistério.

Winnicott (1963/1996, p. 55) coloca que a depressão tem um valor no processo de amadurecimento do indivíduo:

> *A depressão traz dentro de si mesma o germe da recuperação [...] Nossa visão de depressão está intimamente ligada a nosso conceito de força do ego, de estabelecimento do self e de descoberta de uma identidade pessoal; é por essa razão que podemos discutir a idéia de que a depressão tem valor.*

Entretanto, se levarmos em conta a teoria do amadurecimento, nem sempre podemos falar da existência de um "Eu". A pessoa pode estar organizada precariamente, em torno de um sem número de pequenas fraturas. Dependendo do abalo, a vivência é de estilhaçamento. Ou algo parecido com as implosões, método moderno de fazer desaparecer uma sólida construção em segundos. As fraturas a que nos referimos dificultam os movimentos internos que levariam a um processo de múltiplas integrações, cada vez mais complexas. Surgem maiores angústias que colocam em risco tanto conquistas anteriores como a possibilidade de viver o estado de depressão a que Winnicott se refere, que leva à integração e ao crescimento.

Quando a relação com o mundo se ancora em próteses que sustentam um *self* incipiente diante dos terrores das vivências de "agonias impensáveis", perder a prótese é cair no abismo do desamparo e na depressão. Kristeva (1989, p. 11) descreve poeticamente esses estados emocionais:

> *Estou tentando abordar um abismo de tristeza, um pesar incomunicável que, às vezes, e frequentemente num longo prazo, apodera-se de nós até o ponto de nos fazer*

perder todo o interesse pelas palavras, ações e pela própria vida. Tal desespero não é uma reviravolta que implicaria minha incapacidade para o desejo e a criatividade, por certo negativos, mas presentes. Na depressão, se minha existência está à beira do colapso, sua falta de significado não é trágica – ela aparece a mim como óbvia, evidente e inescapável.

Maria, "Callas"

Maria Callas nasceu num momento de dor de seus pais, que haviam perdido um filho de três anos (Vasily) por febre tifoide. Desolados, emigraram para os Estados Unidos. Queriam mitigar a dor da perda do filho tendo um outro menino, pois já tinham uma menina, Jackie, a primogênita, encantadora, adorada pela mãe.

Quando foi apresentada a seus pais, a decepção foi inequívoca e sua mãe, que acabara de dar à luz, disse: "Levem-na daqui!". Maria cresceu retraída e solitária. Vivia um ambiente árido e de restrições financeiras no qual Jackie era sua única companheira e modelo de identificação. Evangelia, a mãe de Maria, vivia frequentes períodos de depressão. Sentia-se infeliz e frustrada com a vida que tinha. Havia sonhado ser atriz e viver uma "vida brilhante". Em parte por isso, desejava dar uma boa educação às suas filhas, uma educação "brilhante". Assim, levava Jackie e Maria a museus, teatros e bibliotecas. Foi em uma dessas bibliotecas que Maria descobriu os discos de ópera.

A música surgiu como algo vivo neste mundo cinzento. Encantada, tentava imitar o que ouvia e percebeu a admiração da mãe. O olhar materno que tanto buscava ali estava. O canto foi, portanto, o primeiro elo positivo com sua mãe, e a tênue esperança de transformar em encontro aquilo que fora um total desencontro. Mas, era Maria que estava sendo vista ou a voz que acenava para um futuro artístico, sonho materno?[3] Este se tornou tema recorrente na vida de Maria Callas: a busca do olhar que dá sentido de existência e de que se tem um lugar e uma posição no mundo, não apenas por sua voz. O futuro mostrou que, de fato, a filha Maria não existiu para Evangelia.

Diante da possibilidade de desenvolver e aprimorar a voz de Maria, sua mãe voltou com as filhas para a Grécia, deixando o marido nos Estados Unidos. Os anos seguintes foram de total dedicação ao estudo do canto. Vulnerável e retraída, com poucos recursos emocionais para enfrentar o mundo e a si mesma, Maria se refugiou nas aulas de canto. A disciplina rígida, a persistência e os cuidados de suas professoras (em especial Elvira Hidalgo, que lhe deu o *holding* e o afeto genuíno de que tanto necessitava) criaram um importante eixo em torno do qual sua personalidade foi se constituindo. Distanciada do contato social, do pai e das experiências da adolescência, vivia uma atmosfera e um ambiente muito peculiares com cujos personagens criava uma relação, o que por um lado mitigava um pouco a aridez afetiva em que vivia e, por outro, a distanciava do mundo real, fragilizando-a.

Assim foi sendo construída a soprano, sua voz e "Maria Callas". Mais tarde diria que o canto era uma expressão do seu ser, um ser ainda em formação, mas diria também que estava cantando quando deveria estar brincando (STASSINOPOULOS, 1996), uma alusão à falta de algo essencial em sua constituição psíquica e a quanto se sentia explorada pela mãe.

Este *self* constituído em torno da música e da arte de representar, em detrimento de experiências que fazem parte do desen-

---

3 O avô materno de Maria Callas, com quem sua mãe tinha uma relação apaixonada, cantava e tinha uma belíssima voz.

volvimento humano, nos faz pensar em um *self* cujos vazios são preenchidos por próteses. Esta frágil constituição que supomos tenha sido a de Maria Callas nos coloca a seguinte questão: a transformação das experiências emocionais pela arte coloca o artista num lugar de alta exposição e sensibilidade. A comunicação pela arte é recurso que viabiliza o contato consigo mesmo e com o mundo. É fonte de prazer e dor. Prazer pelo próprio ato de criar e pelo reconhecimento existencial trazido pelos aplausos, e dor pelas intensidades das situações-limite, nas quais tudo é exacerbado e perdem-se os filtros protetores naturais do cotidiano. É como se o artista vivesse sempre nos extremos e pudesse sofrer uma ruptura na experiência de transicionalidade, que é o que permite o descanso da vida como ela é.

Winnicott (1951/1978), dotado de fina observação, destacou a importância dos objetos transicionais para que as primeiras integrações pudessem ocorrer e garantir uma transição mais suave para a consciência de um *Eu* separado de um *não Eu*. Os objetos transicionais evoluem para os fenômenos transicionais, que posteriormente serão englobados pela cultura, em todas as suas manifestações. A experiência da transicionalidade garante o equilíbrio necessário entre subjetividade e objetividade. Na vida da artista Callas, inúmeros personagens sucediam-se em intensidade e dramaticidade. Por elas e para elas, a Maria-mulher parecia resgatar ou mesmo construir uma qualidade mais viva do seu ser, talvez de uma forma mais protegida. A personalidade pública de Maria Callas, "o demônio admirável" e temperamental, criou-se das inseguranças, dos medos frente às agressões de um ambiente altamente competitivo, tenso, sem muito lugar para qualidades humanas e contato.

Nas noites que antecediam as suas estreias tinha febre alta, dores no corpo e crises de sinusite. Alguns espetáculos precisaram ser cancelados. Talvez vivesse as dores da entrega e os medos de se diluir, perdendo as fronteiras do seu *self*. Escreviam os críticos: "Callas *é* Medea, não apenas a interpreta".

Se Callas brilhava e fascinava nos palcos, Maria tinha uma vida afetiva precária. Casou-se com Battista Meneghini, 28 anos mais velho que ela, que se tornou seu empresário e com quem tinha uma relação destituída de qualquer paixão. No entanto, esses foram os anos mais férteis de sua carreira. Mas com Meneghini reviveu algo semelhante à relação que tinha com a mãe: não era vista como uma pessoa total, e sim como uma artista.

Onassis, o armador grego, entrou em sua vida no ápice de sua fama e seu sucesso. A história desta relação relatada pelos biógrafos de Maria Callas nos possibilita pensar que entrou decidido a conquistar a "Diva". Buscava Callas, e não Maria. O sedutor visa a suas próprias necessidades emocionais, e não às do outro. Em poucos meses, Maria Callas havia abandonado seu casamento; sua carreira ficou em segundo plano. Agora era Maria que desejava entrar em cena e viver.

Casar com Onassis e ter filhos passou a ser o caminho que lhe daria um verdadeiro lugar no mundo, validaria sua existência. Parecia não poder contar com os recursos da Diva Callas. Talvez por isso não percebeu que Onassis e ela tinham "éticas pessoais" muito diferentes. Ele jamais teve o propósito de casar-se com ela. Maria empenhou-se fortemente em se adaptar à vida mundana e aos amigos de Onassis, como fizera com as ambições de sua mãe. Sentia-se deslocada naquele ambiente vazio, ela que havia se constituído em torno do estudo, da arte e do rigor.

Já Onassis, agora, estava ao lado de uma mulher mais famosa que ele, e cuja fama tinha uma consistência que a dele não tinha. Frequentemente a desvalorizava e a ridicularizava em público. Não perdia a oportunidade de dizer que "detestava ópera", e referia-se à voz de Maria Callas como um apito que a qualquer momento iria parar de tocar (STASSINOPOULOS, 1996). Talvez sua maior agressão fosse ignorá-la e confundi-la; em um momento agia como se ela não existisse e no seguinte a presenteava com uma joia caríssima. A intensa vida social e o "brilho" da riqueza ocultavam o quanto esta era uma relação infeliz.

Maria começou a ter problemas com sua voz quando colocou sua carreira em segundo plano para acompanhar Onassis. Este problema se agravou muitíssimo quando Onassis a deixou para casar-se com Jacqueline Kennedy. Os fatos eram estampados nos jornais, tornando públicas sua dor e sua humilhação.

Profundamente ferida, viveu grande desespero e os danos começaram a surgir. Deprimida, ainda tentou retomar o canto e o desejo de viver que este podia lhe dar. Nessa busca, fez uma infeliz e desastrada turnê. As palavras de Martin Berheimer, crítico de música do *Los Angeles Times* (STASSINOPOULOS, 1996), expressaram a profundidade dos danos: "A grande decepção para mim não foi, no entanto, que ela estava cantando mal, mas que a grande cantora-atriz não conseguia transmitir mais nada ao público". Estava perdido o *gesto criativo,* que lhe possibilitaria recomeçar. Sua morte, algum tempo depois, teve uma tonalidade de suicídio. Maria Callas tomava grandes doses de tranquilizantes e soníferos e estava muito deprimida.

Considerações

Parece que toda a história de Maria Callas teve a marca das personagens trágicas que representou. Freud encontrou na tragédia de Édipo a figura mítica que traduzia o drama humano, lançando as bases para uma compreensão dos conflitos essenciais para a estruturação da personalidade. Bion referiu-se ao conceito de "mudança catastrófica" para abordar as angústias envolvidas nas mudanças necessárias para o crescimento psíquico. Um conceito central na teoria de Winnicott (1963/1994) é o medo do colapso, o *breakdown*. O medo do colapso é parte de todo recomeço e de todo processo criativo, o que envolve o medo da loucura (EIGEN, 2004).

Diz Adam Philips (2008, p. 116):

> *A morte-em-vida que é a depressão, a pobreza, o esvaziamento e a insensibilidade que podem tomar conta das pessoas, é um lembrete horripilante de quanto são obscuras as fontes de nossa energia. [...] o que vitaliza uma vida, o que faz valer a pena viver? [...] o que é que tem de acontecer na vida de uma pessoa para torná-la propensa a um sentimento de futilidade – a se sentir derrotada pelas tragédias, frustrações e obstáculos que a vida lhe apresenta? [...] [O deprimido] pode não querer morrer, mas nem sempre é capaz de encontrar uma boa razão para estar vivo – ou mesmo alimentar algum interesse por razões, quaisquer que sejam.*

O mesmo autor acrescenta que "raramente se supõe que não querer viver poderia ser parte do querer viver" e que "achar a própria vida insuportável pode ser, em certas circunstâncias, a opção sã, o ponto de vista realista". Assim, "a capacidade de ficar deprimido significa a capacidade de reconhecer algo que é verdade... a depressão nos torna reais. Ela nos aprofunda" (PHILLIPS, 2008, p. 118).

Digerir os fatos da vida e dar-lhes significado implica mergulhar nessas "obscuras fontes de energia", aproximar-se do que Winnicott (1965/1994) chamou de X, a loucura inatingível. Para alguns, não é possível escapar de navegar em áreas de turbulência e escuridão. O medo do colapso convive com a busca pelo colapso, única possibilidade de trazê-lo para o domínio da área de onipotência pessoal, já que no passado não havia um "Eu" que pudesse viver essa experiência.

Parecem tênues os limites entre uma depressão sadia, que estimula novos recursos e capacidade de transformação, e a depressão que impossibilita a continuidade de trocas criativas, pela perda de contato com o outro e consigo mesmo. Instala-se um tipo de solidão sem eco e sem esperança.

Safra (2006, p. 156) aponta que:

> *uma das questões mais contundentes no campo social é a falta de reação estética frente à presença do Outro: nesse caso, a pessoa é jogada para a invisibilidade, o que acarreta uma destituição da dignidade da pessoa humana. Quando respondemos afetiva e esteticamente ao Outro lhe ofertamos a experiência de que realmente existe para nós e, ao mesmo tempo, por reunirmos em nosso olhar a complexidade do seu ser, lhe ofertamos a totalidade virtual de si mesmo; no olhar do outro reside o futuro sonhado do si mesmo. Quando esse fenômeno se realiza, o estético se faz ético.*

A questão da invisibilidade parece-nos central na constituição do *self* de Maria Callas, nascida sob a sombra de um irmão morto e não vista como pessoa total, apenas como cantora lírica. Era natural sua profunda dificuldade de realizar-se afetivamente. Quando Maria-mulher quis entrar em cena e viver, seu *self* fraturado se evidenciou. Faltava algo essencial no núcleo do seu ser. Tratar a dor da invisibilidade apenas como um problema narcísico implica esquecer a dimensão ontológica aqui presente. Essa invisibilidade, que a acompanhou desde o início, talvez tenha sido um prejuízo que a impossibilitou de viver, às vezes visível e outras invisível, fora dos palcos.

A relação entre o ético e o estético, trazida por Safra, abre um campo de reflexão importante, pontuando a natureza sensível do humano, uma vez que a experiência estética envolve toda a sensorialidade, remetendo às primeiras experiências de vida. Callas não "interpretava" um personagem, ela o vivia "de corpo e alma". A perda da qualidade dessa entrega refletia-se na perda da qualidade vocal, o que nos faz pensar na intensidade dos abalos que atingiam os núcleos essenciais do "ser".

Estamos abordando áreas de sensibilidade que têm um caráter atemporal e universal, atravessando Callas, as personagens trágicas que interpretava e chegando aos dias de hoje. O ser humano nasce e se desenvolve dependendo de um "outro" que responda afetivamente, devolvendo os aspectos do si mesmo num processo contínuo ao longo de toda vida, o vir-a-ser.

Arte e integração do ser

Para Winnicott, a verdadeira criatividade associa-se a um *self* integrado. Para ele, a criatividade não está diretamente associada ao talento artístico ou à originalidade.

Frequentemente, nos deparamos com biografias de artistas ou de pessoas dos mais variados campos de atividade, e que apresentam uma criatividade incontestável, com personalidades que indicam graves perturbações e falhas importantes na constituição de si mesmos. Não raro são vidas precocemente interrompidas por suicídios, tanto no sentido físico como no sentido existencial. Apresentamos aqui a ideia de que a sensibilidade do artista o coloca em alto nível de exposição e risco. O universo cultural e a expressão artística em sua multiplicidade de linguagens oferecem condições para ativar áreas de sensibilidade do Eu. Paradoxalmente, a busca por expressão e por uma comunicação eficaz, que encontre a ressonância afetiva do outro, tão necessária para a sobrevivência psíquica, intensifica a vulnerabilidade.

Enquanto elaborávamos este texto, na nossa pesquisa bibliográfica encontramos o artigo de Alfredo Naffah Neto (2007), "A função do falso self na produção de uma diva: o caso Maria Callas". Esse artigo apresenta muitos pontos coincidentes com o que aqui estamos desenvolvendo, embora nosso enfoque não privilegie a questão do falso *self*. De qualquer forma, as ideias por ele apresentadas enriqueceram e dialogaram com o nosso texto, abrindo novas possibilidades. Principalmente, foi estimulante perceber que esse autor compartilha da mesma inquietação sobre as relações entre a criatividade e o amadurecimento e integração do *self*. Diz ele:

> *Esse é o desafio que assumi nesse artigo: tentar compreender este grande paradoxo: como é possível ser criativo em certos setores da vida sendo, ao mesmo tempo, dissociado e desamparado em outros? Talvez seja preciso, para realizar essa tarefa, rever o caráter absoluto com que interpretamos certas afirmações winnicottianas, como esta, de que a criatividade pressupõe um self integrado o tempo todo. A hipótese que desenvolvo a seguir é a de que certas dissociações no interior do self, quando não levam a uma cisão absoluta, podem deixar lugar para o seu funcionamento integrado e criativo em certos contextos (NAFFAH NETO, 2007, p. 20).*

Optamos por manter em aberto o grande mistério que envolve o ato criativo verdadeiro. Winnicott pode ter-se valido do "X" para manter o termo insaturado.

Cena II

"Quando um homem não tem pelo que esperar, é melhor estar morto."
O livro das ilusões, Paul Auster

No romance *O livro das ilusões*, Paul Auster (2003) conta a história de um professor universitário, David Zimmer, que, tendo perdido a mulher e os dois filhos em um trágico acidente de avião, vive um processo de luto e depressão, isolando-se por longos meses e convivendo com a dor da ausência e o espaço vazio que antes chamava de "casa". Utilizava o álcool como remédio e flertava com ideias de suicídio. Numa noite, assistindo à televisão, Zimmer surpreende-se dando risada de uma cena em um filme mudo com o ator Hector Mann. Auster descreve esse momento de forma tocante. Nas palavras do personagem:

> *Pode não parecer importante, mas desde junho era a primeira vez que eu ria de alguma coisa, e, quando senti aquele espasmo imprevisto subir pelo peito e chacoalhar em volta dos pulmões, compreendi que ainda não havia chegado ao fundo do poço, que ainda havia um pedaço de mim que queria continuar vivendo. Do começo ao fim, não deve ter durado mais do que alguns segundos. Em termos de risada, não foi especialmente alta nem prolongada,* mas me pegou de surpresa *e, na*

> *medida em que não lutei contra ela, na medida em que não me senti envergonhado por ter esquecido minha tristeza durante aqueles poucos momentos em que Hector Mann apareceu na tela,* fui forçado a concluir que havia alguma coisa dentro de mim que antes eu não sabia estar lá, alguma coisa além da morte. *Não estou falando em alguma vaga intuição ou anseio sentimental pelo que poderia ter sido. Eu tinha feito uma descoberta empírica e ela carregava todo o peso de uma prova matemática.* Se eu ainda era capaz de rir, então significava que não estava de todo anestesiado. Significava que não me isolara tão completamente do mundo a ponto de nada mais me atingir *(AUSTER, 2003, p. 15, grifos nossos).*

Iniciamos este texto com a morte de Maria Callas ocorrida quando a grande diva já não podia recorrer à sua arte para manter-se viva. Terminamos com essa cena do livro de Paul Auster que curiosamente enfoca o poder da arte, quando o personagem recupera o espaço potencial e vê-se "devolvido" ao mundo dos vivos. A inesperada risada estimula a curiosidade e o movimento. Cria-se um elo e um interesse por novos caminhos.

Referências

AUSTER, P. *O livro das ilusões*. São Paulo: Companhia das Letras, 2003.

EIGEN, M. *The sensitive self*. Middletown, Connecticut: Wesleyan University Press, 2004.

KRISTEVA, J. *Sol negro*: depressão e melancolia. Rio de Janeiro: Rocco, 1989.

MILNER, M. *On not being able to paint*. New York: University Press, 1973.

NAFFAH NETO, A. A função de um falso self na produção de uma diva: o caso Maria Callas. *Natureza Humana*, São Paulo, n. 9, p. 10-28, jan. 2007.

PHILLIPS, A. *Louco para ser normal*. Rio de Janeiro: Jorge Zahar, 2008.

SAFRA, G. *A po-ética na clínica contemporânea*. São Paulo: Idéias e Letras, 2004.

SAFRA, G. *Hermenêutica na situação clínica*: o desvelar da singularidade pelo idioma pessoal. São Paulo: Edições Sobornst, 2006.

STASSINOPOULOS, A. *Maria Callas*: a mulher por trás do mito. São Paulo: Companhia das Letras, 1996.

WINNICOTT, D. Objetos transicionais e fenômenos transicionais. *In*: *Da pediatria à psicanálise*. Rio de Janeiro: Livraria Francisco Alves, 1978. Obra publicada originalmente em 1951.

WINNICOTT, D. O medo do colapso. *In*: *Explorações psicanalíticas*. Porto Alegre: Artes Médicas, 1994. Obra publicada originalmente em 1963.

WINNICOTT, D. A psicologia da loucura: uma contribuição da psicanálise. *In*: *Explorações psicanalíticas*. Porto Alegre: Artes Médicas, 1994. Obra publicada originalmente em 1965.

WINNICOTT, D. O valor da depressão. *In*: *Tudo começa em casa*. São Paulo: Martins Fontes, 1996. Obra publicada originalmente em 1963.

7. A glória da ruína na toxicomania

Claudio Eugenio Marco Waks

José Waldemar Thiesen Turna

Acreditamos, conjuntamente com os princípios da psicopatologia fundamental, que aquilo que fundamenta o sujeito é seu *pathos*, seu modo particular de ser e estar no mundo ante o sofrimento psíquico inerente à condição humana. A subjetividade humana é *páthica* por natureza e fundamenta-se nesta característica. Esta experiência *páthica,* subjetiva e fundante, pode adquirir as mais variadas formas. A contribuição para o presente trabalho baseia-se na nossa experiência clínica de orientação psicanalítica com a manifestação psicopatológica da toxicomania.

O título deste capítulo pode parecer, à primeira vista, paradoxal, pois envolve uma combinação de palavras de sentido oposto que poderiam excluir-se mutuamente, mas que, no contexto, encerra um sentido profundo. Acreditamos que na manifestação psicopatológica denominada toxicomania, o "Eu em ruína" experimenta um estupor glorioso.

Todos têm algum conhecimento sobre a "clínica da toxicomania". O flagelo químico. Pacientes ditos impossíveis, em seu abuso e suas faltas. Em seu transtorno familiar, social e clínico. Uma catástrofe administrativa, tanto financeira quanto econômica, em sua existência. O que alguns denominam "lixo clínico". Clinicamente detestados pela medicina, estes corpos se reduzem ao *pó*, se injetam criando novos orifícios de gozo ante nossa total estupefação pela desmesurada continência corporal. Um corpo que nos atormenta em sua constituição em que parece tudo suportar.

A saúde do corpo toxicômano faz par enquanto resto de um comportamento subversivo. Colhido na ilegalidade (pois não legitimado em seu desejo desde seus suportes mais arcaicos) da obtenção de suas demandas, arrisca perder o pouco de cidadania que lhe resta numa constante provocação ante a norma social na condução de seus atos toxicomaníacos.

Não é pouco o que se deve suportar como terapeuta nesta clínica. Faltas, atrasos no pagamento dos honorários (isso quando não é utilizado para a obtenção da substância procurada), conversas telefônicas e reuniões com a família (todos – obviamente – a se queixar da insuportável coexistência com tão insuportável sujeito) e, com alguma frequência, internações clínicas. O trabalho terapêutico em grupos não se dá de modo diverso. Quando iniciam apresentações com frases como "sou um adicto em recuperação", ou qualquer das estereotipias discursivas, sentimos que nosso ouvido clínico se incomoda. Se a escuta ainda sustenta alguma esperança, uma voz alucinada emerge do fundo de nossa prática e aponta para o insucesso da empreitada.

Esses pacientes nos exigem em suas demandas de tratamento uma orientação. Modos pedagógicos para lidar com a droga, a família, o trabalho, o dinheiro, enfim, que os ensinemos a lidar com o mundo e, principalmente, que possamos amparar sua recuperação. Desde aí nos questionamos: esses sujeitos buscam uma recuperação do quê? Muitos de nós escutamos imediatamente que este pedido se endereça a uma recuperação do objeto perdido. Mas também estamos advertidos desde Freud, e com substancial ampliação conceitual de Lacan, que o objeto está perdido. Portanto, o que podemos deduzir, sempre próximos à observação clínica que esses sujeitos nos proporcionam, é que a famosa recaída tem aqui seu ponto de partida. É na internação hospitalar desses sujeitos que observamos a ruína de sua *gloriosa carreira.*

Interessa-nos, no presente escrito, sustentar a ideia de que o encontro clínico com o toxicômano está mais do lado da experiência que do tratamento. Essa não é uma ideia nova. A psicanálise propõe, a partir do encontro entre analista-analisando, uma experiência justamente porque não será tarefa do analista "curar" um sujeito, não mais do que sabemos impossível a cura do inconsciente. Estamos advertidos: se, para que uma análise possa acontecer (nas neuroses mais brandas) com o sujeito que a ela se submete – e este não é um ponto a ser subestimado –, devemos nos ater à dificuldade em analisar justamente pela resistência em submeter-se às aparições do inconsciente, nas formações de compromisso mais agudas, como nos demonstra a toxicomania, essa submissão é posta à prova a cada passo. O inconsciente, como o entendemos, surge destituído de atenção pelo ego a cada manifestação.

Por isso, entendemos que a clínica das toxicomanias faz dessa proposta de experiência clínica uma exigência terapêutica. Sendo uma clínica que se pauta pelas qualidades vivenciais descritas, qualidades explicitadas no caso clínico exposto, observamos que quanto mais nos aproximamos de uma proposta de "tratamento", mais nos distanciamos desses sujeitos e do que, em sua narrativa psicopatológica, eles têm a nos oferecer.

O conceito de tratamento é derivado da medicina e tem como meta em sua proposta a cura de um sintoma. Para o psicanalista, que busca a partir da palavra o compromisso do sujeito com seu corpo, qualquer tentativa ou exigência de supressão das manifestações corporais (mesmo aquela pedida pelo paciente) será vivida como intervenção moral com consequente prejuízo ao encontro clínico. As consequentes melhoras (assim observadas e qualificadas) não são mais que possibilidades deste trabalho de encontro, e não metas a serem alcançadas.

Consideramos possível que seja esta a razão pela qual tratamentos levados adiante em estabelecimentos hospitalares ou clínicas de desintoxicação tenham um índice tão alto de recaídas. Se o ideal proposto dentro desses lugares é meramente a dissolução do sintoma adicto, não é surpreendente que falhe a dissolução da demanda compulsiva por um objeto. O objeto da toxicomania não é um objeto "mau" nem "do mal".

Claro, não somos ingênuos, insistimos que este é um sintoma que pode conduzir um corpo ao pior, aliás, na maioria das vezes é no pior que nos encontramos com esses corpos (mais uma vez o relato clínico é exuberante em sua descrição), afinal, os objetos constituídos para dar suporte a esses sujeitos são muito poderosos, potentes, efetivamente tóxicos, que levam indefectivelmente à ruína. Entendemos que o "germe" desta ruína já está instalado no psiquismo desses sujeitos e apresenta suas manifestações desde a mais tenra infância, como se pode notar no caso clínico aqui apresentado.

Se é a partir de uma perda que o Eu fica em ruína, na toxicomania trata-se de uma perda muito precoce, na própria constituição subjetiva, no mais primário do narcisismo. Não observamos, na nossa prática clínica, indícios de algum evento traumático específico, nenhuma perda específica na vida adulta que possa levar a essa "ruína", pois, em se tratando de sujeitos atrelados à toxicomania, consideramos que a perda é da ordem do mais essencial da constituição subjetiva.

Ao que parece, nenhuma forma de luto pode fazer parte dessa condição subjetiva justamente por se tratar da ausência inequívoca de um objeto que se possa perder. Ou seja, não há do que ficar enlutado, quando muito podemos pensar sobre um luto por aquilo que nunca se teve. Um luto imaginário, nostálgico, que intui um paraíso perdido ao qual nunca se teve acesso. Justamente por ser inexistente, o objeto ausente permanece idealizado e inatingível. Assim, procuram-se desesperadamente objetos totalizantes, infalivelmente fálicos, que possam obturar aquela falta essencial geradora de uma angústia insuportável.

Então,

> *não se constituiria* um luto *que, em sua função primordial, viria encobrir a relação objetal para sempre marcada pela impossibilidade de reencontrar o objeto substância. Assim, essa busca visará o objeto desde sempre enquistado organizando um delineamento de borda entre o corpo, sua saciedade e esse objeto (TURNA, 2008, p. 128, grifo do autor).*

Compreendemos que a relação de objeto estabelecida desde o sintoma toxicômano é a relação específica com o que pode sustentar este corpo, pois se não fosse assim, seria vivida como angústia melancólica (que na verdade é, mas a droga serve como tamponamento justamente para evitar essa angústia). Talvez por isso o toxicômano viva sua existência entre os picos gloriosos e as profundezas abissais da mania-melancolia.

Tomados em sua angústia ante as relações objetais e suas demandas, esses sujeitos não poderão contar com um distanciamento suficiente do objeto – o que esperaríamos como resultante operacional do luto em sua discriminação entre sujeito e objeto, ou seja, em sua projeção ao externo do objeto e possível afastamento deste –, o que evidencia uma fixação do objeto na posição de frustração.

Com Lacan (1956-1957/1995) observamos o modo como a falta se ordena em se tratando de sustentar imaginariamente, quer dizer, em sua representação identitária no sujeito e sua relação com o objeto, desde a castração (simbólica) ou a frustração (imaginária):

> *É essa comunidade que existe entre o caráter imaginário da falta na frustração e o caráter imaginário do objeto da castração, o fato de a castração ser uma falta imaginária do objeto, que nos facilitou crer que a frustração nos permitiria alcançar bem mais facilmente ao centro dos problemas. Ora, não é absolutamente obrigatório que a falta e o objeto, e mesmo um terceiro termo a que vamos chamar o agente, sejam do mesmo nível nessas categorias (p. 37).*

É na qualidade deste laço objetal que encontraremos o sujeito mais bem atrelado à sua condição fundamental. Desde aí temos o traço específico de como consegue, ou não, responder à injunção de determinados laços que o obrigam a responder fora do campo do simbólico a esta demanda. Ego eclipsado, que não pode responder à demanda fálica fora da condição maníaco-melancólica, como propõem Abraham e Maria Torok (1995, p. 126):

> *Com efeito, na mania, tanto quanto na melancolia, o Ego parece totalmente eclipsado. Não subsiste mais nada além de uma das Imagos, a da mãe arcaica e onipotente. O sujeito, conforme seja ele maníaco ou melancólico, fixa-se, seja na própria Imago – como na*

> *identificação maníaca – seja no complemento ideal da Imago – como na autoacusação melancólica. [...] A morte, a maldade, a inconstância de seu homólogo externo determinaram a reintrojeção da Imago, isto é, sua reconstituição idealizada a partir do próprio sujeito. Ora, a mania-depressiva se desencadeia, não com a perda do objeto externo, mas com a ameaça de perder o objeto interno indispensável.*

No campo da toxicomania, a ruína não é implantada desde um momento específico após a (sempre suposta) estruturação do sujeito. Não acharemos seu rastro senão na repetida impossibilidade de sustentar uma falha na constituição da imagem de si, falha sempre circunscrita à dinâmica da castração e que funda o sujeito a partir de um furo primordial.

Não se trata de uma vacância que poderia ser completada de forma suficiente, visto que a dinâmica do desejo justamente se pauta por sua falha na falta, mas de uma falta arcaica, fundada nos primórdios da relação objetal, em suas primeiras incorporações que nunca chegarão ao plano identificatório (também condenando o plano introjetivo). Buraco existencial que não ofereceu à "coisa" a possibilidade de um vir a ser objeto. A "coisa" manterá seu *status* cada vez que solicitada a comparecer em determinadas injunções fálicas e efetivamente sustentará tremendas dificuldades para responder.

Sem dúvida, ante o desafio proposto pela angústia, surge o objeto (coisa) droga que poderá responder imediatamente a essa angústia, tamponando a cena assim projetada. Jerusalinsky (2007, p. 34) nos traz explicação preciosa sobre essa situação:

> *Quando um discípulo de Freud lhe pergunta se o charuto que ele está fumando não representaria uma fixação em relação ao peito materno, ele lhe responde que às vezes fumar um charuto é somente fumar um charuto. Com isso ele quer dizer que os objetos (minha interpretação) nem sempre são outra coisa. Às vezes são somente o que são e para nós, humanos, isso constitui um problema, já que enquanto sujeitos, ficamos restritos ao gozo desses objetos, isto é, nada podemos fazer a respeito, a não ser gozar deles, não temos como transformá-los em traços significantes, não temos como imaginá-los, não podemos incluí-los em nenhuma fantasia, nem simbolizá-los, e não podemos decidir, escolher o lugar que eles ocupam em nossas vidas. Por isso, quando o objeto aparece tal como ele é, impede de falar dele. E, se tivermos a habilidade, a inventividade de representar esse objeto no outro, o outro, como portador desse objeto, é meramente um suporte, cabide, em que esse objeto está pendurado. Então ficamos restritos a demandar ao outro repetidamente, insistentemente, de modo insuportável para o outro, esse objeto. Por isso digo que quando o objeto aparece somente como ele é, quando o charuto é somente um charuto, temos um problema.*

Na toxicomania, a senda impossível em relação ao objeto torna-se possível quando a falta é concreta, quando o objeto do desejo não é mais da ordem do contingencial; é o objeto real que certeiramente supre a necessidade e se esgota num gozo tanático. Gozo este que, alquimicamente, transmuta a glória em ruína num frenesi maníaco. A substância tóxica complementaria algo que, enquanto real, se propõe a tamponar o insuportável da frustração imaginária que, nesse momento, não encontra apelação possível à ordem simbólica.

Assim, o percurso "natural" de um toxicômano passa por várias fases. A primeira, onipotentemente gloriosa, poderia ser considerada como uma "lua de mel" idílica. O paraíso perdido (que, como já vimos, para esses seres nunca existiu) é ilusoriamente recuperado, só que neste suposto retorno, o tabu do fruto proibido é negado. Vive-se trepado na macieira saboreando, maníaca e gulosamente, aquilo que elimina a diferença entre desejo e gozo (WAKS, 1988). Sem limites nem interditos, o gozo reina despoticamente e, assim, o estridente discurso da culpa emudece.

Entretanto, à medida que a prótese narcísica começa, por inúmeros motivos, a falhar na sua capacidade de alívio ilusório, a mania pelo tóxico perde totalmente seu caráter glorioso. Ingerem-se doses cada vez maiores com o intuito não de transitar gloriosamente, mas de evitar a miséria no "fundo do poço".

Com o passar do tempo, a busca desenfreada pela glória maníaca desemboca na ruína gloriosa. A ruína é gloriosa pois escancara o triunfo do desastre anunciado, da profecia realizada. Aquilo que mais se temia vira uma realidade indubitável. Em situações de extrema penúria psíquica e/ou física, ouvem-se discursos que, paradoxalmente, manifestam um certo gozo na ruína. O desastre alivia, pois confirma a profecia contra a qual lutou-se tenazmente. Glória na ruína.

"Que alívio saber meu verdadeiro tamanho; cansei de fazer de conta. Pronto, pior não poderia estar, isso é muito bom."

"No fundo eu sabia, era uma questão de tempo até todas as máscaras caírem e meu verdadeiro ser aparecer. Ufa, que alívio ser eu mesmo!"

Na toxicomania, o desejo encontra-se sujeitado à necessidade. Reina a necessidade que se torna uma compulsão irresistível, uma necessidade pretensamente vital. Essa premente necessidade desencadeia a narcose ou, melhor dizendo, a necrose do desejo e, conjuntamente, a erradicação de qualquer vestígio de subjetividade. Em contraposição às vicissitudes e às contingencialidades inerentes ao desejo, a sujeição à necessidade promove uma dependência em que não se tem mais escolha, torna-se escravo do objeto real. Assim, a pulsão é pervertida na sua essência fundamental: a contingência do objeto. Na toxicomania, o objeto não é mais subordinado na sua contingência à pulsão; parece ser a pulsão que se submete à primazia do "objeto-droga" (GURFINKEL, 1996).

Temos aí a específica relação de objeto descrita por Abraham e Maria Torok (1995, p. 245) como "incorporação":

> *A cura mágica por incorporação dispensa o trabalho doloroso da recomposição. Absorver o que vem a faltar sob forma de alimento, imaginário ou real, no momento em que o psiquismo está enlutado, é recusar o luto e suas conseqüências, é recusar introduzir em si a parte de si mesmo depositada no que está perdido, é recusar saber o verdadeiro sentido da perda, aquele que faria com que, sabendo, fôssemos outro, em síntese, é recusar sua introjeção. A fantasia de incorporação denuncia uma lacuna no psiquismo, uma falta no lugar preciso em que uma introjeção deveria ter ocorrido.*

É a partir dessas condições, tanto em relação à injunção sofrida pelo sujeito em suas necessárias respostas fálicas quanto ao modo como se constelou sua dinâmica econômica em que a frustração sustenta ordenações objetais precisas, que se erigirá o cenário vivido na toxicomania, cenário de ruína e destruição, cenário onde o sujeito, surgindo como um " Cavaleiro de Tânatos", fará de sua aparição um elogio à ruína. Elogio este que é constantemente ameaçado pelo entorno social, constantemente criticado pela clínica, tanto médica quanto terapêutica, cenário dissolvido na narrativa policialesca que não lhe propõe nada senão um desastre existencial.

Se a clínica psicanalítica acena para um sintoma específico, qualquer que seja ele, como um conceito tomado em sua condição de totalidade, ela (a clínica e, consequentemente, o clínico) certamente fará uma ideia falha desse mesmo sintoma. Não há clínica boa ou clínica má, existe o sujeito que sustenta seu sintoma em um laço erótico e o sujeito que se encontra adoecido neste. Sem a inclusão da falha, do erro, da morte como parte inseparável do acometimento sintomático, não é possível apreender o quanto, e quando, uma resposta sintomática é defesa ou destruição. No cenário toxicômano ela serve aos dois mestres simultaneamente. E não convém esquecer que nesse cenário se encontra o psicanalista.

Logo, a transferência exige, para que se suporte esta clínica, momentos de eroticidade, de ligação. Momento erótico vivido como mal-estar (mais uma vez o relato clínico nos oferece a vivência privilegiada do psicanalista nessa clínica) e que, se suportado, como uma forte maré que repuxa o analista às últimas consequências em seu ofício, permite o terreno necessário para que o sujeito viva o que não pôde viver e muito menos falar. Falar no intuito de encontrar expressão outra que o permita viver fora da escravidão imposta pela necessidade.

É por essa razão que, correntemente, também se emprega o vocábulo drogadicção como sinônimo da toxicomania. Drogadicção provém, em termos etimológicos, do composto droga mais a palavra latina *addictum*, que significa escravo da necessidade, um "estado civil de não-escolha ante um senhor" (KALINA, 1983, p.

21). Na Roma antiga, quando um cidadão contraía uma dívida que não conseguia saldar, tornava-se escravo do seu credor pelo tempo necessário para que a dívida fosse quitada.

É interessante questionar se haveria, então, possibilidade de saldar essa dívida, de libertar-se da escravidão toxicomaníaca, reduzir o tempo que o indivíduo fica sujeito a este draconiano regime. A ideia de uma saída possível da toxicomania é complexa, pois, primeiramente, há de se considerar que é o toxicômano que faz a droga e não ao contrário, como geralmente se pensa. Qualquer substância, objeto ou relação objetal pode ocupar o lugar do tóxico. Logo, se esse lugar, que é ocupado no psiquismo do sujeito, consegue deslocar-se, metonimicamente, para constelações menos fixadas, fálicas e totalizantes, é possível, sim, que mude seu vínculo com este objeto idealizado.

Tivemos a oportunidade de trabalhar com alguns casos em que, após muito, mas muito sangue, suor e lágrimas psicanalíticas (se o analisando não vier a óbito no processo ou abandonar o tratamento precocemente; menos de cinco anos consideramos precoce), o lugar que a droga ocupa na economia psíquica do sujeito pode mudar tão radicalmente que perde sua função tanática. Já observamos casos de uso erótico do antigo objeto de gozo tanático; são raros e é uma linha tênue, delicada, perigosa, que pode virar pesadelo momentâneo dependendo dos movimentos tectônicos das placas psíquicas do ser em questão. Recaídas, nestes casos, são verdadeiros terremotos repentinos e fulminantes, que deixam uma vasta trilha de destruição. Entretanto, se o ego estiver minimamente coeso, menos poroso e indefeso perante as hecatombes psíquicas, podem existir recursos egoicos para uma (–) relativamente (–) rápida reconstrução. Isso é diferente do *Eu em ruína,* arruinado pelos constantes tremores psíquicos e sem recursos para qualquer movimento de reconstrução, pois um novo sismo devastador está prestes a acontecer.

Embora consideremos que caracterizações psicopatológicas de ordem nosográfica limitam e, muitas vezes, empobrecem a possibilidade de aproximação aos fenômenos psíquicos a partir do método clínico, sustentamos que a toxicomania faz parte da categoria das neuroses narcísicas. Neste conjunto de manifestações psicopatológicas observamos uma precoce e profunda fenda intransponível na noção de si. A imagem especular do toxicômano é fragmentada e ele precisa da "cola" da droga para poder se olhar e ver-se coeso, menos fragmentado, menos poroso.

Passemos então ao caso clínico que ilustra as considerações apresentadas até aqui.

Caso clínico

Algum tempo atrás um de nós recebeu uma paciente adolescente, de dezessete anos, para acompanhamento psicanalítico que durou aproximadamente três anos. A característica mais marcante do vínculo era sua antipatia; era profundamente antipática à pessoa do analista, mas não necessariamente ao trabalho. Segundo informação colhida do seu meio social, sua antipatia não parecia ser um fenômeno transferencial neurótico ou uma manifestação da reação terapêutica negativa, senão um rasgo da sua personalidade que se repetia com praticamente qualquer pessoa: pais, parentes e amigos.

A razão da escolha do nome *Malvina Cruela*[1] como pseudônimo para essa paciente ficará mais evidente à medida que o relato clínico se desenvolva. Ela foi encaminhada por um colega

1 Malvina Cruela, também conhecida como Cruella de Vil: personagem de desenho animado de Walt Disney caracterizada pela sua profunda maldade. Trata-se de uma mulher cruel e insensível que veste uma longa capa feita com a pele de 101 filhotes de cachorro da raça dálmata.

psiquiatra, que a entrevistou numa clínica psiquiátrica após sua internação com o quadro de psicose tóxica provocada por altas doses de cocaína aplicada endovenosamente. Durante a viagem da colação de grau, Malvina teria feito uso da droga injetada no ônibus e, chegando ao destino, continuou a fazê-lo no hotel. Quando a monitoria tomou conhecimento do seu estado confusional agudo, foi requisitado um resgate psiquiátrico e ela foi levada de ambulância até uma clínica psiquiátrica.

Apesar da dificuldade para colher informações junto à paciente, o colega psiquiatra soube que Malvina não desejava mais viver, estava tentando pôr fim à sua vida aplicando uma dose letal de cocaína. Isso por causa de uma desilusão amorosa. Seu namorado, líder de uma banda de rock, a teria abandonado e trocado por outra garota.

Por recomendação do psiquiatra, os pais requisitaram uma entrevista para falar sobre a filha e uma possível intervenção psicanalítica. A entrevista inicial com os pais revelou um profundo rancor mútuo associado à tentativa de um culpabilizar o outro pelos acontecimentos com a filha. Logo, a intensa animosidade entre o casal fez surgir a proposta que os encontros fossem conduzidos separadamente. Afinal, não se tratava de uma terapia de casal nem familiar. Nessas entrevistas individuais, a mãe queixava-se da ausência do seu ex-cônjuge como pai, no sentido mais amplo do termo, e o pai recriminava sua ex-mulher por não exercer função materna alguma: não cuidar das filhas (Malvina tem uma irmã três anos mais velha que ela) e estar exclusivamente interessada na sua carreira profissional. A falta de disponibilidade e investimento emocional de ambos em relação a Malvina transparecia muito evidentemente.

Concomitantemente, uma espécie de reversão de papéis ficava muito evidente: enquanto o pai se emocionava e chorava, a mãe manifestava um olhar vazio que parecia só querer instruções práticas de como lidar com as dificuldades que o relacionamento com a filha acarretava. Esta se declarava muito aflita e incapaz de lidar com vários comportamentos da filha que, naquele momento, morava junto com ela e a irmã.

Esses comportamentos consistiam em consumo abusivo e constante de vários entorpecentes: cocaína, álcool, maconha, ketamina[2] e *ecstasy*, bem como psicofármacos que eram ministrados pelo seu psiquiatra: antidepressivos, reguladores do humor, ansiolíticos, hipnóticos e anorexígenos; sérios episódios de automutilação que resultavam em profundas feridas frequentemente suturadas em hospitais e prontos-socorros; tatuagens pelo corpo inteiro; promiscuidade envolvendo sexo sem proteção em bares, onde mantinha relações sexuais no banheiro, ou na rua com inúmeros parceiros na mesma noite; fugas do lar por vários dias sem dar notícias. Malvina não considerava esses comportamentos como algo problemático. Pelo contrário, nos seus relatos parecia transparecer certa satisfação. Quanto mais desastrosa a circunstância criada por ela, maiores seu alívio e sua satisfação.

Seus estranhos hábitos alimentares também constituíam uma fonte de preocupação: Malvina declarava sentir profundo nojo pela comida preparada na casa da mãe. Recusava-se a ingerir qualquer alimento que não fosse encomendado fora da residência e fazia suas refeições unicamente na presença de si mesma. Alimentar-se na presença de algum membro do grupo familiar (particularmente do pai) lhe parecia abominável e repugnante.

2 Tranquilizante para animais de grande porte utilizado como substância alucinógena e euforizante.

Romance familiar

A história familiar de Malvina é marcada pela ausência de acolhimento. O casal parental foi constituído por uma jovem doze anos mais nova que seu companheiro, médico ginecologista, que tinha um projeto revolucionário (participaram de grupo de luta armada durante a ditadura, o que os levou a viver na clandestinidade), mas parecia não poder constituir um projeto familiar.

Com o advento da anistia, a mãe engravidou da primeira filha e, para seu espanto, o homem que era admirado pelo seu conhecimento teórico-filosófico, além da sua delicadeza, repentinamente transformou-se num ser violento que sentia vontade de chutar a barriga da futura mãe. Essa nova circunstância pareceu solapar o projeto inicial do casal que amava a humanidade, dispondo-se até a morrer por ela, mas sentia-se incapacitado de cuidar de um ser humano em particular.

A possibilidade da entrada de um terceiro no vínculo adesivo existente entre os membros do casal levou o pai de Malvina a tornar-se um ser agressivo, truculento e ausente, e a mãe, a sentir-se desamparada, confusa e com muita dificuldade de exercer sua função materna. Com o nascimento da primeira filha, o pai retrai-se totalmente do convívio familiar, passando muito tempo ausente e, quando presente, recusando-se a fazer suas refeições em conjunto com a família. Após um ano e meio dessa situação a mãe, confusa, desamparada e desiludida, entrega-se a um frenesi Erótico. É neste momento do relacionamento do casal que surge a gravidez de Malvina, que, por um acaso do destino, é comprovadamente filha legítima (é "a cara" do pai).

A mãe de Malvina vive neste momento um desinvestimento maciço, radical, que há de deixar traços no inconsciente da sua filha sob a forma de "buracos psíquicos" a serem preenchidos pelos reinvestimentos, expressão da destrutividade assim liberada por este enfraquecimento libidinal erótico. As manifestações do ódio e os processos de reparação que a elas se seguem são manifestações secundárias a este desinvestimento central do objeto primário materno. Trata-se daquilo que Green (1988) chamou de "complexo da mãe morta".

É a partir do nascimento da segunda filha que o pai consegue superar, pelo menos parcialmente, suas dificuldades e passa a dispensar cuidados para ambas as filhas, embora mantenha a restrição de não dividir as refeições com a família. Durante este momento surge a suspeita, levantada posteriormente tanto pela mãe quanto por Malvina, de que poderia ter existido algum tipo de abuso nesses cuidados. É importante ressaltar que Malvina sempre se consultou ginecologicamente com seu pai. Nas palavras de Malvina e sua mãe: "Nos banhos havia toques a mais".

O casal mudou-se para São Paulo com as duas filhas, separando-se quando Malvina tinha oito anos de idade. Enquanto o pai nunca recuperou sua suposta potência profissional e intelectual, passando a trabalhar como médico da rede pública em uma cidade-dormitório, a mãe tornou-se uma figura intelectual reconhecida academicamente em nível internacional.

Recusa ao vínculo

Após a internação de 10 dias na clínica psiquiátrica para desintoxicação, Malvina começou a frequentar o consultório três vezes por semana. A recusa ao tratamento reportada pelo colega psiquiatra no breve contato deles (foi muito difícil colher dados para a anamnese médica) repetiu-se durante nossos encontros por um certo tempo. Do alto do seu enfado, olhava-me displicentemente como se o analista fosse o novo estorvo que teria de aturar nesse momento da vida. Respondia às indagações de mau grado e com monossílabas; encontrava-se aí por mera obrigação, mera imposição parental.

Tamanha empáfia foi relevada e, assim, tentei despertar alguma demanda subjetiva de análise por um certo lapso de tempo, afinal, existia a possibilidade de que Malvina estivesse realmente sofrendo e a sua antipatia fosse apenas uma manobra defensiva que, no seu imaginário, poderia poupá-la de dissabores maiores (sem vincular-se, não seria abandonada). Árdua tarefa: as semanas transcorriam e sua blindagem defensiva não dava sinais de arrefecimento. Não obstante, comparecia regularmente às sessões, geralmente vindo de táxi ou trazida pela mãe.

No contato com Malvina me sentia como se fosse parte da mobília da sala, a não ser quando tentava estabelecer algum diálogo com ela, o qual era sumariamente ignorado ou cortado por grunhidos depreciativos. Passados os primeiros dois meses de encarniçados silêncios, Malvina começou a falar. Não saberia dizer se o termo certo seria "falar" ou, possivelmente, "metralhar". Malvina abriu as comportas do seu ódio que supurava como uma enxurrada inclemente para cima da minha pessoa e da minha função de analista.

Não sobrou pedra sobre pedra; fui retalhado impiedosa e inteiramente. Os alvos da sua fúria eram: minha (in)capacidade profissional (era chamado de palhaço, farsante, metido), minha aparência pessoal (baixinho, cabeludo, barrigudo), os móveis da minha sala (extremo mau gosto), a localização do consultório, meus grupos de estudo, meu sotaque, o preço cobrado pelas consultas; tudo, absolutamente tudo, era minuciosamente trucidado. Passei a ganhar o título que seu pai antes possuía no seu discurso: "Claudio: palhaço escroto".

Antes de cada uma das sessões de tortura explícita à qual era exposto três vezes por semana, eu sentia taquicardia, angústia, um temor que beirava o pavor, pois seu sadismo era verdadeiramente intenso e cruel. Meu único recurso era apontar que *Malvina Cruela* estava novamente ativa e tentar investigar a serviço do que estaria tamanha violência (tanática), pois sua atitude não podia ser considerada agressividade (erótica). É que até aquele momento ainda não tinha compreendido que Malvina estava repetindo comigo aquilo que já vivera: estava forçando-me a sofrer, na mesma intensidade, a violência à qual fora exposta na mais tenra infância, violência que despertara brutais sentimentos de desamparo e abandono.

Embora suas frequentes faltas fossem um verdadeiro bálsamo para minha jornada de atendimentos, o sofrimento na espera antes das sessões era ambivalente: se ela não comparecesse seria um alívio, porém, simultaneamente, um suplício. Alívio, pois não estaria exposto às mordazes críticas e a outros requintados métodos de tortura, e suplício porque, se faltasse, não poderia saber como estava, se continuava viva. Passado certo tempo, também comecei a nutrir certa antipatia: seu *pathos* era antivincular. Não havia espaço psíquico para empatia concordante; seu oposto, a antipatia, imperava.

Com o passar dos meses, como ainda tinha sobrevivido, comecei a notar que lenta, muito lentamente, o ódio e a antipatia de Malvina começaram a arrefecer na sua intensidade. Passei então a ser quase um interlocutor, alguém com quem podia se conversar sobre efeitos das drogas, estratégias amorosas para conquistar paqueras de ambos os sexos, escolhas profissionais e até mesmo temas para as próximas tatuagens. Foi justamente um destes que propiciou uma das poucas oportunidades que surgiram para formular uma interpretação psicanalítica mais clássica.

Malvina declarou a intenção de tatuar no seu ventre a imagem de uma garota nua que, de costas e agachada, olhava entre suas pernas expondo as nádegas, que abertas pelas mãos mostravam o orifício anal representado pelo umbigo. Acima dessa imagem se leria a seguinte inscrição em inglês: *Just another girl* [apenas outra garota], como se subjetivamente sua sensação de si fosse indiferenciada, indiscriminada, quase inexistente. Porém, havia algo de glorioso nessa imagem arruinada de si.

Qualquer tentativa de interpretação que manifestasse o menor indício de possuir cunho psicanalítico seria, como tantas outras, desprezada como mera "baboseira psicanalítica". Mesmo assim, arrisquei interpretando que a tatuagem revelava, como numa produção onírica, uma relação entre ventre e ânus, como se Malvina sentisse que fora evacuada pela cloaca da mãe como uma excrescência anônima e insignificante, e não como um ser humano desejado, devidamente parido.

A interpretação foi ignorada como todas as outras que tentei formular e a tatuagem foi realizada, porém com uma pequena modificação que considerei significativa: a inscrição mudou para *Just a girl* [apenas uma garota], denotando, embora minimamente, alguma diminuição no desprezo e no ódio por si mesma. Não era apenas uma garota qualquer a mais; agora era apenas uma garota, mas uma garota em particular. Diferença sutil, mas fundamental.

Poderia considerar-se que as conquistas obtidas durante os três longos anos de árduo trabalho com Malvina foram relativamente poucas. Conseguimos que se aproximasse dos Narcóticos Anônimos e ficasse um ano e alguns meses sem o uso de qualquer substância entorpecente, vindo a recair, sintomaticamente, no dia do quinquagésimo aniversário de sua mãe. Resgatou parcialmente a figura paterna, aproximando-se deste que deixou de ser um "palhaço escroto e inútil", uma vez que seu analista passou a ocupar este lugar. Externar o ódio pela figura paterna, projetando-o e deslocando-o para um outro, parece ter dado seus frutos.

Acredito que a maior conquista do nosso trabalho foi o fato de ela ter ficado viva por mais três anos, ter sobrevivido a mim e a si mesma, interrompendo seu inextricável caminho em direção à morte prematura. Às vezes, para certos atendimentos em que Tânatos é cavalgado furiosamente, não se pode esperar mais que isso. O trabalho com Malvina foi interrompido em virtude da intervenção, pouco ética, de um colega psiquiatra que a convenceu da ineficácia da psicanálise para casos como o dela.

Para a elaboração deste estudo de caso foram colhidas informações junto ao primeiro colega psiquiatra, que ainda atendia à mãe. Foi por esse meio que soube que após os três anos comigo, Malvina passou ainda outros dois num périplo de horrores de entradas e saídas das mais variadas instituições especializadas no atendimento a toxicômanos.

Internações de todos os tipos, promiscuidade e overdoses repetidas; fora das internações era certeza de overdose. Hoje, sete anos após o começo do nosso trabalho, Malvina mora na sua cidade natal e quase terminou sua formação como enfermeira. Embora paradoxal, a escolha profissional faz algum sentido. Malvina parece não precisar mais da sua gloriosa ruína como maneira de estar no mundo, podendo até incumbir-se da dor de outrem.

Discussão

A hipótese essencial que tecemos em relação ao caso em questão é que Malvina sofre de uma falha essencial na constituição do seu psiquismo, uma "falha básica" como proposta por Balint (1993). Mais ainda, uma falha no estádio do espelho proposta por Lacan (1949/1998), que não reflete a paixão de um outro sobre si. Trata-se do que consideramos uma falha na constituição do Eu-ideal (e não o ideal-do-Eu). Em termos da história de vida, a maioria destes pacientes diagnosticados como "toxicômanos", "casos difíceis", "fronteiriços" ou "*borderline*" passou por experiências precoces e contínuas de desinvestimento, indiferença, abandono, negligência, abuso, brutalidade, e até mesmo crueldade por parte dos pais ou outrem. Acreditamos que tais experiências podem causar uma profunda lesão no narcisismo, naquilo que este implica em noção de si, autoestima, segurança e autoconfiança.

Reiterando, os bebês futuros toxicômanos parecem ter sofrido uma falha essencial; uma falha na constituição do Eu-ideal. A clínica possível com esses indivíduos requer a paixão (*pathos*) do ANALISTA-MÃE bom o suficiente para engendrar uma base estrutural a partir da qual possa haver desenvolvimento subjetivo. É a partir desta experiência que pode tornar-se possível a reparação de um Eu-ideal malformado, maltratado e profundamente ferido cujo resultado é uma lancinante dor de si mesmo, que denominamos DOREU (com maiúsculas e tudo junto).

Acreditamos estar presenciando atualmente os desafios de uma clínica cada vez mais marcada por esses "casos difíceis", no tratamento dos quais a psicanálise deixa de visar exclusivamente ao inconsciente recalcado, para também incluir a relação do Eu com os objetos.

A partir dos trabalhos de Ferenczi, Melanie Klein e Winnicott, sabemos que o trauma sexual não está relacionado, necessariamente, ao que *de fato houve* na vida de um indivíduo, uma vez que carências objetais precoces (aquilo que não houve) podem, também, infligir feridas não cicatrizáveis no psiquismo de um ser humano que inibam seu desenvolvimento egoico posterior.

Com o intuito de elucidar as dificuldades técnicas apresentadas por este caso clínico, realizaremos uma breve digressão dinâmica e metapsicológica. Acreditamos que a antipatia surge quando o fenômeno da identificação projetiva fracassa em sua essência ou quando esta não pode ser recebida pelo analista, seja porque o registro do analista enquanto está com o paciente é incompatível com a qualidade desta, ou por causa de alguma característica da identificação projetiva em si que a torna rejeitável, por exemplo: sua violência ou malignidade intrínseca. Os constantes e violentos ataques aos quais Malvina submetia seu analista impediam que fosse possível metabolizar as identificações projetivas por meio da capacidade empática deste. O único recurso possível para o analista parecia ser sobreviver aos encontros e esperar que a intensidade libidinal da violência, eventualmente, diminuísse.

Embora seja possível considerar que a gestação é normalmente o primeiro modelo de vínculo empático (embora em âmbito biológico), também existe a possibilidade de derivações nas quais a incompatibilidade manifesta-se por intensa rejeição por qualquer um dos membros do vínculo. Estamos, assim, sugerindo que exista um correlato mental primitivo dessa incompatibilidade tal como fora proposto por Mahler (1969) referindo-se à unidade mãe-filho durante as primeiras semanas de vida. Supomos que, muito provavelmente, Malvina e sua progenitora experimentaram esse tipo de incompatibilidade desde os primórdios da sua concepção.

Certamente, durante o começo do trabalho psicanalítico este fenômeno de mútua rejeição também estava presente na díade analítica. Embora aqui não possamos falar de rejeição ativa mútua, podemos falar de ausência mútua de contato e poderíamos considerá-lo como o protótipo do vínculo autista. Na transferência psicanalítica esse tipo de vinculação surge quando o paciente provoca, a partir de suas atitudes, uma involução de pensamentos analíticos no terapeuta.

Trata-se de certos pacientes, ou de certos momentos com alguns pacientes, em que o material, seja este qual for, motiva no analista ausência de ocorrências, uma incapacidade de *rêverie*. Portanto, para o toxicômano, o ato de drogar-se se refere justamente a esse caráter autístico da relação com o objeto. Fédida (1991, p. 104-105) se refere de modo preciso à problemática vivida na clínica das intoxicações a partir do paradigma do autismo:

> *Tanto as pesquisas pré-psicanalíticas [...] quanto as pesquisas, digamos, pós-freudianas, gradativamente tenderam a considerar que o autismo seria, na realidade, um paradigma. Um paradigma psicopatológico que pode ser encontrado, independentemente do autismo infantil, em patologias neuróticas ou em patologias limites, particularmente em toda a psicopatologia das toxicomanias, da anorexia e da drogadicção. Aqui se coloca a questão de um auto-erotismo que estaria novamente justaposta à autoconservação, ou seja, de um auto-erotismo que retornaria à fonte alimentar. É isto realmente o que ocorre na problemática da anorexia ou da bulimia (já que consideramos ser a mesma problemática), mas, mais do que isto, trata-se de saber, na realidade, como o corpo do anoréxico ou do toxicômano tenta criar, a partir de uma condição endógena, a capacidade de uma substância psíquica suscetível de constituir uma forma de auto-alimentação por si mesmo, levando até o limite a capacidade psíquica de constituir uma formação de fantasia que permita anular o máximo possível tanto a função do corpo quanto a dependência do outro.*

Assim, propomos a "glória da ruína" na toxicomania. Sustentamos que sua narrativa contém uma riqueza imensa, desde as experiências vividas e ordenadas a partir do feio, do pobre, do destrutivo e mesmo do violento. Impossível constelação do belo, mas nem por isso menos sublime. Constatar a "dureza" que significa "se segurar" no lugar: lutar contra a marca da frustração, do buraco, que nos puxa incessantemente e nos conduz à sombra do objeto. O "Eu em ruína" é uma metáfora para descrever um tipo de padecimento, tal qual a toxicomania é uma metáfora que descreve a "glória da ruína".

Referências

ABRAHAM, N.; TOROK, M. *A casca e o núcleo*. São Paulo: Escuta, 1995.

BALINT, M. *A falha básica*: aspectos terapêuticos da regressão. Porto Alegre: Artes Médicas, 1993.

FÉDIDA, P. A doença sexual: a intolerável invasão. *In*: *Nome, figura e memória*. São Paulo: Escuta, 1991. p. 104-105.

GREEN, A. *Narcisismo de vida, narcisismo de morte*. São Paulo: Escuta, 1988.

GURFINKEL, D. *A pulsão e seu objeto-droga*. Petrópolis: Vozes, 1996.

JERUSALINSKY, A. Novas formas de sexuação (incidências do pai-maternal e da mãe auto-suficiente). *In*: *Seminários V*: O declínio do império patriarcal. São Paulo: USP: Pré-escola Terapêutica Lugar de Vida, 2007.

KALINA, E. *Drogadicção, indivíduo, família e sociedade*. Rio de Janeiro: Francisco Alves, 1983.

LACAN, J. *O seminário*. Livro 4: A relação de objeto. Rio de Janeiro: Jorge Zahar, 1995. Obra publicada originalmente em 1956-1957.

LACAN, J. O estádio do espelho como formador da função do eu. *In*: *Escritos*. Trad. Vera Ribeiro. Rio de Janeiro: Jorge Zahar, 1998. Obra publicada originalmente em 1949.

MAHLER, M. Autismo y simbiosis: dos trastornos extremos de la identidad. *Rev. Psicoan.*, Buenos Aires, t. XXVI, n. 1, p. 69, 1969.

TURNA, J. W. T. *Palavras em torno do copo*. 2008. 128 f. Dissertação (Mestrado em Psicologia Clínica). Pontifícia Universidade Católica de São Paulo, São Paulo, 2008.

WAKS, C. E. M. *O fim da picada*: a clínica psicanalítica da toxicomania. 1988. Dissertação (Mestrado em Psicologia Clínica). Pontifícia Universidade Católica de São Paulo, São Paulo, 1988.

8. Melancolia, dor e ruína

Paulo José Carvalho da Silva

Um indivíduo sofre uma perda e, para além de uma dor aguda na alma, ele se entrega a um processo mais ou menos lento de aniquilamento. Sua fisionomia envelhece abruptamente e manifesta o desleixo com os mais básicos cuidados de si: o corpo já não cheira mais tão bem, a cabeleira está desalinhada, a pele não tem mais brilho, o rosto míngua enquanto o resto do corpo encurva-se ou dobra-se em flacidez, carne morta e impotente. Essa pessoa isola-se dos amigos, o cônjuge não a suporta mais, os familiares se afastam, os colegas a evitam. Quando não perde o emprego, carro, imóveis, entre outros bens, a carreira estagna, a casa está abandonada. O mundo ao seu redor se despedaça porque aquilo que mantinha a unidade de seu ser não cumpre mais sua função: o Eu está em ruína.

Todo esse desmoronamento interno e externo não é uma exclusividade do frágil homem contemporâneo. Dor e ruína têm sido atribuídas à melancolia desde muitos séculos. Aliás, a história da psicopatologia tem mostrado que manifestações psicopatológicas imputadas à chamada contemporaneidade existiam há muito tempo. O caso mais gritante é o do "mal de viver" manifesto na depressão, considerada a grande enfermidade do momento. Entretanto, a própria expressão "mal de viver" data do século XVIII e, apesar disso, a inquietação da alma que ela designa tem sido motivo de reflexões médicas, filosóficas e religiosas desde eras muito antigas (MINOIS, 2003).

Berlinck (2000) lembra que em cada época há psicopatologias dominantes. Na Grécia Antiga havia a tragédia que falava sobre como o homem é afetado pela paixão. No século XIX europeu, além do *spleen*, produziram-se discursos sobre a grande histeria. Atualmente, fala-se muito sobre a depressão. Berlinck explica que manifestações psicopatológicas como a depressão, a dor e a angústia são, na realidade, tão primitivas quanto a própria constituição do aparelho psíquico entendido como organização narcísica do vazio.

Os estudos sobre a história da melancolia, desde os clássicos de Starobinski (1960) e de Klibansky, Panofsky e Saxl (1964), testemunham que a melancolia é uma enfermidade que atormenta a humanidade há muitos séculos, tornando-se, inclusive, um assunto muito discutido tanto no meio médico europeu quanto nos campos da filosofia e das artes.

Os médicos da primeira modernidade (séculos XVI e XVII) apresentavam discordâncias sobre o que define efetivamente um quadro de melancolia. No entanto, de modo geral, admitia-se que tristeza, medo, desgosto, solidão e inquietude eram sinais dessa psicopatologia. Além disso, suas descrições incluíam frequentemente a lenta destruição do corpo e a degradação dos relacionamentos.

Acontece que a história do próprio termo melancolia sempre mostrou uma dificuldade na sua definição, mantendo-a, na maioria das vezes, numa imprecisão que Freud tenta remediar em 1917, com o artigo *Luto e melancolia*. Essa tentativa de precisão diagnóstica da parte de Freud fora realizada, como o próprio título de seu texto anuncia, na diferenciação com o luto, comparação que permitiria uma nova compreensão dos diferentes modos de padecimento da perda.[1]

Na história da filosofia, embora não se refira explicitamente ao nome melancolia, Sêneca (4 a.C.-65 d.C.) já havia escrito sobre uma diferenciação entre dois estados da alma que lembra muito aquela estabelecida por Freud tantos séculos mais tarde, e que coloca a questão da ruína como referência distintiva fundamental. Trata-se da *Consolação a Márcia* (*Ad Marciam de Consolatione*), escrito para consolar Márcia, a filha de um senador romano que perdeu um de seus quatro filhos. Três anos depois dessa perda, Sêneca escreveu para convencê-la de que não deveria prolongar o sofrimento desencadeado com a morte de seu filho e, para tanto, ele relata dois casos opostos de experiências de perda, vividas, cerca de meio século antes, por Octavia e Lívia, respectivamente a irmã e a esposa do imperador Augusto.

Octavia perdeu seu jovem filho Marcellus, bem cotado para a sucessão ao trono de seu tio. Durante o resto de sua vida, Octavia chorou e gemeu, jamais aceitou uma palavra de conforto, nunca procurou por algum tipo de distração, absorvida por um pensamento que a tomava por completo. Ela permaneceu toda a sua vida no mesmo estado do dia do funeral de seu filho. Não lhe faltava energia, mas ela recusava qualquer alegria, temendo dobrar sua miséria ao perder a felicidade que ela encontrava em suas lágrimas. Entretanto, ela não quis guardar nenhuma imagem de seu filho querido. Octavia detestava todas as outras mães, em especial Lívia, cujo filho poderia herdar a felicidade que ela esperava ser de Marcellus. Tendo gosto apenas pela obscuridade e pela solidão,

---

1 Nesse sentido, Dias *et al.* (2008) defendem que no título original, *Trauer und Melancholie*, do ensaio de Freud, o mais importante ou o mais original seria justamente a conjunção "und", isto é: "e".

recusava mesmo a companhia de seu irmão e, mais, rejeitava todas as homenagens prestadas à memória de seu filho. Subtraiu-se às cerimônias oficiais e ao convívio social. Em família, junto aos filhos e aos netos, guardou perpetuamente as vestimentas de luto, para grande humilhação destes, que presenciavam sua insistência em portar-se como se estivesse só no mundo. A história de Octavia lembra a noção freudiana de luto patológico e de melancolia, cujo quadro sintomático corresponde a um estado de ânimo dominado por dor, cessação do interesse pelo mundo exterior, perda da capacidade de amar, inibição e diminuição do amor-próprio e, enfim, ruína do Eu.

Por sua vez, o caso de Lívia lembra o processo de luto suposto normal. Ela perdeu seu filho Drusus, grande príncipe, durante uma campanha na Germânia, para imensa desolação não apenas de sua família, mas de muitos cidadãos romanos e mesmo das províncias, que prestigiaram seu cortejo fúnebre em direção a Roma. Lívia não pôde presenciar os últimos momentos de seu filho, mas acompanhou seus restos mortais no longo percurso pela Itália, por onde as homenagens inflamadas renovavam o sentimento da perda e reavivavam sua dor. Entretanto, assim que ela pôde depositar os restos de Drusus na tumba, ela igualmente sepultou seu filho e seu sofrimento. Segundo Sêneca, ela não se afligia além do que se espera de uma mulher que goza da alegria de ter seu marido, o imperador, e um outro filho ainda vivos. Entretanto, ela jamais deixou de pronunciar o nome de seu filho, de contemplar constantemente imagens dele, em âmbito particular ou público, de comprazer-se em falar sobre ele ou ouvir falarem dele. Enfim, Lívia experimentou um luto finito, pôde elaborar a perda e viveu com a memória de seu filho.

Após expor esses dois exemplos distintos do sofrimento da perda, Sêneca convoca Márcia a refletir sobre as vantagens de evitar uma disposição psíquica em que se mostra tão lasso de viver quanto incapaz de morrer e adotar uma outra disposição conforme a qual não se aumenta voluntariamente seu próprio mal ao se deixar consumir pelo pesar e gozar do martírio.

Do ponto de vista psicanalítico, as diferentes saídas do luto descritas por Sêneca fazem pensar sobre o que, em termos de recursos psíquicos, condiciona as distintas reações à perda. Ou seja, por que em alguns, sob o domínio da perda, há uma ruína do Eu e, em outros, apenas uma dor que pode ser intensa, mas é finita?

O adoecer após uma perda era atribuído propriamente à melancolia por médicos do século XVII. Um importante médico italiano chamado Bartolomeo Paschetti (1615/1997) relata o caso de uma mulher predisposta à melancolia que, ao enviuvar, foi acometida de uma tristeza que a impedia de falar e dormir, tornando-se pensativa, insone e taciturna. Ela passou a sofrer de uma forte dor de cabeça cuja crescente intensidade a constrangeu a ficar acamada. Tanta dor, mais a inapetência, a tristeza e os vômitos constantes agravaram a doença com o decorrer dos dias, levando-a à morte.

Conforme Freud (1917/1981), tanto na experiência do luto como naquela da melancolia, há uma reação à perda de um ser amado ou de um equivalente abstrato, que desencadeia um estado de ânimo profundamente doloroso e um desinteresse pelo novo. A diferença fundamental da melancolia seria a perda a mais, a perda de um objeto inconsciente, havendo, portanto, a dor de uma perda de parte de si. Por essa razão, no luto o mundo parece empobrecido; na melancolia, é o Eu que se empobrece. Essa condição energética patológica, isto é, a fixação do objeto erótico e a escassa energia de resistência, está relacionada à identificação narcísica com o objeto. Os reproches a um objeto erótico perdido retornam ao Eu em virtude de uma identificação com esse objeto. Com a perda do que se amava, surge o ódio a si mesmo.

Esse ódio a si mesmo traduz-se na autodestruição tão típica dos melancólicos. É como se o ser melancólico facilitasse, de diferentes formas, a manifestação da pulsão de morte, perpetuando o estado de perda, e, por conseguinte, trabalhasse pelo seu próprio desmoronamento. Com efeito, Freud, em *O Eu e o Isso* (1923/1981), pergunta o que acontece para que, na melancolia, o supereu se torne uma espécie de ponto de concentração das pulsões de morte.

É interessante ressaltar que uma característica atribuída aos melancólicos na Idade Moderna é justamente uma dada paixão pela morte. Le Brun (1984) analisa, entre muitas outras, a biografia de uma religiosa do século XVII que ilustra essa questão. Trata-se de Marie-Dorothée de Floté, morta aos 56 anos, em 1693, e que se mostrava, na vida de seu convento, fascinada pela morte, pelas moribundas, pelos cadáveres, pelos túmulos, até que um câncer a colocou no lugar daquelas que ela tão frequentemente assistiu. Inclusive, sua biografia registra que ela não tinha nenhum pudor em descrever as mortificações e as penitências rigorosas que ela se impunha. Após uma visão de uma ferida no lado direito do peito, como aquela de Cristo, ela experimenta uma dor aguda no seio, que foi o começo de uma enfermidade particularmente dolorosa. Le Brun afirma que o desejo ardente de portar a cruz de Cristo experimentado por essa mulher poderia ser considerado um pouco além do desejo de participação na Paixão de Cristo, como fervor espiritual que levava as religiosas da época a tomar a enfermidade terrível e mortal como um meio de viver no próprio corpo a vivência espiritual de imitação do Cristo ferido, de aniquilação e abjeção. O mesmo ocorreria com algumas outras religiosas que voluntariamente abraçavam e acariciavam as doentes, beijavam suas feridas ou suas roupas infectadas. Nesses casos parece haver algo a mais, uma sorte de autodestruição excessiva, que faz pensar exatamente em um comportamento melancólico, conforme os próprios termos e noções da época.

Um paralelo pode ser estabelecido com o comportamento relatado pelo psiquiatra suíço Ludwig Binswanger (1957) no relato do caso Ellen West. Ellen parece ter tido não apenas uma fascinação pela ideia da morte, como também uma inclinação pela sua própria aniquilação, aproveitando as oportunidades para adoecer:

> *Já como criança ela achava "interessante" morrer de acidente, como, por exemplo, abrir um buraco no gelo ao patinar e desaparecer. Nos tempos em que cavalgava (aos 19, 20, 21 anos de idade), ela faz manobras arriscadas, quebra a clavícula por causa de um tombo e acha uma pena que não tenha se acidentado fatalmente; no dia seguinte, senta-se de novo no cavalo e repete tudo igual. Quando ela ficava doente, já adolescente, ela ficava decepcionada a cada vez que a febre cedia e a doença sumia. [...] Se ela fica sabendo da morte de alguma amiga, ela a inveja e* seus olhos brilham ao receber uma notícia de morte. *Quando ela atuava no lar das crianças, apesar do aviso da diretora ela visitava crianças com escarlatina, beijando-as na esperança de também pegar escarlatina. Ela também tentava pegar alguma doença indo nua ao terraço depois de um banho quente, colocando os pés em água gelada, postando-se com 39 graus de febre na rua em frente à casa, com o vento oeste soprando (BINSWANGER, 1957, p. 44-45, grifo do autor).*

Por outro lado, desde a Antiguidade, falava-se também em paixão pela morte em um sentido que é diferente da escolha pelo fim da vida. Sêneca viria a escrever, em carta ao jovem discípulo Lucílio, que a moral estoica manda evitar amar demais a vida ou detestá-la. Mesmo admitindo que o suicídio é uma saída honrada quando não se pode mais viver como homem livre, Sêneca condena a paixão pela morte:

> *Sim, meu caro Lucílio, há paixão pela morte como por outros objetos; tal paixão provoca em nossa alma um desejo insensato, que geralmente tem por vítima homens generosos e dotados de grande força de caráter, bem como homens covardes e frouxos: uns desprezam a vida outros se sentem oprimidos por ela. Alguns se cansam de ver e de fazer sempre a mesma coisa: eles não detestam a vida, estão desgostosos dela. [...] Para muitos, a vida não é dolorosa, porém inútil (2002, p. 100).*

A descrição de um estado de morte em vida ou de recusa da continuidade e do fim, isto é, uma disposição anímica que parece preferir ignorar tanto a dor inevitável da vida quanto a consciência de que ela é finita, reaparece nos exames da melancolia produzidos no século XVII, em especial na célebre *Anatomia da melancolia*, quando Burton (1638) afirma que a vida é sempre fatigante e penosa, mesmo para aquele que vive o melhor, mas é igualmente intolerável pensar na morte. Além disso, ele confessa que as preocupações e as chateações o acompanham ao longo do dia, os receios e as suspeitas ao longo da vida. É mais que um luto perpétuo, é uma irresolução crônica perante a vida real, um estado de alma lasso e hesitante.

No caso de Ellen West, a questão do ideal de mulher magra, que ela mesma identifica com o tipo de mulher etérea e intelectualizada em oposição à mulher obesa identificada com um tipo comum de mulher judia e burguesa, parece sustentar o seu sofrimento constante na medida em que ela fica aprisionada na tentativa de concretizar esse ideal impossível e não se permite desfrutar dos prazeres e das pequenas realizações da vida cotidiana. Em nome desse ideal, ela trava uma luta contra sua própria natureza, não pode aceitar o seu próprio corpo. Ellen também não pode modificar o corpo, pois ora se priva dos alimentos de modo drástico, ora come vorazmente, sem querer abrir mão de nada, como ela mesma relata.

Ellen vive entre o tudo e o nada, entre o vazio desolador e o preenchimento total, entre o ideal e a aniquilação. Era irrequieta, atormentada, sem paz, como num constante pesadelo:

> *Em seu diário, ela anota - entre outros - no dia 19 de dezembro: "Eu continuo viva só por um senso de dever diante de meus parentes. A vida nada mais tem de atraente para mim. Para onde eu olhe, não vejo* nada *que me dê alento. Tudo parece cinzento e sem prazer. Desde que me enterrei em mim mesma e não consigo mais amar, o fato de estar viva é uma tortura. Cada hora é uma tortura. Aquilo que antes me dava alegria, agora é um dever, uma coisa sem sentido que está aí para ajudar o tempo a passar. Aquilo que antes me parecia ser um objetivo de vida, todo o estudo, todo o esforço, toda a ação parecem-me agora ser um pesadelo, do qual tenho medo (BINSWANGER, 1957, p. 32, grifo do autor).*

Burton relata algo muito semelhante. Ele ressalta a violência de uma dor atemporal, infinita, que se prolonga indefinidamente e dá origem ao ódio a si mesmo e à eliminação da possibilidade de sentir prazer na relação com o mundo exterior. Os melancólicos não podem ter prazer, não podem evitar a tristeza: "mesmo se correm ou se descansam, acompanhados ou sozinhos, esse sofrimento continua: irresolução, inconstância, vaidade, medo, tortura, preocupação, ciúmes, suspeitas, etc. persistem e não podem ser aliviados" (BURTON, 1638, p. 184, tradução nossa).

Burton ainda considera que descontentamentos, preocupações e infortúnios estão entre os principais sintomas da melancolia e são, na maioria das vezes, acompanhados por angústia e dor. Além disso, os sempre aflitos melancólicos seriam sujeitos que vivem reclamando, encontrando faltas, resmungando, mostrando rancor, recriminando a si mesmos, enfim, descontentes consigo, com outras pessoas e com as coisas públicas que lhes concernem ou não, do passado, do presente ou do futuro.

Como se sabe, essa recriminação a si mesmo é algo notado por Freud (1917/1981) em *Luto e melancolia*. Ela também é ressaltada por Binswanger (1957) no caso Ellen West, sobre a qual, em termos freudianos, pode-se também dizer que a sombra do ideal perdido abate-se sobre o Eu, reforça o desprezo por si mesma, alimentando a inquietação e fomentando a busca pela morte como único consolo possível. A citação é longa, mas muito ilustrativa:

> *Ellen sente-se absolutamente sem valor e sem utilidade e tem medo de tudo – da escuridão e do sol, do silêncio e do ruído. Ela sente estar no degrau mais baixo da escada que conduz à luz, reduzida a uma criatura covarde e miserável:* "Eu me desprezo!" *[...] A única coisa que ainda a atrai é a morte: "Um benfazejo espreguiçar-se e entregar-se. E tudo estará acabado. Nada de levantar outra vez, nada de trabalhar e planejar tediosamente. Atrás de cada palavra, na verdade, esconde-se um bocejo." (Isto – e o que se segue – foi extraído de uma carta a um amigo daquela época). "A cada dia eu fico um pouco* mais gorda, mais velha e mais feia." –

> *"Se ela ainda me deixar esperando por muito tempo,* a grande amiga, a Morte, *eu partirei em sua busca." Ela não está* depressiva, apenas apática: *"Tudo me é tão insípido, tão indiferente; não sinto alegria, nem medo."* – *"A morte é a maior dádiva da vida, senão a única. Sem a esperança de um fim, a existência seria insuportável. Apenas a certeza de que cedo ou tarde o fim virá me consola um pouco." Ela não deseja ter filhos: "O que deveriam fazer no mundo?" (BINSWANGER, 1957, p. 8-9, grifos do autor).*

A questão do conflito vivido pelo sujeito melancólico entre o Eu e o ideal-do-Eu, ou entre Eu e supereu, foi analisada em vários estudos que tomam como base a classificação freudiana da melancolia como neurose narcísica (FREUD, 1924/1981), como em *O discurso melancólico*, de Lambotte (1997). Lambotte também examina a questão já mencionada sobre o gozo do aniquilamento ou como o melancólico se apega ao sofrimento como uma forma de resistência do Eu em modificar qualquer coisa em sua economia.

Vale sublinhar aqui como esses dois aspectos da melancolia parecem se relacionar culminando na derrocada do eu. Além da autorreprovação, isto é, do modo como o supereu dirige-se ao Eu como gostaria de ter se dirigido ao objeto que o decepcionou, é como se o ideal de grandes realizações e de perfeição se invertesse no último grau de infelicidade, sem meio-termo, sem nuances ou possibilidade de moderação por meio de alegrias e prazeres parciais, que implicariam algum tipo de renúncia de um objeto ideal. Sêneca, no já citado *Consolação a Márcia*, teme que a mãe enlutada sucumba integralmente aos afetos sombrios e deprimentes, ao ponto de transformar o próprio sofrimento num certo júbilo ou prazer perverso que se pode obter na miséria. Enfim, ele teme que ela goze de uma infelicidade gloriosa: "Eu lhe suplico, não queira a glória perversa de passar pela mais infeliz das mulheres" (SÊNECA, 2007, p. 161).

Por sua vez, para Ellen West, se não era possível ser excelente, não poderia ser nada. Binswanger relata, por exemplo, que quando Ellen aprende a cavalgar, em curto período leva essa habilidade à excelência e nenhum cavalo lhe parece perigoso: como em tudo o que faz, Ellen cavalga como se essa fosse sua única tarefa na vida. E tudo que não espelha esse ideal, mesmo que de modo invertido, não presta: "Não consigo respirar nessa atmosfera de falsidade e covardia; *desejo* fazer algo grandioso e *necessito* aproximar-me um pouco mais de meu ideal – do meu orgulhoso ideal. O que posso fazer, onde posso começar?" (BINSWANGER, 1957, p. 10, grifos do original).

A oposição total vivida pelo melancólico também se manifesta numa dinâmica entre o corpo perfeito e o cadáver, sem espaço para o erotismo. Mais uma vez, vale lembrar o caso Ellen West: "Durante os passeios, libera-se um pouco mais, mas entre os demais pacientes comporta-se de maneira totalmente ordeira, não conseguindo sair de si mesma e apresentando sempre *'a sensação de ser um cadáver entre as outras pessoas'*" (BINSWANGER, 1957, p. 40, grifo do autor).

A imagem do cadáver também era um lugar-comum nas descrições dos melancólicos da primeira modernidade. Vários autores do período descrevem melancólicos que se creem mortos. O influente orador Padre Antônio Vieira (1608-1697) afirma que uma tristeza crônica faz com que o indivíduo se torne como um cadáver. Em suas palavras:

> *Considerai um cadáver vivo, morto e insensível para o gosto; vivo e sensitivo para a dor; ferido e lastimado,*

> *chagado e lastimoso; cercado por todas as partes de penas, de moléstias, de aflições, de angústias; imaginando todo o mal, e não admitindo pensamento de bem; aborrecido de tudo, e muito mais de si mesmo; sem alívio, sem consolação, sem remédio, e sem esperança de o ter, nem ânimo ainda para o desejar; isto é um triste coração (VIEIRA, 2006, p. 541).*

Como muitos pensadores de sua época, Vieira não distingue tristeza de melancolia. Ele explica que os venenos da tristeza podem perturbar o cérebro e confundir o juízo, alterar a voz e a audição, tornar os sabores amargos, escurecer a vista e enfraquecer o corpo todo até que o triste, inconsolável, sinta-se cronicamente mais inclinado à dor que ao prazer. O triste tem o corpo assolado, refugia-se na sombra e na solidão, vive no tédio:

> *Vereis a um destes, quando ainda se conta no número dos vivos, descorado, pálido, macilento, mirrado; as faces sumidas, os olhos encovados, as sobrancelhas caídas, a cabeça derrubada para a terra, e a estatura toda do corpo encurvada, acanhada, diminuída. E se ele se deixasse ver dentro da casa ou sepultura onde vive como encantado, seria possível vê-lo fugindo da gente, e escondendo-se à luz, fechando as portas aos amigos, e as janelas ao sol, com tédio e fastio universal a tudo o que visto, ouvido, ou imaginado pode dar gosto (VIEIRA, 2006, p. 541).*

Pode-se questionar se Vieira, ao descrever a sintomatologia da tristeza, não estaria repetindo uma imagem estereotipada do melancólico, uma construção mais poética que propriamente clínica, mesmo que naquela época esses dois domínios não se excluíssem necessariamente. De fato, a representação de um indivíduo tão doente que preza sua infelicidade aparece na literatura do período. Um exemplo disso seria a poesia de Antônio Barbosa Bacelar, em particular:

> *Conformando-se com a sua tristeza. / Estou a ser triste já tão acostumado, / O prazer de tal sorte me enfastia, / Que só quem me entristece me alivia, / Quem me quer divertir me dá cuidado: / Assim o largo mal me tem mudado, / Que se não fosse triste morreria, / Fujo como da morte da alegria, / Entre penas só me acho descansado. / A vida em tanto mal tenho segura, / Pois na minha tristeza só consiste, / Que não pode faltar-me eternamente: / Ninguém teve em ser triste mor ventura! / Que hei de viver eterno de ser triste, / E só posso morrer de ser contente* (apud *PÉCORA, 2002, p. 141).*

Esse lugar-comum do melancólico circulava em vários âmbitos do pensamento e das artes, em diferentes línguas e culturas da época. Ao menos, é possível encontrá-lo em tratados médicos franceses, italianos ou ingleses. Inclusive, essa sorte de fixação na dor, dentro de um contraste entre grandeza e decadência, aparece também nas *Meditações* do famoso teólogo e proeminente poeta metafísico John Donne (1624/2007), que, aliás, foram redigidas enquanto ele estava gravemente doente.

Donne (1624/2007, p. 27) chega mesmo a enaltecer a grandeza do homem: "É muito pouco chamar um homem de um pequeno mundo; exceto por Deus, o homem é um diminutivo de nada". Contudo, quando doente, e o homem está quase sempre doente, o corpo humano se encontra preso no leito, enquanto os pensamentos vagam livres e grandiosos. Ou seja, a condição humana misteriosamente abrange possibilidades maravilhosas, mas também destruição e miséria.

Além disso, o homem pode ser seu pior inimigo, mas quase não pode ajudar a si mesmo. Todo esforço de construção culminará na ruína. O sofrimento é a sua mais íntima natureza e o seu mais certo destino: "O homem não tem um centro além de seu sofrimento; lá, e somente lá, ele está fixo, e certo de encontrar a si mesmo" (DONNE, 1624/2007, p. 131).

Para o melancólico, parece não haver outra possibilidade senão a do grandioso na realização do excepcional ou na desgraça trágica; de qualquer modo, ele mantém-se no lugar de exceção. Aliás, ideias oscilantes entre uma superioridade e uma inferioridade extremas já eram atribuídas à melancolia pelos médicos da época de Donne. Como tantos outros médicos, o francês André Du Laurens elenca vários casos de delírios melancólicos, dedicando um capítulo inteiro de seu livro ao tema. Eis alguns exemplos que incluem até mesmo o tema da autodepreciação ou autoacusação:

> *Outro melancólico queixava-se de uma pena extrema, maior que a de Atlas, pois o céu podia tombar sobre ele. [...] Aécio faz menção de um melancólico que acreditava não ter a cabeça e dizia a todos que o haviam decepado por causa de suas tiranias. [...] Viu-se, não faz muito tempo, um melancólico que se dizia o mais miserável do mundo porque ele não era nada. Havia um grande senhor que pensava ser de vidro, mas essa era a única imaginação perturbada que ele apresentava, pois discorria maravilhosamente bem sobre todas as outras coisas (DU LAURENS, 1597/2008, p. 298-299).*

O médico paduense Ercole Sassonia (1620/1997), no *De melancholia tractatus*, relata ter conhecido em Veneza, onde clinicou durante muitos anos, um professor que se dizia o anticristo, um empregado que benzia imagens pintadas de vários príncipes como se ele fosse o próprio papa e ainda um nobre veneziano que afirmava ser constantemente procurado por todas as belas mulheres da nobreza. Ele menciona também melancólicos que se creem mortos ou feitos de barro, particularmente marcados pela tristeza, mas não pelo temor:

> *O temor consiste em uma perturbação por um mal futuro, a tristeza consiste em uma perturbação que deriva da idéia de um mal presente; ora, aqueles que se encontram no pior de todos os males não têm nenhum temor porque não esperam nada de pior: por isso os melancólicos que crêem estarem já mortos ou serem feitos de barro não possuem ulteriores temores (SASSONIA, 1620/1997, p. 60, tradução nossa).*

Tudo indica que, nesses casos, há um exercício mental que, ao final, acaba por mantê-los no mesmo lugar de sofredores, exigido pela recriminação e pelo ódio a si mesmo. Um gozo de repetição por meio de uma violação do corpo e um trabalho incessante da mente, muito próximo à obsessão. Como relata Binswanger (1957, p. 27-28, grifos do original) a propósito de Ellen West, a partir de suas próprias palavras:

> *Eu apenas faço trabalhos* mentais. *No fundo, nada muda, a tortura permanece a mesma. É fácil dizer: tudo está transparente. Anseio por violação – e na verdade violo a mim mesma a cada hora* (sublinhado

> por mim). *Consegui, portanto, alcançar minha meta. Mas, onde se encontra o erro de cálculo? Pois eu me sinto absolutamente miserável e parece-me tolo dizer: É justamente isto que eu desejo: sentir-me miserável. São apenas palavras, palavras, palavras [...] e enquanto isso eu sofro, como não se deixaria sofrer um animal.*

Freud (1923/1981) cuida de diferenciar o tormento psíquico vivido pelo melancólico daquele vivido pelo obsessivo, ao explicar como se dá o sentimento de culpa em cada um deles. Diferentemente do obsessivo, o melancólico reconhece-se culpado e submete-se ao castigo, justamente porque a ira do supereu para com o objeto recai-se no Eu. Somado a isso, Freud ainda lembra que no supereu reina a pulsão de morte, que silenciosamente trata de aniquilar o próprio Eu.

Para concluir: se o Eu é o sítio da angústia, como afirma Freud (1923/1981), por estar sujeito aos perigos emanados do mundo externo, da libido e do supereu, e se na melancolia o desenvolvimento da angústia é um processo interior, entende-se por que o melancólico teria uma maior tendência à ruína. Em vez de se sentir protegido pelo supereu, como ele gostaria, o Eu melancólico sente-se perseguido e odiado por ele, abandonando-se à morte. Afinal, qual fortaleza permaneceria em pé quando, no meio da guerra, seus próprios canhões acabam apontados para si mesma?

Referências

BERLINCK, M. T. *Psicopatologia fundamental*. São Paulo: Escuta, 2000.

BINSWANGER, L. *Schizophrenie*. Trad. M. Niemeyer. Tübingen: Neske, 1957. p. 57-188. Disponível em: http://www.psicopatologiafundamental.org/?s=119&c=593. Acesso em: 6 maio 2009.

BURTON, R. *The anatomy of melancholy*: what it is, with all the kinds, causes, symptomes, prognostickes and severall cures of it [...]. Oxford: Cripps, 1638.

DIAS, C. D. *et al*. L'abandon, l'autre nom de la mélancolie freudienne. *Essaim – Revue de Psychanalyse*, v. 1, n. 20, p. 21-38, 2008.

DONNE, J. *Meditações*. Edição bilíngue. Trad. F. Cyrino. São Paulo: Landmark, 2007. Obra publicada originalmente em 1624.

DU LAURENS, A. História de alguns melancólicos que tiveram estranhas imaginações. *Revista Latinoamericana de Psicopatologia Fundamental*, São Paulo, v. XI, n. 2, p. 298-300, jun. 2008.

FREUD, S. Trauer und Melancholie. In: *Gesammelte Werke*. Frankfurt am Main: Fischer Verlag, 1981. v. X. p. 427-446. Obra publicada originalmente em 1917.

FREUD, S. Das Ich und das Es. In: *Gesammelte Werke*. Frankfurt am Main: Fischer Verlag, 1981. v. XIII. p. 235-289. Obra publicada originalmente em 1923.

FREUD, S. Neurose und Psychose. In: *Gesammelte Werke*, vol. XIII. Frankfurt am Main: Fischer Verlag, 1981. V. XIII. p. 385-391. Obra publicada originalmente em 1924.

KLIBANSKY, R.; PANOFSKY, E.; SAXL, F. *Saturn and Melancholy*. Studies in the History of Natural Philosophy, Religion, and Art. New York: Basic Books, 1964.

LAMBOTTE, M.-C. *O discurso melancólico*. Rio de Janeiro: Companhia de Freud, 1997.

LE BRUN, J. Cancer serpit. Recherches sur la représentation du cancer dans les biographies spirituelles féminines du XVIIe siècle. *Sciences Sociales et Santé*, v. II, n. 2, p. 9-31, 1984.

MINOIS, G. *Histoire du mal de vivre*. De la mélancolie à la dépression. Paris: La Martinière, 2003.

PASCHETTI, B. De destillatione catharro vulgo dicta. In: DINI, A. (org.). *Il medico e la follia*. Cinquanta casi di malattia mentale nella letteratura medica italiana del Seicento. Firenze: Le Lettere, 1997. p. 62-63. Obra publicada originalmente em 1615.

PÉCORA, A. (org.). *Poesia seiscentista*. São Paulo: Hedra, 2002.

SASSONIA, E. De melancholia tractatus. In: DINI, A. (org.). *Il medico e la follia*. Cinquanta casi di malattia mentale nella letteratura medica italiana del Seicento. Firenze: Le Lettere, 1997. p. 55-62. Obra publicada originalmente em 1620.

SÊNECA. *As relações humanas*: a amizade, os livros, a filosofia, o sábio e a atitude perante a morte. Trad. Renata Maria Parreira Cordeiro. São Paulo: Landy, 2002.

SÊNECA. Consolação a Márcia. Trad. M. Seincman. *Revista Latinoamericana de Psicopatologia Fundamental*, São Paulo, v. X, n. 1, p. 156-181, mar. 2007.

STAROBINSKI, J. *Histoire du traitement de la mélancolie des origines à 1900*. Bâle: Acta Psychosomatica, 1960.

VIEIRA, A. Sermão da Quarta Dominga depois da Paschoa. *Revista Latinoamericana de Psicopatologia Fundamental*, São Paulo, v. IX, n. 3, p. 538-564, set. 2006.

9. Rosa: enterrar para nascer[1]

Adriana Campos de Cerqueira Leite

O breve texto que apresento a seguir é parte de uma pesquisa de doutoramento que pretendeu empreender uma aproximação do sofrimento histérico, ultrapassando a desconfiança inicial que, por vezes, esses pacientes sugerem. Utilizo, então, o modelo da melancolia como um paradigma[2] de grande fecundidade para a clínica de pacientes com uma organização histérica e, sobretudo, para momentos de falência das defesas utilizadas por esses sujeitos até então.

Rosa me procura com uma grave situação depressiva instalada, em plena crise. A organização histérica se deixa ver por algumas fendas e vai ganhando corpo à medida que a relação transferencial se estabelece.

---

1 Este capítulo é extraído da minha tese de doutoramento, *Em busca do sofrimento histérico: a histeria e o paradigma da melancolia*, defendida em 2002 na Universidade Estadual de Campinas (Unicamp) e na Universidade Paris VII sob orientação do Prof. Dr. Mário Eduardo Costa Pereira em cotutela com o Prof. Dr. Pierre Fédida.

2 Remeto o leitor à formulação de Pierre Fédida (1992) acerca do paradigma do autismo.

Quando me procurou, era difícil escutá-la. Rosa, visivelmente deprimida, falava muito baixo. Fragilidade e agressividade apareciam de maneira intercalada e, por vezes, simultânea.

Ela tinha sobrevivido a um grave acidente de carro. Era Rosa quem dirigia e não se lembrava do que acontecera, do que provocara o acidente. Ela não se machucara muito, mas seu namorado esteve gravemente ferido e correu muitos riscos que já tinham sido ultrapassados no momento do nosso primeiro contato. No entanto, a relação amorosa não sobreviveu às sequelas do acidente.

Rosa diz que veio até mim acatando a exigência do namorado, que colocara o tratamento como condição para a continuidade da relação. Alguém havia indicado a ela um renomado psicanalista da cidade, mas ela diz ter preferido procurar a mim, seguindo a sugestão de um conhecido que havia estado em análise comigo por indicação daquele mesmo psicanalista. Comigo, Rosa sente-se menos ameaçada, segundo ela, por eu ser mulher e jovem. *De todo modo*, diz ela, *se ele indica você, deve te achar boa, talvez você seja boa aluna.*[3]

Começamos, portanto, com Rosa me provocando e, ao mesmo tempo, me tolerando, pois se reassegurava ao me desvalorizar. Buscava uma identificação comigo, colocando-me na mesma posição que ela, qual seja, de servir a um mestre.

As mulheres eram explicitamente desvalorizadas aos olhos de Rosa e ela se colocava no meio do caminho sem poder fazer o luto pela bissexualidade perdida. Não podia ser aceita no "time" dos homens nem no das mulheres. Gostaria muito de ser aceita pelos

---

3 Os textos em itálico sem aspas correspondem a transcrições de falas da paciente. "S'il se réalise, c'est q'on avait affaire à une femme qui avait un compte à régler avec les hommes, soit en son nom, soit au nom d'une autre, de sa mère le plus souvent."

dois grupos. No entanto, demonstrava um profundo desinteresse pelo jogo, garantindo, assim, uma posição de exceção.

> Mais que ser uma defesa contra os investimentos exteriores sempre suspeitos de poderem desaparecer subitamente e assim abandonar o sujeito na surpresa, o discurso melancólico protege ainda o sujeito contra sua própria destruição confortando-o na posição excepcional que ele não para de afirmar, aquela mesma que o põe à parte da comunidade na convicção de que já está morto (LAMBOTTE, 1997, p. 378).

Os indícios exteriores da sua própria feminilidade eram eficientemente apagados, os cabelos curtos, nenhuma maquiagem e nenhum cuidado com as roupas sempre de tipo unissex. Sua apresentação parecia até mesmo incompatível com o exercício da sua profissão, na qual, aliás, tinha bastante sucesso na medida em que as suas dificuldades de relacionamento com os colegas lhe permitiam. Ela não era do tipo de mulher que aceitava fazer o jogo da sedução, passar-se por boazinha. Mas, mesmo não fazendo uso das armas que ela julgava serem as femininas, Rosa continuava a ser uma mulher e essa era a sua dor. Ela só sabia da dor e não da delícia de ser o que é.

Segundo Rosa, ela seria uma pedra a ser lapidada, e quem se dispusesse a fazer essa tarefa teria que suportar a dureza inicial. Desde o início, a fragilidade do seu equilíbrio me dizia que ela temia ser penetrada e que, de fato, a menor efração poderia fazê-la desmontar. Ela provocava em mim algo próximo daquilo que sente um terapeuta com um paciente autista. A impressão era de que eu não podia aparecer, ocupar o espaço que o meu corpo ocupava necessariamente, sem que isso a perturbasse gravemente. Qualquer movimento poderia assustá-la. Ela exigia uma distância exata e, evidentemente, eu às vezes ultrapassava ou recuava demais.

Mais à frente, pudemos construir a hipótese de que os mesmos mecanismos tinham sido utilizados em sua relação primitiva com o objeto materno. Mantinha-o à distância, impedindo, consequentemente, as trocas afetivas e ressentindo-se disso.

Eu morri depois daquele acidente, ele tinha conseguido descobrir uma parte escondida de mim e sem ele eu não me reconheço, não posso mais viver. Era assim que Rosa me contava sobre o que sentia. Ela não podia nem viver nem morrer, pois já estava morta, sugerindo um estado de falência melancólica, ou ainda o "Eu em ruína", "condição existencial do sujeito melancólico que, à falta de energia disponível, não dirige mais interesse para as percepções exteriores e soçobra na economia da retirada" (LAMBOTTE, 1997, p. 148).

Lambotte fala de um "discurso de 'estar-já-morto'" (p. 373), o sujeito melancólico opera uma espécie de "fuga de si" tentando "desaparecer para não mais perceber" (p. 372). A perda da relação amorosa parecia ter reeditado um acontecimento traumático que, todavia, já comandava sua vida há muito tempo. Assim, o negativismo, que tomamos aqui na acepção que lhe dá Lambotte, a defende de sofrer o que ela viveu – a separação do objeto de amor – como um impacto ainda mais desorganizador.

"Oh, metade afastada de mim" (BUARQUE, 1977)

Rosa relacionava-se com esse homem a quem admirava e invejava. Tinha se transformado em um verme rastejante. O estado melancólico, deflagrado após o acidente e o início do distanciamento de seu namorado, continha uma sintomatologia variada: insônia, ataques de bulimia, vômitos não precedidos de ingestão exagerada de alimentos, desinteresse geral pelo mundo e autoacusações.

Mas não adiantava a análise, ela não tinha lembranças e eu podia desistir, *não há nada interessante em meu passado*. Enfim, ela só estava lá comigo porque ele mandou. Ela não queria saber do mundo, das pessoas, suportava estar comigo, pois ali tratava-se de uma relação técnica pela qual ela me pagava.

Seu discurso e a insistência na verdade da própria morte, se apresentado fora do contexto, remete-nos imediatamente a um quadro delirante. Na verdade, era a sua teatralidade que nos permitia observar a parcialidade dos seus "delírios". Eles eram mais um jogo ao qual ela se entregava buscando manter o seu frágil equilíbrio. Parecia uma criança insistindo na verdade da sua fantasia. *Naquele acidente ele morreu, esse que eu encontro não é ele. Ele morreu!* Em outro momento, ela podia dizer: *Eu preciso achar que ele morreu.*

Seu namorado a julgava leviana, pois ela teria lhe contado sobre todas as suas relações sexuais do passado. *Ele não entende que era por desespero. Ele não entende que eu possa ter transado por transar. Ele não consegue me perdoar.*

Depois de algum tempo em que a análise girava em torno de seu sentimento de culpa, Rosa resolve me contar o que para ela teria sido seu primeiro deslize. Sua lembrança é de jogos sexuais com um primo. Ela teria passado um dia em sua casa, pois sua mãe ia dar à luz sua irmã. O primo era mais velho e ela se lembra de uma culpa muito grande que experimentava pelo prazer vivido durante esses episódios. Rosa imaginava que tinha sido condenada por seu namorado, que não a perdoava por esse episódio que ela havia lhe relatado. Contando ao namorado essa experiência sexual precoce, ela buscava satisfazer à necessidade de punição tão importante nas organizações neuróticas.

Rosa submetia-se de modo masoquista às críticas do namorado e, quando a relação se desfaz, sua necessidade de punição "obtém satisfação no sofrimento que está vinculado à neurose, e por essa razão aferra-se à condição de estar doente. Parece que esse fato, uma necessidade inconsciente de punição, faz parte de toda doença neurótica" (FREUD, 1933[1934]/1987, p. 110). A análise das resistências revelou, para Freud, uma profunda necessidade de punição classificada pelo autor como desejo masoquista.

A necessidade de contar suas experiências sexuais para o namorado tinha outras raízes além da necessidade de punição. Quando Rosa pode começar a expressar sua agressividade já sem sentir-se muito ameaçada, expressa a desconfiança de que, talvez, o que seu companheiro não tenha podido perdoar seja a comparação, feita por ela, entre o tamanho do seu pênis e o dos outros homens com quem ela já tinha se encontrado. A comparação entre os amantes, segundo Israël (1976, p. 120, tradução nossa), revela "uma mulher que tem contas a acertar com os homens, seja em seu nome ou em nome de uma outra, frequentemente sua mãe", e, nós acrescentamos, revela também a outra face da moeda do masoquismo, o sadismo.

As referências ao casal parental e à família de origem só foram aparecer depois de um certo tempo de análise. No início, todo o seu investimento estava concentrado nesse luto impossível. Nada mais podia despertar seu interesse e nenhum outro personagem aparecia nos seus relatos. Parecia, na verdade, que Rosa tinha começado a existir a partir dessa relação amorosa, como se ela já tivesse nascido com aquela história pronta, com aquela idade, sem nunca ter sido uma criança. O rompimento da relação com o namorado parecia ter rompido um fino fio por onde ela se conduzia até então. Quando iniciou sua análise, Rosa era alguém sem história.

Aos poucos fomos descobrindo que Rosa tinha, é claro, sido uma criança. Ela conseguiu lembrar que tinha sido a menina que, decepcionada pela falta do chocolate que esperava ganhar do pai, prometeu a si mesma: um dia eu vou poder comprar todos os chocolates que eu quiser sem precisar dele. Lembrou-se também da menina que sentia muita vergonha diante da gravidez da mãe. Como ela pôde fazer isso já tendo uma filha de dez anos?

A análise de Rosa nos remete à metáfora utilizada por Freud em *Construções em análise* para falar do trabalho do psicanalista: uma construção foi sendo erguida baseada em raríssimos fragmentos.

Já depois de algum tempo de análise, o pai de Rosa passa por uma fase depressiva despertando uma mudança na visão que ela tinha de seus pais. Ela diz sempre ter imaginado que sua mãe havia aberto mão de tudo em favor de seu pai. A ela parecia que a mãe não tinha vida própria, e é com grande surpresa que ela se dá conta de que sua mãe havia preservado vários espaços próprios que a permitiam ir ao teatro, ler, ouvir música, enfim, vários dos prazeres aos quais ela própria, Rosa, havia renunciado, esvaziando-se cada vez mais. Espantada, reconhece que sua mãe optou por várias das coisas às quais Rosa imaginava que ela teria sido submetida.

A depressão do pai permitiu que Rosa entrasse em contato com o psiquismo dos pais, podendo alargar, desse modo, o contato com seu próprio psiquismo. Até então, sua mãe era representada como alguém que fazia tudo automaticamente, alguém sem alma, sem espaço próprio, sem desejo. Reconhecer que havia vida psíquica em sua mãe foi profundamente reconfortante para Rosa, que parecia dizer: agora tenho onde me ancorar.

Vemos com Rosa um aspecto ao qual Khan chama a atenção: o diálogo psíquico com o objeto materno era impossível. A percepção, cedo demais, do humor subjetivo da mãe fez com que Rosa se defendesse de uma intrusão da emotividade desta e de uma relação próxima demais. O histérico faz isso, segundo Khan (1997, p. 58), "sexualizando de modo regressivo uma relação de objeto parcial" para recusar essa proximidade assustadora.

Rosa era a pessoa mais bem-sucedida da família e ajudava financeiramente a todos. Proporcionava viagens para os pais e sempre mencionava o prazer que tinha em poder fazer isso. De fato, ela sempre desejou superar o pai e ter para si a posição que ela imaginava que ele gozasse junto à sua mãe. Entretanto, a culpa engendrada por essa fantasia a fazia entregar-se sexualmente, por desespero.

> *É isto que constitui a sexualidade adulta, no histérico, não tanto o veículo da gratificação e do enriquecimento instintual, mas sim um idioma que permite comunicar a privação, e uma técnica para expressar a esperança de que o objeto saberá curar a dissociação, ao decifrar as necessidades do eu inconscientemente expressas no que se apresenta como uma complacência sexual manifesta e a pesquisa instintual (KHAN, 1997, p. 55).*

Aquilo que nomeamos seu projeto de vingança e a culpa por ele impediam que Rosa cuidasse de si própria. Ela ignorava alguns cuidados básicos como ir ao dentista, ao ginecologista etc. Tinha horror aos contatos e depois de algum tempo de análise revela seu medo de descobrir que tinha um tumor no útero.

Os progressos que Rosa fazia na análise eram, ao mesmo tempo, comemorados e temidos. Ela se agarrava aos seus sintomas que, segundo Khan (1997), permitiam que ela se mantivesse "ausente de si", camuflando essa ausência. As resistências mostravam toda a sua força quando um movimento era identificado na análise.

Já na fase final de sua análise, Rosa me conta que estava na estrada fazendo um trajeto bastante conhecido depois de ter vivido uma situação em que não se sentira compreendida por uma amiga. Começou a sentir uma dor muito forte, sentia-se trêmula a ponto de ter precisado parar e, segundo ela me conta, *o moço da estrada ofereceu-se até para chamar uma ambulância*. Ela foi ao banheiro e embora soubesse, em parte, que havia tido uma descarga intestinal, o sentimento que aquela crise provocou foi de outra ordem. Ela sente que abortou algo, algo horrível. Ao mesmo tempo, diz ter ficado depois muito tempo com a mão na barriga, como as grávidas depois que parem. A sensação é de muito cansaço, mas o alívio é profundo. Ela deixou algo naquele banheiro na beira da estrada, algo horrível, e, paradoxalmente, experimentou uma sensação que ela associa a uma mãe que acabou de dar à luz e que cansada, mas satisfeita, acaricia sua barriga. Ela sente que algo se transformou, diz acreditar que aquilo que ela experimentou nas vísceras tem algo a ver com o que ela tem experimentado na análise, pensa ter se libertado de algo, *tive uma catarse*. Ela tinha toda a consciência de que não era um aborto real, mas algo fora abortado.

Esse episódio, sem dúvida sobredeterminado, pode ser parcialmente compreendido fazendo referência a Abraham (1989). Esse autor afirma que certos neuróticos reagem analmente às perdas. Graças à "linguagem dos órgãos", o sujeito manifestará analmente seu conflito, por meio da retenção ou evacuação das fezes, segundo o grau de ambivalência de seus afetos.

> *A notícia da morte de um parente próximo ocasiona em alguns uma violenta sensação intestinal como se o intestino inteiro fosse ser propulsionado para fora ou como se algo se despregasse no interior e quisesse ser evacuado por via anal (ABRAHAM, 1989, p. 176, tradução nossa).*

Abraham reconhece nesse tipo de reação uma forma arcaica de luto que o inconsciente havia retido ou bloqueado. De fato, a descrição de Rosa de sua experiência nos fazia pensar em um morto encapsulado em seu interior há muito tempo e finalmente liberado.

Esse episódio marca uma passagem para Rosa. Algo havia se desembaraçado a partir daquele episódio, a libido antes envolvida em um luto bloqueado finalmente estava livre para novos investimentos. Seu esvaziamento era criativo e portador de esperança, daí a sensação simultânea, e aparentemente paradoxal, de um aborto e de um parto.

Referências

ABRAHAM, K. Esquisse d'une histoire du développement de la libido fondée sur la psychanalyse des troubles mentaux. *In*: *Oeuvres Complètes* – 1915-1925. Alençon: Payot, 1989. v. II. p. 170-226.

BUARQUE, Chico. Pedaço de mim. Disponível em: https://www.vagalume.com.br/chico-buarque/pedaço-de-mim.html. Acesso em: 27 nov. 2020.

FÉDIDA, P. Autoerotismo e autismo: condições de eficácia de um paradigma em psicopatologia, 1992. *In*: *Nome, figura e memória*. São Paulo: Escuta, 1992.

FREUD, S. Novas conferências introdutórias sobre psicanálise. Conferência XXXII. *In*: *Edição Standard Brasileira das Obras Psicológicas Completas de Sigmund Freud*. 2. ed. Rio de Janeiro: Imago, 1987. v. XXII. p. 85-112. Obra publicada originalmente em 1933[1934].

FREUD, S. Construções em análise. *In*: *Edição Standard Brasileira das Obras Psicológicas Completas de Sigmund Freud*. 2. ed. Rio de Janeiro: Imago, 1987. v. XXIII. p. 275-290. Obra publicada originalmente em 1937.

ISRAËL, L. *L'hystérique, le sexe et le médecin*. 10. ed. Paris: Masson, 1976.

KHAN, M. O rancor da histérica. *In*: BERLINCK, M. T. (org.). *Histeria*. São Paulo: Escuta, 1997. p. 49-59.

LAMBOTTE, M.-C. *O discurso melancólico*: da fenomenologia à metapsicologia. Rio de Janeiro: Companhia de Freud, 1997.

10. Sobre as cinzas...

Maria Beatriz Romano de Godoy

Alguns ex-alunos de uma faculdade, ao saberem da morte de um antigo colega, manifestaram um desejo intenso de reencontrar o pessoal daquela época. Prepararam um encontro para comemorar os 36 anos de formados, o que mobilizou inúmeros sentimentos, emoções, lembranças, afetos.

Chamou minha atenção que todos esses colegas fossem tomados por uma alegria imensa e um desejo de reencontro onde não poderia faltar ninguém. Todos deveriam estar presentes, não só os mais próximos. Conseguiram contatar todos. Foram atrás de fotos, garimparam imagens, inclusive dos que já haviam falecido. Reiteravam o desejo de olhar nos olhos uns dos outros, de abraçar cada um, poderem reconhecer e serem reconhecidos, como se isso reconstituísse o passado, aquela história, os vínculos, o momento mágico quando "eram inteiros". Enviavam *e-mails* nos quais registravam a alegria que voltava pelo contato vivo que ora desfrutavam.

Era como se cada um guardasse uma parte da história dos outros; era como se para ter acesso à própria história todos dependessem de uma memória registrada no outro, a que só poderiam ter acesso com a presença viva que o outro ofereceria.

Coincidentemente eu escrevia este capítulo. Pensava em pacientes especiais, com uma característica comum: suas histórias enfatizam rupturas e perdas dramáticas, buscam análise, se submetem a longos processos analíticos, conseguem algumas transformações, algum progresso em suas vidas, mas parecem estar sempre à beira de um abismo, "empacam" e/ou regridem. Algo ficou arruinado em seus aparelhos psíquicos que não permite (re) construção, evolução, representação.

Esses seres humanos passam uma vida parecendo estar à margem do tempo e do espaço, transitando por uma realidade própria, sem poder se reconhecer como parte de um universo maior que os contém e cuja história lhes parece sempre estranha, apenas um amontoado de fatos e de pessoas agregadas. Não conseguem ingressar numa "ordem", constituir-se e constituí-la, vivendo paradoxalmente um prazer e um sofrimento que os empurra para um abismo, onde a vida vai deixando de ter sentido.

Eles me sensibilizam pelo pedido de ajuda que trazem, mas também pelo grau de resistência com que barram a análise. Remetem-me a refletir sobre os aspectos teórico-clínicos da psicanálise, sobre os seus limites e também sobre questões essenciais da vida propriamente dita.

Eles nos contam ser sobreviventes. Sobreviventes de uma história psíquica, dos traumas por que passaram, e vêm em busca de um grão de esperança que lhes restou para poderem reencontrar algo de si que faça sentido novamente, e lhes dê condições de retomarem suas vidas... Uma possibilidade de se tornarem sujeitos, de transformarem o sofrimento em força para dar conta da própria vida.

São pessoas que nos contam que carregam um vazio, que se torna visível quando em contraste com a experiência de plenitude supostamente perdida e identificada como causa de seu sofrimento e perda de si... Mas "a noção de vazio envolve uma multiplicidade de experiências e sentimentos que estão condensados num branco, numa espécie de aguardo da presença do outro", como dizem Boraks e Rozemberg (2009, p. 382). Talvez por isso eles relacionem a sua angústia a perdas ou rupturas, pois antes delas os buracos existentes na constituição do psiquismo, que agora gritam, não se mostravam tão flagrantes.

Marraccini (2009), em seu artigo "Sobre a depressão após rupturas e perdas", aponta para a falha da instalação do bom objeto no núcleo do ego como a coluna de sustentação que faltou ao Eu (como concebe a teoria de Melanie Klein), bem como escancara a falta de integração, força e coesão do ego como um ingrediente fundamental para levar um indivíduo à ruína encarnada de um psiquismo fragmentado. Ela também alude ao comprometimento da estruturação narcísica pelas dificuldades primitivas nos alicerces do amor por si mesmo, que trazem como consequência uma dependência de um objeto que cumpre a função de ser a coluna de sustentação desse psiquismo.

Neste ponto me vejo refletindo sobre essas patologias nos dias de hoje. Penso na especificidade desses sintomas e acabo me detendo na construção dos laços afetivos contemporâneos, em que há excessos: de estímulos, de presença, de objetos, de desejos. Apesar dos excessos, um sentimento oceânico se faz presente muitas vezes, que é da ordem do horror.

No consultório, esses sintomas ganham relevo, pois alguns de nossos pacientes demandam um "lugar especial de acolhida e proteção, transferindo para o vínculo analítico a fusão sujeito-objeto da qual padecem [...] demandam de forma especial o eu do psicanalista" (MARRACCINI, 2009), e assim se instalam o perigo e a oportunidade de a dupla viver na transferência a construção de um psiquismo ou a perda narcísica que pode contaminar o psicanalista e, consequentemente, seu paciente.

Uma vida... um tempo

Para ilustrar minhas reflexões, escolhi um caso de uma paciente que desafia o psicanalista a conceber uma forma de continência muito especial, para tratar de algo tão delicado. É também um caso de sobrevivência psíquica.

A paciente, a quem chamarei de Cibele, tinha 24 anos quando me procurou. Sua queixa era de que sua vida não tinha sentido e ela não sabia o porquê. Contou-me também que sentiu o desejo de buscar ajuda pois, conversando com uma prima que também fazia psicoterapia, percebeu como sua família era complicada e doente.

Relacionava-se com pessoas com quem não tinha muito a ver, eram diferentes dela tanto em nível socioeconômico como cultural. Frequentemente envolvia-se com rapazes que se drogavam. Eram boas companhias para festas ou programas e "mais ou menos" ricos. Sentia-se perdida, sem saber o que fazer. Comigo, comportava-se de forma muito afetada, mais parecendo uma menina fútil, relatando os inúmeros programas e festas dos quais participava.

Desde o começo do nosso processo de análise, um aspecto me chamou atenção: Cibele mostrava relativos consciência e contato com suas emoções e seus afetos, ao mesmo tempo que parecia desconsiderar tal recurso em nosso trabalho analítico, propondo-me uma relação superficial. Eu pensava, inspirada pela teoria bioniana, que uma *parte* dela – *não psicótica* – podia observar, perceber, intuir, mas parecia ser atacada por *outra parte – psicótica e perversa* – de sua personalidade.

Cibele morava com os pais, o irmão e a avó materna. Em sua casa havia muitas brigas, principalmente entre a mãe e a avó.

Sua mãe era descrita como uma pessoa nervosa, controladora e agressiva que sempre a obrigava a fazer alguma coisa: ou o balé, ou uma faculdade, algo em que Cibele precisaria "se destacar na família". Tentava mandar em todos da casa com seu jeito autoritário.

Seu pai era um empresário, descrito como uma pessoa muito calma, sensível, mas fraca.

O irmão de Cibele, um ano e meio mais novo, era considerado o gênio da família. Estudava engenharia, namorava, era atencioso com todos tanto em casa como fora.

Antes do nascimento do irmão de Cibele o casal teve outra filha, que morreu no parto. Relatava que sempre se sentiu sem lugar nessa família, diferente, incompreendida e não vista. Mas não parecia considerar o quanto isso lhe doía.

Ela entrara também em uma faculdade de Administração, da qual desistiu no segundo ano. Estudava na Faculdade de Educação e trabalhava sem vínculo empregatício, mas tudo acabava rapidamente: as pessoas e o trabalho ficavam insuportáveis. Ou saía ou era mandada embora.

Sua paixão maior fora a dança. Estudou balé por muito tempo – dos 5 aos 20 anos – e se interessava bastante também por atividades que exigissem desempenho físico, como corrida, ginástica etc. Participava de maratonas aqui e fora do país.

Cibele morava num bairro de classe média, mas tentava se passar por uma pessoa de classe econômica mais alta. Fazia questão de grifes, de ostentar. Vinha sempre "produzida" e relatava os planos de ser descoberta por alguém para ser modelo ou encontrar um homem rico com quem se casasse.

Durante uns seis meses Cibele veio duas vezes por semana, fazia uso do divã e seu discurso parecia "desprovido de conteúdo". Eram histórias intermináveis. Dificilmente dava continuidade a alguma intervenção que lhe fazia. Faltava e atrasava sem se preocupar em avisar ou se justificar. Como já comentei, parecia vir mais para um programa que preenchesse seu tempo.

Ao final daquele ano, ocorreu uma tragédia. Seu irmão morreu num acidente de carro. Cibele e a família enlouqueceram. Passei a atendê-la quatro ou cinco vezes por semana a pedido dela própria e pelo meu desejo de "interná-la" dentro de mim. Temia pela sua vida por senti-la extremamente frágil.

Tudo mudou. O desespero tomou conta de sua família e ela foi enlouquecendo. Parece que antes da morte desse irmão todos funcionavam de forma narcotizada.

Tentei conversar com seus pais pessoalmente, mas o pai, por telefone, contou-me que sua mulher não tinha condição de falar com ninguém e que ele também se sentia sem forças. Afirmava que Cibele não estava bem e pedia que eu fizesse por ela o que fosse possível.

Ela parou de trabalhar, de estudar, começou a vir irregularmente. Encaminhei-a para um psiquiatra para que fosse feito um tratamento medicamentoso junto com a análise.

Recordo que Cibele passou a não faltar nem se atrasar e foi se reestruturando. Após um ano, quando voltara a estudar, a trabalhar, a dançar, a se cuidar, seu pai resolveu oferecer-lhe uma viagem de presente. Passaria 60 dias viajando, "pois isso consertaria de vez seus problemas". Apesar de não concordar com o momento daquela interrupção e de tentar fazê-los rever tal decisão, minhas palavras caíram no vazio e não me restou alternativa a não ser encerrar o trabalho.

Por outro lado, eu também acreditava em seu progresso e que alguma consistência tivesse sido construída.

Não soube mais dela até que, para minha surpresa, cinco anos depois Cibele voltou a me procurar alegando que ficara me devendo cem dólares. Viera me pagar e retomar seu processo de análise. Havia-me "esquecido" desse fato e me desligara dela. Parecia vir para me dizer que havia se afastado, mas não tinha se esquecido de mim, que continuava a cuidar da nossa relação, dizendo ter conservado a dívida em dólares, para não me prejudicar.

Os cem dólares soaram-me como "sem dolores"... tal qual a viagem que fora concebida para acabar com as dores de vez. Ao interpretar isso, ela me respondeu que havia buscado duas coisas para acabar com a dor depois que a viagem terminou: as drogas e, agora, a análise. Mas percebia um sofrimento insuportável quando tentava pensar na própria existência. Perguntava-se: o que teria dado errado? Já estava com 30 anos!

Na volta da viagem começara a trabalhar em um colégio e era bem-sucedida. Mas, tinha se indisposto com a chefe e fora demitida. Havia começado um namoro com um homem casado que também tinha desaparecido.

Como entender isso? Por que ela sempre tinha de perder e ficar sozinha na vida? Penso que ela se perguntava também por que a viagem, que deveria ter servido para acabar de vez com o sofrimento, agora o escancarava?

Voltou a falar da mãe que vivia em depressão, sem forças. Desesperava-se por se perceber semelhante a ela. Pediu-me uma indicação para sua mãe, pois sofria muito ao vê-la tão debilitada. Ao mesmo tempo, tinha ódio de ter uma mãe assim.

Após esse primeiro contato, antes que Cibele retomasse seu processo de análise, seus pais me ligaram pedindo um encontro. Em seguida ela também me ligou para pedir que os recebesse. Ela não iria por desejar que eu os ouvisse e, se fosse necessário, um encontro a quatro poderia ser marcado.

Cibele estava sofrendo muito, mas parecia estar razoavelmente em contato com suas angústias, seus sentimentos e seus afetos, e com uma boa relação transferencial comigo. Pesei os prós e os contra e decidi atendê-los.

Sua mãe estava muito deprimida. Ainda chorava a morte do filho como se tivesse ocorrido há pouco. Mal conseguia falar ou ouvir o que conversávamos.

Seu pai falou dos fantasmas familiares, dos distúrbios psíquicos graves, como os dois casos de suicídio que existiam na história familiar e sobre os quais Cibele não tinha conhecimento. Falou de seus medos e suas preocupações. Também revelou que sentia esta filha como uma peça que nunca se encaixou na família. Só houve lugar para aquele filho tão especial e ele se culpava por isso. Imaginava que Cibele nunca fora capaz de "ganhar uma flor de um homem" e também se responsabilizava por nunca tê-la visto "como uma menina, quanto mais como uma mulher".

Pudemos conversar sobre a necessidade de Cibele fazer análise, sobre a viagem dela ter ocorrido naquele momento inadequado e sobre a gravidade do caso. No entanto, eu fiquei com a impressão de que não alcançaram o que lhes disse. Recomendei-lhes psicoterapia, sugeri nomes e não os vi mais. Soube posteriormente pela paciente que nunca buscaram ajuda.

O que esperavam do encontro comigo, revelando-me dados da família que Cibele desconhecia?

Primeiros tempos de análise

Quando reiniciamos a análise Cibele parecia sentir-se esgotada, como se tivesse gastado seus últimos recursos psíquicos e agora necessitasse vivenciar seu sofrimento e sua desorganização. Passou a vir quatro vezes por semana e às vezes pedia-me uma sessão extra.

Durante estes primeiros tempos, era frequente ela referir-se a uma alucinação que a acompanhava durante as sessões: aparecia uma "carinha" projetada no teto ou na parede em frente ao divã, que expressava algum sentimento e o seu estado confusional. Às vezes Cibele falava com ela, irritava-se com a expressão de tristeza, por exemplo, que ela manifestava; outras vezes procurava pela "carinha" e se afligia quando não aparecia.

Em muitos momentos parecia mergulhada nessa relação alucinada e nada que eu dissesse fazia qualquer sentido ou tinha qualquer resposta. Em outros, Cibele mantinha certa preocupação com o que a rodeava, com seus compromissos, e estabelecíamos diálogos mais compreensíveis.

Havia momentos dramáticos, durante os quais ela procurava ansiosamente pela carinha e comentava que não sabia se essa carinha existir era bom ou não, como se ao mesmo tempo precisasse encontrá-la e, assim, saber que nem tudo havia desaparecido, que nem tudo ela perdera. Mas, em outros momentos, o contato com essa alucinação lhe deixava em pânico. Então, o sofrimento aparecia e, com ele, tudo se estragava: ficava um submundo psíquico, sádico, dominador. Nessas ocasiões, Cibele reclamava de que a nossa conversa lhe causava dor de barriga e muito medo de mexermos com os demônios que abrigava.

Cibele vivia um processo de confusão, de alucinação. Vivia atormentada e com medo de que sua mente não suportasse tanto peso e sofrimento. Eu também me via preocupada e invadida pelo seu sofrimento.

Penso que a carinha surgiu logo no início dos nossos encontros, por um processo de cisão, como se ela buscasse um "aliado" fraterno que a ajudasse a enfrentar a experiência difícil que vislumbrava ser o encontro com a realidade, comigo e consigo mesma... Aquele objeto-irmão que a perseguia podia ser colocado para fora e ficar, assim, mais distante, menos ameaçador.

Cibele me contava que no seu mundo interno só havia "bandidos", e mesmo aqueles aspectos que deveriam estar do lado da justiça e dos que cuidam, os bons elementos, os elementos confiáveis, tinham desaparecido ou não podiam chegar até ela, possivelmente por terem sido idealizados e/ou atacados.

Inúmeras vezes, quando me via sentia dores de barriga, enjoo, como se fosse através das suas entranhas e das minhas que o nosso contato se dava. Era tudo intenso, primitivo e sentido como ameaçador. Quando as intervenções que eu fazia eram mais tocantes, e ela ficava sem conseguir associar ou compreender, a "carinha" reaparecia.

Após os finais de semana, ela frequentemente informava que a "alma" havia desaparecido e só permanecera um robô automático dentro dela que fazia coisas. Aí a carinha reaparecia carregada de sentimentos.

Isso me fazia lembrar de um texto de Bion (1988), "Diferenciação entre a personalidade psicótica e a personalidade não psicótica da personalidade", em que ele descreve como a mente pode ser preenchida e se sentir rodeada por objetos bizarros em decorrência de ataques sádicos, dirigidos contra o seio ou contra as características da personalidade que poderiam proporcionar a base para a compreensão de si e da realidade, entre elas a capacidade de pensar. Diz ele:

> *O objeto enraivecido por ter sido engolido, incha, por assim dizer, e se esparrama, controlando o pedaço de personalidade que o engoliu; nesse sentido, a partícula de personalidade tornou-se uma coisa (BION, 1988, p. 49).*

Ou seria do vazio que Cibele se defendia?

A defesa que Cibele conhecia para tentar não ser esmagada pela realidade dos fatos, dos sentimentos ou dos afetos era refugiar-se em devaneios ou em alucinações que podiam tomar uma sessão inteira ou preencher os seus dias. Transformava em coisa tudo aquilo que não pudesse ser pensado. Preenchia o que poderia ser perigosamente experimentado como um vazio carregado de horror. Todavia, esperava que esse sofrimento acabasse logo e tudo se resolvesse como num devaneio: poder "consertar" sua mente sem dor, pois essa dor era sentida como uma injustiça a mais que ela deveria suportar.

Mas preocupava-se com a sua falta de trabalho, o que poderia levá-la a ficar sem dinheiro para custear sua análise. Outras vezes dizia que deveria encontrar um trabalho em que não fosse necessário pensar, nem criar. Vivia em constante desespero por sentir-se deprimida e sem forças para sustentar o que a realidade dos fatos exigia.

Durante uma das sessões em que reclamava da dificuldade encontrada nas sessões por sentir-se perseguida, dizia que a carinha estava brava e não adiantava fechar os olhos porque ela não desaparecia. Lembrou-se de um filme que assistira chamado *Ben-Hur*, que a tocou muito: era a história de dois amigos que se reencontram e um deles é assassinado. O amigo prende o assassino, a mãe e a irmã (do assassino) viram leprosas, mortas-vivas, e têm de ficar escondidas num campo longe de tudo e de todos. Tinham de pagar com a vida pelo crime que o filho e irmão havia cometido. A cura delas só se daria por um milagre.

Esse fragmento reapareceu em vários momentos de sua análise, tanto em associações como em sonhos. Por enquanto me dava subsídios para conjecturar sobre esse objeto interno "vingativo" que não permitia a ela e à mãe terem vida e se desenvolverem, serem felizes. Parecia ser um objeto interno que roía por dentro a sua mente, tirava-lhe a memória, as forças, a fertilidade.

Isso me fez recordar de um texto escrito por Simon (1984), "Contribuição ao estudo do objeto interno". Nele o autor explicita como um processo de luto pode desmoronar um mundo interno quando este não é constituído previamente por objetos internos bons e confiáveis.

Cibele me contava que não poderia ter direito à vida. Deveria, imaginariamente, permanecer "nesse campo de leprosos" junto com sua mãe para não contaminar mais ninguém, assistindo à sua lenta deterioração. Sentia que, com a morte do irmão, morrera uma parte dela que podia se ligar, amar, casar, trabalhar. Só restou um corpo, aos pedaços.

Tal condenação implacável, como na Lei de Talião, fazia supor uma culpa imperdoável dela e da mãe: a perda do irmão deveria ser paga com a morte delas em vida, vidas sentidas como uma coisa só, fundidas por dor, culpa e horror. Ao mesmo tempo, imaginar essas figuras separadas aumentava a angústia, a culpa, o ódio e o medo.

Na transferência comigo, a cada vez que ela sentia que não estávamos fundidas, também aparecia a angústia de aniquilamento e o medo de se perder, ora vividos com tentativa de triunfo, ora com muita agressividade. Eu me sentia sem poder ter o meu espaço interno para pensar, associar. Eu não tinha direito ao meu vazio criativo.

Nessa época tivemos uma semana atípica. Antes da segunda sessão da semana, eu lhe informei que não poderia atendê-la por estar doente. Liguei-lhe diariamente desmarcando as três sessões seguintes. Quando retornou para a quinta sessão, comentou que se sentia aliviada, inteira, deitada no divã; que isso lhe trazia um enorme alívio, mas que, nos outros dias em que não nos vimos, tinha ficado muito aflita. Porém, como suas cachorras ficaram doentes também, passou os dias cuidando delas – duas Dobermann –, que ficaram dóceis e calmas. Além disso, ficou vendo filmes que a fizeram esquecer até do dia em que estava.

Era assim que Cibele lidava com aquelas dificuldades e angústia: cuidar das cachorras a fazia sentir que cuidava tanto da agressividade dela por eu tê-la abandonado como fantasticamente de mim, negando nossa distância; substituía a realidade interna pela externa e/ou fazia uma "terapia ocupacional", cuidando de seus objetos internos por meio de objetos externos. Nesse episódio tentou acalmar suas dores e sua agressividade substituindo-as por histórias, como se fossem filmes, que ela podia conhecer o começo, o meio e o fim.

Penso que o seu movimento era o de reconhecer a minha falta, se angustiar, tentar lidar com o sofrimento, senti-lo como insuportável e negá-lo como último recurso. Sua agressividade, deslocada e projetada nas cachorras, ficava doente, impotente.

Cibele, ao perceber que eu tinha autonomia para faltar e reaparecer, parecia perder partes de si mesma e o controle sobre as realidades interna e externa. Nesse momento ficava transtornada, sem saber como e do que cuidar: se dela própria, defendendo-se dos sentimentos causados pela perda que a realidade externa lhe impingiu, ou de mim, de quem gostava e dependia.

Isso me fez conjecturar sobre um possível sentimento de perda por ocasião do nascimento do irmão. Pensava que perder o lugar de filha única parecia ter acarretado um medo de aniquilamento insuportável e um embotamento de sua agressividade em relação à mãe. Parece que Cibele viveu impotência e culpa; medo da retaliação materna imaginada e perda da mãe-objeto amoroso, da qual dependia e a qual amava. Revivia comigo na transferência momentos de horror e dor.

Quando começava a pôr em andamento novamente seus pensamentos, a organizá-los, ela conseguia se indagar: o que poderia ter feito a sua agressividade?

Insistia também em contar como havia sido o acidente de seu irmão: eram cinco no carro e só ele havia falecido. Como pôde o irmão morrer se os outros colegas que estavam com ele sobreviveram? Parecia querer certificar-se de que ela nada tivera a ver com o acidente, nem com a morte dele.

Quando tinha alguma noção dos possíveis estragos psíquicos que ela própria poderia fazer, sentia muito medo. Cibele perguntava-me se eu não poderia acabar com tudo o que nela fosse agressivo e "faminto" e deixá-la só como "plateia" da vida, pois só assim teria alívio. Ela dizia que, em vez de tocar em algo ou alguém e transformá-lo em ouro, ela sempre transformava em morte.

Melhor ficar como morta-viva!

Seu desenvolvimento era lento e na transferência eu podia sentir o peso das experiências emocionais que acompanhava seu contato consigo mesma. E era este o teor das minhas intervenções e interpretações: sublinhava seu desespero, sua angústia e suas defesas contra esse estado. Raramente eu interpretava seu esforço e suas tentativas de superação por acreditar que seu alívio viria pela possibilidade de ter acesso às suas angústias.

A Bela Adormecida

> *Os sonhos precisam primeiro ser sonhados antes que possam ser abandonados (ALVAREZ, 1994, p. 130).*

A Bela Adormecida, conto infantil dos irmãos Grimm, ocupou muitas sessões e sonhos. Cibele referia ter "adiado" enquanto pôde até mesmo seu desenvolvimento orgânico. Enquanto as colegas ficaram mocinhas aos 12 ou 13 anos, ela só conseguiu ter a menarca aos 16. Até então era uma menina magricela e sem corpo de mulher, não namorava e queria ficar grudada na mãe ou nas primas. Tal diferença a fazia se sentir superior às demais meninas da mesma idade. Utilizava essa crença para explicar que sabia que na vida dela tudo viria mais tarde: marido, filhos, riqueza. Um dia algo aconteceria que mudaria sua vida, sem esforço.

Nesta época era frequente Cibele adormecer durante as sessões. Quando eu interpretava o desejo dela de se entregar a alguém para que fosse cuidada, mas que não podia desfrutar dos sentimentos que o encontro trazia, ela concordava e retrucava dizendo ser isso mesmo que buscava, pois lhe dava enorme prazer.

Como na história da Bela Adormecida, ela também adormecia antes de virar mulher. Ao imaginar sofrer essa transformação encarada como violência, adormecia e esperava que o tempo passasse. Um encontro mágico deveria acontecer, transformá-la e tudo acabaria bem, sem dores, sofrimentos, perdas...

Ela também me pedia para ajudá-la a viver comigo uma relação idealizada. O prazer maior era sentir-se unificada comigo, instalada dentro de minha mente.

Klein (1952), em "Algumas conclusões teóricas relativas à vida emocional do bebê", já chamava atenção para a diferença entre a idealização como defesa e a idealização como necessidade, enfatizando como o bebê lida com o objeto mau – sentido como terrível perseguidor – transformando o objeto seio bom num seio ideal. Utilizar a idealização como defesa contra os objetos persecutórios, e como uma forma de obter reasseguramento onipotente para um ego ainda frágil, se por um lado dificulta o caminho para a integração do objeto, por outro auxilia no desenvolvimento do ego.

Alvarez (1994), em seu livro *Companhia viva*, faz também uma interessante articulação sobre esse tema entre diversos autores, tentando salientar a importância do aparecimento de objetos ideais nas fantasias de crianças deprimidas e de se perceber o movimento que pacientes autistas fazem, por meio da idealização, quando começam a conceber elos de ligação e especialmente laços.

Naquele momento, penso que ela vivia esse movimento e essa necessidade: por um lado, de aplacar a ansiedade persecutória protegendo-se dos objetos persecutórios, mantendo assim o bom objeto em separado e a salvo; por outro, de reagir à depressão que a invadia diante do que sua percepção registrava.

Enquanto ela dormia, eu deveria ficar como a mãe viva que velava pelo seu sono preparatório para que o desenvolvimento pudesse ocorrer. Deveria também ficar como o objeto idealizado que guardaria a esperança de seu desenvolvimento. E ainda como guardiã de seu bom objeto.

Em outros momentos, antes de adormecer, contava, por exemplo, algo chocante: que guardava as cinzas do irmão em seu quarto para um dia dar destino a elas. Parecia "guardar vida em pó" à espera de que o que era "bruto" sofresse alguma transformação e voltasse à vida de outro jeito. Dormia sobre as cinzas do irmão, da sua história viva, da qual ela não podia desfrutar.

Inúmeras vezes, ao lhe oferecer minha continência, silenciando e aguardando enquanto ela dormia, ela acordava e se sentia atacada, reagindo agressivamente, pois sentia que eu me calava deixando-a perdida, abandonada. Quando tentava interpretar seus sentimentos ou afetos, criando, a meu ver, condições de *rêverie*, eu parecia machucá-la. Ela se queixava de que as minhas palavras ardiam ou davam a impressão de serem choquinhos que percorriam todo o seu corpo. O meu silêncio era sentido como desamparo.

Alvarez (1994) faz uma afirmação sobre a importância de esse momento da análise comportar interpretações ou intervenções que assinalem para o paciente a tentativa que vem fazendo para superar tantas dificuldades. Refletindo posteriormente, compreendi que minhas palavras ardiam por não incluir esse vértice em minhas intervenções e por tentar acordá-la antes do tempo.

Quando Cibele pôde permanecer acordada em algumas sessões, disse-me que não sabia viver sem desespero e que sofria sempre duas vezes: pela perda que tivera e por ver sua mãe sofrer, vê-la desesperada, e por não suportar a tristeza do pai. Desejava dar tudo que pudesse para acabar com este suplício. Algumas vezes era o ódio que ligava Cibele a seus objetos, outras era o desespero. Eles pareciam dar-lhe algum contorno e liga. Eu percebia que ela podia estabelecer laços, registrava dores e perdas. E sofria muito por isso.

Nessa mesma sessão, me paga com uma nota de cem reais, alegando que esquecera o resto. Interpreto que entre nós deveria existir uma falta. O seu desejo era dar tudo, mas ela só me pagava "sem". Serviu-me de alerta esse pensamento, pois via nesse jogo ambivalente indícios de que eu a fazia sofrer pelos laços que a afligiam e ela me "faria sofrer" retirando o meu pagamento. Pensava ainda que bons objetos, idealizados, atraíam inveja.

Apesar desse quadro, aos poucos Cibele parecia evoluir. Já não dormia durante as sessões e a carinha não aparecia. Ela sentiu desejos e força para recomeçar a procurar emprego. Foi contratada por uma gráfica como *freelancer* para fazer revisão de textos e eventualmente elaborar verbetes de um dicionário. Essa atividade combinava com sua necessidade de trabalhar criando um dicionário próprio. A falha da função alfa tentava ser compensada por um sistema mental substituto que fizesse um contato suportável com a realidade.

Cibele passou a dedicar-se completamente ao trabalho, como se pudesse substituir a vida pelo trabalho. Psiquicamente falando, eu podia compreender a importância dessa função, pois ela também tentava elaborar o seu texto. Era preciso construir significados internos que pareciam ter ficado esburacados, ou construir novos significados para uma interioridade esburacada.

A maior noção de si mesma vinha acompanhada de muita dor e medo. "*É um horror* – só me lamento. Me vejo sempre do mesmo jeito. Não consigo me separar dela [mãe]. 30 anos! Ela é muito ruim; eu não queria ter essa mãe, nem ser como sou."

Certa vez lembrou-se de ter conhecido o filho de um psiquiatra, que lhe contou estar chocado, pois seu pai tivera um paciente em análise por cinco anos que se suicidou. "Às vezes acho que comigo também é tudo muito difícil, sem remédio. Vou perder... não vai dar!" (chorava convulsivamente).

A noção da magnitude do conflito entre suas pulsões de vida e de morte trazia-lhe muito medo. A consciência cada vez maior de seus mundos interno e externo trazia-lhe horror. Havia objetos loucos dentro e fora que não pudera escolher, e não sabia como conviver com eles. O medo de ser vencida por esse lado mortífero e destrutivo a atormentava.

Nossa relação transferencial mostrava-se forte. Por esta época, já decorridos aproximadamente três anos de análise, ocorreram dois episódios importantes: não pude usar meu consultório por duas semanas e me ofereci para atendê-la em outro lugar, próximo de lá; logo que tudo se normalizou, eu precisei faltar por uma semana por problemas de morte em família.

Durante os atendimentos fora do *setting* convencional, Cibele nada comentou sobre essa mudança. Ela acompanhara as dificuldades de estar comigo no meu consultório e, mesmo em um lugar estranho, foi suportável. Eu a sentia perto e presente, ligada a mim. Porém, reagiu de modo bastante diferente em relação à minha ausência. Quando retornei aos atendimentos, sentia-me triste e com dificuldades para me concentrar, para estar presente ali com ela. Escolhi voltar a trabalhar o mais rápido possível apesar de estar ciente do momento delicado pelo qual eu passava. Foram momentos difíceis para mim e, para ela, um choque.

Cibele me dizia que não estava desesperada, mas sentia-se vazia. Um fio invisível parecia ter se rompido. Ela parecia se fechar para me mostrar que estava aparentemente bem. Eu me sentia limitada, sem poder oferecer-lhe a analista-continente de que necessitava. Ela se mostrava formal e polida.

Nessa época, em uma das sessões, a primeira da semana, começou por me contar que estava calma, mais tolerante, mais forte, com mais capacidade de se cuidar, mas podia observar que lhe faltavam condições para usufruir do nosso encontro, como eu lhe mostrara inúmeras vezes. Lembrou-se da sexta-feira anterior. Ao sair do consultório, enfrentara dificuldades que a teriam enlouquecido em outras ocasiões. Seu carro quebrou e ela precisou esperar mais de uma hora para ser arrumado. Era uma simples pecinha que se soltara e fazia esguichar todo o combustível, impedindo o carro de andar. Escapou também de um assalto.

Interpretei-lhe que quando eu saí de cena, causei uma espécie de hemorragia e ela não podia funcionar. Não sabia como lidar com a dor psíquica desencadeada pelo "roubo" da pecinha que ligava boca-seio. Não enlouquecera, mas o vazio e a retração experimentados deixaram suas marcas.

Cibele voltou a ver a carinha que há tempos não via e que, naquele momento, parecia ser um sistema mental de contato indireto com uma realidade que ela podia criar alucinando, fazer aparecer ou desaparecer, como um contraponto aos perigos, frustrações, separações, decepção.

O bom objeto que vinha sendo construído na relação transferencial ficara em perigo. Ela voltava a fazer uso de seus recursos antigos e expunha suas fendas psíquicas mostrando o seu vazio interior, sua desesperança em confiar e obter amparo.

Pereira Gomes (1986), em seu texto "O núcleo de mágoa crítica", de uma maneira sensível e precisa, expõe o funcionamento de mentes como a de Cibele, cuja sensação de vazio interior fez reaparecer vivências depressivas peculiares e expôs novamente a "fenda" que seu psiquismo carregava. Parecem carregar núcleos ocos de experiências afetivas de contato, que permaneceram como conglomerados de afetos não digeridos e carregados de dor insuportável, formados em um momento crítico do desenvolvimento do ser; e apresentam uma sensibilidade tal que as dificuldades da vida, os "nãos" são experienciados como "nãos" à própria vida.

Naquele momento de sua análise, Cibele parecia buscar uma forma ora educada e polida, ora alucinada (carinha) para superar a dor psíquica a que o meu "abandono" concreto e o meu luto a expuseram, já que sua capacidade de pensar não dava conta de minorar a dor que as frustrações desencadeavam.

A partir daí vieram tempos mais difíceis.

Por muito tempo suas sessões foram marcadas por relatos de possíveis relações amorosas e eu me observava tendo lembranças eróticas. O que me chamava atenção era que Cibele relatava os fatos que poderiam ser eróticos, mas a sensação erótica ficava comigo. Era como se ela apenas me informasse que sua sexualidade estava lá, mas quem deveria senti-la era eu. Percebia-me torcendo pelos seus encontros amorosos e logo suas palavras me faziam perceber que sua exigência e seu ódio ao possível parceiro que não lhe satisfaziam as expectativas, tornavam sua sexualidade intocada, dentro de uma casca, e o que aparecia era uma carapaça.

Percebia haver relação entre o que eu percebia na transferência, esse seu movimento inconsciente, e o vazio a que ela se referia, ao fio que havia se rompido. Percebia também que tínhamos de preencher o "vazio", mas eu sabia que precisava fazer isso dizendo o que se passava comigo, a partir dela, de forma viva e verdadeira.

Apareciam contradições: a carapaça, em vez de ser uma barreira de contato, ia formando uma barreira de dissociação. Ao mesmo tempo, isso parecia ser uma inversão da relação continente/contido, pois deveria ser a sexualidade a derreter as estruturas rígidas, e não as estruturas rígidas a encapsular a sexualidade. A rigidez que servia como uma estrutura de equilíbrio psíquico não devia ser mexida, muito menos rompida.

Como atingi-la sem aumentar a rigidez?

Após quatro anos e meio de análise, Cibele parecia esboçar condições de poder suportar angústias depressivas. Ela estava trabalhando e havia começado a namorar. Tentava reaproximar-se de pessoas como a avó, as tias e as primas, com as quais havia rompido após a morte do irmão, procurando conviver com o que fosse possível e tentando compreender os "defeitos" vividos durante esses encontros, desculpar. Havia uma tentativa de reparação e contato.

Porém, essa retomada não era simples. Trazia de volta muita confusão e mágoa, como se, muitas vezes, não coubessem a ambivalência e a decepção. Em relação ao namorado passava-se o mesmo: ora ele podia lembrá-la de que a avó era uma pessoa querida e amenizar o horror que a velhice e a doença degenerativa dela lhe causavam, ora provocava-lhe pânico e ímpetos de terminar tudo ao vê-lo agressivo diante de um pedinte na rua. Os objetos bons e maus precisavam ainda ficar distantes e os idealizados frequentemente pediam passagem novamente.

Como tão bem Klein e Bion mostraram, eram tentativas de elaborar angústias depressivas por meio de métodos narcísicos e próprios da posição esquizoparanoide. Estavam fadados a durar pouco ou ao fracasso.

Foi também por essa época que Cibele começou a querer desistir da análise, pois se sentia bem e achava que deveria seguir sozinha. Era difícil pagar as quatro sessões semanais com o que ganhava e, além disso, queria mais prazer, viajar, alegando que se precisasse voltaria. Ou propunha-me que diminuíssemos para duas sessões, pois assim não precisaria depender do pai e não teria que lhe dar satisfações.

Com muito trabalho a análise pôde ser mantida.

Um refúgio como solução?

Primeira sessão da semana.

C: [Silêncio.] Estou aqui, vejo que estou tranquila. Na semana passada foi bom perceber como já posso ficar tranquila depois de um fim de semana... Penso numa música antiga gravada com um jeito novo. Posso até ficar sem nada para dizer, mas em contato comigo, sem pressa nem ansiedade. [Pausa...] Fui visitar a N. [amiga que está grávida]. Foi bom, vi que o tempo passou... que pode haver mudança. [Pausa...] Meus pais me deram um computador de presente justo no dia em que tive um acidente de carro. Coitados! Percebo o medo deles de me perderem... Acho que se eles pudessem me colocavam numa...

A: Redoma?

C: É, mais ou menos... num aquário.

Essa vinheta ilustra bem o terceiro momento da análise de Cibele, que desejo salientar.

À medida que ia progredindo e conseguindo se "habitar", sentir conforto interno, identificava sentimentos ambivalentes quanto a viver em separado. Nesse encontro me contou sobre a tristeza de crianças pequenas terem que ir para a escola muito cedo, sobre um sentimento de que a separação ocorre precocemente, e que identificava um medo em seus pais de perdê-la. Esse fantasma ligado ao fato de não poder controlar o tempo, o espaço e as relações objetais mais inteiras que implacavelmente se anunciavam era o responsável por uma fantasia inconsciente ligada ao risco de se ligar e de se separar.

Steiner (1997) faz uma diferenciação dentro da posição depressiva, chamando atenção para a negação da realidade da perda dos objetos amados feita por meio de um tipo de identificação projetiva que leva à posse do objeto pela identificação com ele. Mostra ainda como esse ponto crítico da posição depressiva surge quando a tarefa de abandonar o controle sobre o objeto tem de ser encarada.

Cibele passa a se refugiar nesse "aquário" justificando essa busca inconsciente como uma forma de continuar cuidando daqueles pais que não suportariam perder a única filha. Além disso, aparecia uma separação vinculada à irmandade. Se por um lado sempre parecia "cedo" para se separar dos pais, por outro, era como se o fato de ser filha única dificultasse ainda mais tal processo. O filho único não poderia morrer, não poderia se separar, pois separação e morte eram sentidas como a mesma coisa.

Foram aparecendo sentimentos intensos de dor, raiva, competição, triunfo em relação ao irmão e à irmã que morreram. Volta a se queixar de que minhas palavras a "pinicam" e de que eu não a compreendo.

Cibele para novamente de trabalhar. Deixa de sonhar e passa a faltar à análise ou a ter sessões improdutivas, áridas. Reaparece o ressentimento com a vida e com a realidade. Eu me sinto imobilizada em minha capacidade de associar.

Quando vamos podendo recuperar a capacidade de sair do imobilismo e desse estado mortífero, Cibele pode relatar brigas com a mãe e fazer cobranças de que a análise não adianta nada: a mãe não melhora, nem o pai, ela continua tendo de cuidar da própria vida. Ficam evidentes fortes sentimentos de decepção com a figura da analista e com o que a análise poderá lhe oferecer.

Alterna sonhos e associações em que o "aquário", como refúgio psíquico, era a defesa possível apesar de todas as consequências que o narcisismo de morte acarreta, e tentativas de se separar de uma história e uma herança que a relação com a figura materna determina.

Há percepções e capacidade de observar os objetos de seu mundo interno e as figuras que povoam seu mundo externo. Mas, a cada recurso psíquico que vai podendo usar para fortalecer-se, traz uma carga muito grande de medo e paralisia por temer a sua própria fragmentação e daquilo que a rodeia.

Sobre as cinzas

Relembrando hoje o longo processo de análise que vimos desenvolvendo, percebo que a queixa de Cibele de que a vida tinha perdido o sentido e ela não sabia o porquê e a percepção de como sua família era complicada e doente configuraram o primeiro pedido de análise dessa paciente.

Ela não veio movida pela pressão que um sintoma em especial poderia representar. Vinha para conhecer alguma coisa que não sabia identificar, mas buscava ajuda e força para mergulhar no desconhecido que o psiquismo de cada um de nós engendra. Pareceu-me que havia nela o desejo de um conhecimento interno sobre algo que não conseguia definir.

Apesar de a superficialidade ter sido a tônica dos nossos contatos iniciais, Cibele parecia mostrar-me justamente com isso que a percepção da realidade dos fatos e da vida emocional pesava-lhe. Parecia tentar se evadir do encontro com sua subjetividade mantendo certa lucidez e proximidade com os elementos de seu mundo interno e, ao mesmo tempo, um alheamento em relação a eles.

Com a morte de seu irmão, ela foi atropelada pela magnitude da perda que teve de enfrentar e pelas consequências psíquicas que esse fato trouxe. Além disso, ver sua família se fragilizar e falir trouxe a visão de um mundo caótico e perigoso. Um mundo de objetos mortos, ou moribundos, do qual só restaram cinzas!

Como as condições psíquicas para lidar com o sofrimento e as perdas não são construídas de forma mágica nem abruptamente, Cibele sentiu que o seu mundo interno não tinha meios nem estrutura para dar conta do que a vida lhe oferecia e lhe tirara. Aquilo que era desconhecido agora se mostrava falindo, desabando, ruindo. Mas, ao poder optar pela análise, parece intuir onde buscar desenvolver-se e comunica ter forças para investir na sua reconstrução.

No entanto, a interrupção da análise logo que os primeiros sinais de recuperação despontam, e com ela a viagem para um mundo sem dor e sem sofrimento, alerta para uma estrutura de personalidade frágil, fortemente marcada por um funcionamento narcisista.

A passagem para a posição depressiva é para mim o momento crítico de um processo de análise. Há o perigo de um corte abrupto e também o da busca pela resolução apressada de conflitos e do sofrimento que a nova relação de objeto causa.

Quando o equilíbrio psíquico e a relação com o bom objeto são frágeis, a onipotência dita as regras e se transforma na realidade sem fronteiras nem limites. Basta desejar que tudo fica bem e a felicidade chega a qualquer momento. Se antes a angústia esquizoparanoide inundava a mente e trazia o horror, os mecanismos de projeção e de identificação projetiva, aliados à negação, à alucinação etc., prometem distanciar a "maldade" e a culpa. O mundo volta a ser povoado de objetos parciais e mágicos.

Quando algumas condições da posição depressiva vão sendo alcançadas e, com elas, a dimensão do sofrimento psíquico vai sendo intuída, o paciente vai sendo confrontado consigo mesmo, com a própria essencialidade. Isso envolve ter acesso à precariedade de sua mente, à sua dependência, ao perigo que sua hostilidade e sua capacidade destrutiva representam para si próprio e para os que o cercam.

Muitas vezes durante o atendimento de Cibele refleti sobre a importância do desmame para o desenvolvimento psíquico de um indivíduo. Não deixava de considerar a importância dos primeiros momentos da relação mãe-bebê, o *holding*, a *rêverie*, mas pensava sobre esse ponto de corte que o desmame acentua e "oficializa". Ocorriam-me associações como a imagem de uma boca grudada em um seio, que mesmo murcho e seco guardava a sua função e a mantinha presa numa expectativa sem fim de que um dia ele reviveria novamente e a perda poderia ser anulada. Semelhante às cinzas do irmão, que um dia poderiam reviver e trazê-lo de volta à vida, inteiro. Assim, ela não precisaria enfrentar os lutos que a vida lhe colocava.

Apesar de Klein ter teorizado que o desmame era um trauma que levava ao complexo de Édipo ("Princípios psicológicos da análise de crianças pequenas", 1926), em 1935, em "Contribuição à psicogênese dos estados maníaco-depressivos", ela muda essa forma de ver o desmame, colocando-o como o momento da perda total do primeiro objeto bom externo do bebê, o que levaria ao auge as emoções e os conflitos da posição depressiva. Do meu ponto de vista, penso haver um *continuum* nessas duas formas de localizar e conceber o desmame.

Entendo que na posição depressiva o bebê está às voltas com as tarefas de cuidar de seus objetos amados como objetos totais e instalar o bom objeto – fonte de vida e amor – em sua mente de forma confiável e segura. Teoricamente falando, penso que esta é a via que marca o caminho para a sublimação e a simbolização e que permite a inserção do terceiro. Se a ameaça de perda total desse primeiro objeto bom e externo não pode ser tolerada, é insuportável, o bebê pode fazer aí o seu núcleo de fixação e de patologia.

A meu ver, Cibele ficou presa nesse emaranhado, não podendo sublimar, simbolizar as perdas e encontrar outros objetos substitutos para se aproximar, se ligar, e transformar o que fora uma perda em algo possibilitador de mudança psíquica. Seu mundo interno ficou preso às coisas em si, sem possibilidades de encontrar representação.

Pela magnitude da dor psíquica encontrada nesta paciente e pela evolução observada, inúmeras vezes me ocorreu se eu estava diante de um tipo de desenvolvimento psíquico ou se a análise, em vez de ajudá-la, contribuía para a criação de um falso *self*: para tentar lidar com as dores e as perdas ela construiu uma carapaça para proteger sua mente (Bion), ou uma organização mental patológica (Steiner).

Ao elaborar este trabalho pude me aproximar dessas questões e, além do desmame como momento de separação, pude me aprofundar no que compunha esse processo de separação.

Hallberstadt-Freud (2001), em seu artigo "Electra cativa: sobre a simbiose e a ilusão simbiótica entre mãe e filha e as conseqüências para o complexo de Édipo", retoma a questão do desenvolvimento da psique feminina, recolocando as duas tarefas que uma mulher deve realizar para alcançar sua feminilidade madura: "separar-se, ao menos parcialmente, da imagem interna de sua mãe criada tanto pelo consciente quanto pelo inconsciente e descobrir seus sentimentos sexuais e aceitar sua identidade sexual de maneira a desfrutar de ambos" (p. 154).

A autora mostra ainda como uma menina, ao ter de enfrentar essa contradição, ao desejar ter uma identidade separada e uma sexualidade própria, enfrenta o risco de ficar em um estado de ilusão simbiótica. E ainda afirma que esse fracasso pode ser transferido de uma geração para outra.

Como nos relembra, no mito de Electra, a tragédia se concentra numa filha obcecada por sua mãe, mas que, conscientemente, também deseja e planeja a morte dela. O assassinato da mãe que Electra força o irmão a cometer parece ser visto como um ato de vingança e de libertação e também uma forma de obter o amor do pai, por eliminar a rival. Esse trecho me fez pensar na história de Cibele, especialmente quando ela sonhava e se reportava a filmes ou lembranças das duas mulheres leprosas. Era como se a morte do irmão, aquele que deveria ser o "cúmplice" dela nessa história "edípica", tivesse sido alcançada pela "vingança dos deuses", que agora a puniam e a ligavam irremediavelmente a essa mãe moribunda, despedaçada, de quem não poderia se livrar e à qual deveria permanecer pendurada nesse seio murcho e seco. O desmame ficava assim eternizado numa espécie de imagem estática, sem movimento, sem vida.

O pai, descrito como frágil e sem forças, ficava afastado, ainda mais porque ele próprio reconhecia nunca tê-la visto como uma mulher ou, pelo menos, como uma parte importante daquela família. Como sabemos, e como novamente Halberstadt-Freud (2001) salienta, o pai é colocado no lugar daquele que poderia dar à menina a segunda chance de conseguir o que não conseguiu com sua mãe – seu objeto primário, sua fonte de vida e de identificações. Por meio dele buscaria o que sua mãe teria recusado. Mas por ser a segunda chance que frustrou seus desejos e sua "salvação", é também mais doloroso lidar com o seu desapontamento, ter forças para procurar outros objetos-fonte.

Há um casal deprimido, fraco, impotente, mas sádico(!), odiento, que a aprisiona, que não a ajuda a se separar deles para buscar a sua própria vida. Quando eles tentam ajudar, dão-lhe uma viagem para um mundo de fantasia e cortam a relação que ela vinha construindo em sua análise.

Esse misto de amor impossível, de satisfações impossíveis e ódio influenciou o desenvolvimento e a história afetiva de Cibele, suas realizações, sua capacidade de desejar.

Chamava-me atenção que, a cada momento em que novos movimentos psíquicos se anunciavam, Cibele parecia ser remetida a uma identificação com o objeto original e suas relações catastróficas e em ruínas. Havia sempre um desejo de se separar dessa mãe, de escapar de sua dependência e, ao mesmo tempo, de intensificar a forte dependência. O medo de destruí-la e o medo de ser por ela destruída fez com que o "grude" se intensificasse.

Pereira Gomes (2001), em seu texto "Os filhos de Jocasta: uma abordagem psicanalítica sobre a sexualidade feminina", põe em relevo um aspecto interessante sobre uma relação entre uma mãe e sua criança que faz supor uma ligação que busca a fusão, estabelecendo com ela um conluio narciso-simbiótico na tentativa de se evadir da dolorosa experiência de separação. Como Pereira Gomes continua em sua conjectura, e eu observo em Cibele por meio de suas falas e comigo na transferência, "é como se ambas se apossassem ávida e desesperadamente uma da outra, para tamponar uma hemorragia de carência, um vazio na experiência de continência" (GOMES, 1996, p. 1144) que não permite a separação, o progresso, o desenvolvimento.

Transferencialmente, ela muitas vezes me fazia acreditar que o seu progresso estava acontecendo, era real e sólido. Mas quando observava o meu movimento interno, percebia que eu fazia com ela, às vezes, um conluio para evitar interpretar e centrar o meu olhar e a minha escuta em seus aspectos mais dolorosos, que não podiam sofrer mudanças.

Isso me ajudou a pensar na primeira interrupção da análise de Cibele. Sua família pode ter sido atingida por essa mesma ilusão, imaginando que, como Cibele havia progredido, poderia interromper o processo a que vinha se submetendo, viajando para, assim, em novos espaços e tempo, resolver de vez suas perturbações e afastar-se de suas angústias. Sem pagar nenhum ônus.

Eu, de minha parte, até me "esquecera" de que ela fora embora. Mas ela permanecera ligada a mim, ficara me devendo... e quando retorna, novamente me avisa que o que a trazia para a análise era o estranhamento que vivia: pela tentativa de afastar-se de sua mãe (objeto originário), de ter progresso em sua profissão e de encarar uma relação com um homem (casado) que sumira. Falhara a crença de que por meio da ação era possível substituir as condições psíquicas. Aqueles atos não eram prelúdios para o pensamento.

Suponho também que, ao interromper seu processo analítico, havia apenas começado sua passagem para a posição depressiva e o processo de separação que precisava ocorrer. Hoje, penso que esse foi o momento em que ela inconscientemente sentiu que havia uma falsidade em seu progresso. Talvez por isso me pedisse para retomar sua análise.

Rosenberg e Boraks (2011) escreveram um texto muito interessante sobre a noção de vazio conforme a concebem, e a distinção que faziam entre vazio como horror e a experiência do vazio como expressão de fonte de transformações e integrações a serem alcançadas. Dizem elas:

> *O aspecto interessante do vazio é que não é imediatamente visível e, de fato, só se pode vislumbrá-lo de modo fugaz. Ele ocorre no entre das tramas da vida e contém em si a possibilidade de adquirir um significado, desde que a presença do outro se efetive.*
>
> *Na tentativa de eliminar os fantasmas da infância e na ilusão de preencher os vazios emocionais da insuficiência da experiência humana, o homem procura percorrer o caminho da maturação e alcançar o que Winnicott chamou de sentir-se real. Encarar a vida psíquica como um espaço cheio, povoado de emoções, sentimentos, vivências e todo tipo de experiência ou como um espaço vazio e empobrecido, nos tranca numa lógica binária, muitas vezes distante do que, de fato, a vida é.*

> *A manutenção desta visão nos obrigaria a conceber outros pares tais como: dentro e fora, processo primário e secundário, sadismo e masoquismo, paciente e analista que são exemplos de enganos decorrentes da linguagem psicanalítica. É mais próximo da vida falar em espectro e paradoxo que não pressupõem a exclusão do contraditório. "Antes de sermos isto ou aquilo somos uma miscelânea de vazios prenhes e tumultos rarefeitos".*
>
> *Em nossas histórias pessoais vivemos experiências de vazio que criam estados de confusão. Ansiamos pelo desaparecimento dele juntamente com a transformação das angústias e, no entanto, existem vazios que jamais desaparecem e que devem ser mantidos porque nos são necessários. "Esse espaço nunca pode ser eliminado nem silenciado, pois é uma necessidade do self. É o espaço vazio que abriga e acolhe o mais íntimo da nossa singularidade sendo também, o lugar no qual se enraíza nossa busca pelo outro" (BORAKS; ROSENBERG, 2011, p. 383).*

Marraccini, Boraks e Rosenberg chamam nossa atenção para a técnica psicanalítica. Parece que a esses pacientes não bastam interpretações psicanalíticas clássicas.

> *A ação do analista não estará voltada à interpretação do conteúdo intrapsíquico ou dos conflitos, angústias e segredos pessoais, e sim ao uso de sua imaginação e de sua capacidade construtiva para estabelecer com seu paciente a oportunidade de criar e recriar mutuamente. Assim, o* setting *especializado está predominantemente*

> *em conexão com o comportamento do analista e com sua forma de estar presente para o outro. Prioriza-se o ser, deslocando a ênfase colocada na busca da verdade, para uma experiência de transformação na relação (BORAKS; ROSENBERG, 2011, p. 383).*

Quem sabe esse vértice permita à dupla analítica construir possibilidades para um psiquismo esgarçado e corrompido, muitas vezes refratário às intervenções clássicas que tão bem conhecemos.

Considerações finais

Iniciei este capítulo relatando um momento muito interessante de minha vida que me fez refletir sobre os sobreviventes, o vazio, os vazios...

Reencontrar pessoas após mais de trinta anos traz uma alegria imensa, um desejo de reencontro, uma esperança (?) de restaurar tantas coisas vividas em um passado que tem memória em cada um que vivenciou isso. Éramos sobreviventes de uma longa jornada, tínhamos construído uma história pessoal, compartilhada e a compartilhar. Naquele momento, o vazio, os vazios podiam tanto estar presentes pela falta de companheiros queridos, como podíamos estar desejosos por preenchê-los com a presença viva de cada um, uma vida, um tempo, um passado, uma juventude... Mas não dependíamos desse encontro-reencontro para termos equilíbrio psíquico.

Perceber um desejo forte e ativo em cada um por reencontrar colegas, amigos, histórias, cores, sabores, cheiros, alegrias, barulhos... era descobrir um movimento que geralmente fica obscurecido pela nossa condição de representar. A fantasia que nos impulsionou a ir em busca do que cada um de nós guardou como tesouro único, de si mesmo e do outro, da história própria e compartilhada, da vida individual e da coletiva, podia ser uma das formas para lidar com o passado. Precisávamos de cada um e de todos, para compor e recompor algo espalhado pela vida e pela memória. Era como se o outro carregasse partes nossas que, para termos contato, necessitávamos da presença viva de cada um.

Mas podíamos pensar, reviver, recordar, elaborar. Nem sempre isso é assim.

O vazio psíquico, oriundo de rupturas e perdas, quando aparece, pode vir ora carregado de horror, ora de aconchego. Uma linha tênue que aproxima e separa funcionamentos distintos em nossos psiquismos. Uma dramática dolorosa e assustadora.

Trabalhar com Cibele me fez aprender muito. Tanto no que diz respeito ao exercício mesmo da psicanálise, ao me colocar em contato com esse mundo interno primitivo e rico, como me fazendo refletir sobre questões humanas relativas à própria existência. Foi um encontro vivo, embora árduo.

A análise de Cibele foi marcada pela necessidade de trabalhar, compreender e conter sua parte psicótica da personalidade, que segundo Bion (1988, p. 46) é marcada

> *pela preponderância tão grande de impulsos destrutivos que mesmo o impulso de amar é impregnado por estes e se transforma em sadismo; pelo ódio à realidade, interna e externa, que se estende a tudo o que contribua para a percepção desta; pelo pavor de uma iminente aniquilação e, finalmente, pela formação prematura e precipitada de relações de objeto (dentre as quais se destaca a transferência), relações essas cuja delgadeza contrasta acentuadamente com a adesividade que se mantêm.*

Foi por isso que recortei de seu processo os momentos que me pareceram os mais significativos para ilustrar a evolução clínica que desenvolvemos, embora muitos outros pudessem estar aqui inseridos.

No terceiro momento, no qual o "aquário" ficou como o representante do seu movimento psíquico, condensa tanto a defesa-refúgio psíquico de que ela poderia lançar mão para barrar seu desenvolvimento, se enclausurando nesse útero imaginário do qual não poderia sair, como uma chance de novo nascimento. Ela anunciava que um vazio podia ser vivido dentro dela, que não precisava ser da ordem do horror. Como disse anteriormente, uma linha tênue... entre possuir e desfrutar de um continente não catastrófico e ficar aprisionada num mundo de horror.

Para isso, Cibele deveria elaborar e transformar a sua crença de que seria sempre a responsável pela morte de outros para ter vida, elaborar a relação invertida de continente/contido, e transformá-la numa relação direta na qual a vida é que contém morte, perdas e lutos como algo inexorável. Ela também precisava construir representações e abandonar a crença de que o outro é que continha partes dela, desde sua história até o registro de seus afetos e seus sentimentos. Isto é, precisava ser capaz de reintrojetar essas partes perdidas, pelo mecanismo de identificação projetiva, e se apropriar de sua identidade para poder ser.

Penso que isso também esteve na base da relação transferencial comigo. A carga de identificação projetiva maciça, muitas vezes exitosa, me imobilizava e paralisava por meio de uma "ordem" de que eu não podia existir em separado dela, ter as minhas perdas, mortes e lutos, o meu vazio, pois isso, muitas vezes, se transformava em buracos negros e não em espaços criativos, de intimidade e de privacidade que até poderiam ser compartilhados.

Espero ter deixado clara a necessidade de o psicanalista estar atento para uma mudança de vértice na técnica psicanalítica, sobretudo no manejo da transferência-contratransferência, para detectar o desafio que essa relação transferencial coloca: o de poder suportar e ser continente desse vazio avassalador, devorador, não para fazê-lo desaparecer, mas para dar-lhe contorno e possibilitar o acesso e a transformação do vazio de horror para o vazio que gera espaço interno, que pode conter pensamentos, emoções, afetos... até mesmo as cinzas, esses fragmentos que não podem ser dispersados, quando contêm algo fundamental da vida de alguém.

A análise de Cibele se desenvolveu por aproximadamente 15 anos. Ela interrompeu inúmeras vezes o seu processo analítico, mas voltava quando sentia que o seu Eu estava em perigo de sucumbir novamente à depressão, ao vazio, às alucinações, à psicose. Quando a ruína se anunciava novamente.

Essas interrupções aconteciam quando ela começava a se sentir mais estruturada e em condições de cuidar da vida, mesmo sendo alertada para o fato de que estava pondo em risco o que vinha sendo construído. Ao voltar, comentava que tudo parecia ter desandado novamente e o medo, às vezes o pânico, tomava conta de seu psiquismo, paralisando-a.

Era preciso, novamente, renascer das cinzas...

Referências

ALVAREZ, A. *Companhia viva*: psicoterapia psicanalítica com crianças autísticas, borderline, carentes e maltratadas. Trad. M. Adriana Veríssimo Veronese. Porto Alegre: Artes Médicas, 1994.

ANDREUCCI, J. O *acting out* como falso progresso: malabarismos do instinto de morte. *Rev. Bras. de Psicanálise*, São Paulo, v. IV, n. 4, p. 590-601, 1970.

BION, W. R. *Aprendiendo de la experiencia*. Trad. Haydeé B. Fernández. México: Paidós, 1987.

BION, W. R. Diferenciação entre a personalidade psicótica e a personalidade não-psicótica. In: *Estudos psicanalíticos revisados*. Trad. Wellington Marcos de Melo Dantas. Rio de Janeiro: Imago, 1988. p. 45-62.

BORAKS, R.; ROZENBERG, M. Vazios. *In*: SUCAR, I.; RAMOS, H. (org). *Winnicott: ressonâncias*. São Paulo: Primavera, 2011. p. 379-386.

FREUD, S. Novas conferências introdutórias sobre psicanálise. *In*: *Edição Standard Brasileira das Obras Psicológicas Completas de Sigmund Freud*. Rio de Janeiro: Imago, 1972. v. XXII. Obra publicada originalmente em 1932.

GODOY, M. B. R. *Narciso e a morte precoce de Édipo*: uma organização mental patológica a serviço dessa tragédia. 1995. Tese (Doutorado). Departamento de Psicologia Clínica do Instituto de Psicologia da Universidade de São Paulo, São Paulo, 1995.

GOMES, M. C. A. P. Os filhos de Jocasta: uma abordagem psicanalitica sobre a sexualidade feminina. *Rev. Bras. Psicanal.*, v. 30, n. 4, p. 1115-1146, 1996.

HALBERSTADT-FREUD, H. C. Electra cativa: sobre a simbiose e a ilusão simbiótica entre mãe e filha e as consequências para o complexo de Édipo. *Rev. Bras. de Psicanálise*, São Paulo, v. 35, n. 1, p. 143-168, 2001.

KANCIPER, L. *Ressentimento e remorso*: estudo psicanalítico. Trad. Julio Ricardo de Souza Neto. São Paulo: Casa do Psicólogo, 1994.

KLEIN, M. *Amor, culpa e reparação e outros trabalhos (1921-1945)*. Rio de Janeiro: Imago, 1966.

KLEIN, M. Análise de crianças pequenas: (1923). *In*: *Amor, culpa e reparação e outros trabalhos (1921-1945)*. Trad. André Cardoso. Rio de Janeiro: Imago, 1996. p. 100-28. (Obras Completas de Melanie Klein, v. 1).

KLEIN, M. Contribuição à psicogênese dos estados maníaco-depressivos (1935). *In*: *Amor, culpa e reparação e outros trabalhos (1921-1945)*. Trad. André Cardoso. Rio de Janeiro: Imago, 1996. p. 129-151. (Obras Completas de Melanie Klein, v. 1).

KLEIN, M. Algumas conclusões teóricas relativas à vida emocional do bebê: 1952. In: *Inveja e Gratidão e outros trabalhos (1946-1963)*. Trad. Belinda Mandelbaum *et al.* Rio de Janeiro: Imago, 1991. p. 85-118. (Obras Completas de Melanie Klein, v. 3).

KLEIN, M. *et al. Os progressos da psicanálise*. Rio de Janeiro: Zahar, 1978.

MARRACCINI, E. M. Sobre a depressão após rupturas e perdas. *Boletim Formação em Psicanálise*, São Paulo, v. XVI, p. 7-19, 2009.

PEREIRA GOMES, M. C. O núcleo de mágoa crítica (Um estudo psicanalítico de Andreucci: certas vivências depressivas arcaicas). *Rev. Bras. Psicanálise*, São Paulo, v. 20, n. 19, p. 19-67, 1986.

PEREIRA GOMES, M. C. *Os filhos de Jocasta*: uma abordagem psicanalítica sobre a sexualidade feminina. Anais do V Encontro do Curso de Especialização em Psicoterapia Psicanalítica, São Paulo, 2001.

SEINER, J. *Refúgios psíquicos*: organizações patológicas em pacientes psicóticos, neuróticos e fronteiriços. Trad. Quintana, R. e Sette, M. L. Rio de Janeiro: Imago, 1997.

SIMON, R. Contribuição ao estudo do objeto interno. *Rev. Bras. de Psicanálise*, São Paulo, v. 18, n. 3, p. 283-300, 1984.

11. Exogamias na clínica da mulher e do homem

Marciela Henckel

Regina Maria Guisard Gromann

> *A doença foi possivelmente a causa última de todo anseio da criação. Criando pude recuperar-me, criando encontrei a saúde (HEINE* apud *FREUD, 1914/1976, p. 102).*

Introdução

Este texto visa enfocar, por meio da clínica psicanalítica, o trajeto empreendido pelo sujeito que se apresenta com traços melancólicos, diferenciando-o do estado depressivo, e a possibilidade de transformar o que é denominado aqui como um "Eu em ruína" em possíveis construções no atravessamento edípico.

Para isso apresenta duas situações clínicas: a de uma mulher na maturidade que busca análise a partir de um episódio de teor depressivo confundindo-se com um perfil possivelmente melancólico, relacionado a uma crise de meia-idade, proporcionando entrever os impasses e as transformações advindas dessa trajetória;

e a de um homem com uma queixa de inibição sexual, chegando ao ponto de perceber o desaparecimento do desejo, conduzindo a pensar sobre a natureza de sua impotência psíquica.

Dois casos nos quais vislumbramos momentos e elementos sugerindo um "Eu em ruína". O primeiro deles permite observar que o que se apresentou foi uma depressão, enquanto um estado constituinte para um trabalho de luto, permitindo uma transformação, instaurando um vazio com o surgimento de fantasias pela via do autoerotismo, a partir do luto, e instaurando deslocamentos exogâmicos. O segundo, por outro lado, enfatiza a ideia de um Eu empobrecido, esvaziado, interrogando a condição desejante mesma do sujeito – de acordo com a concepção lacaniana de desejo –, observando-se que a queixa de uma "depressão" era insuficiente para compreensão do caso.

Quando o processo clínico permite uma transformação de tais condições, de um "Eu em ruína", podemos nos deparar com uma construção na análise. Essa construção demonstra que o trabalho de luto passa pelo autoerotismo, bem como pelo processo de uma expansão do ego/Eu, possibilitando a reconstrução da trajetória edípica e seus avatares na constituição identitária.

Buscou-se aprofundar as questões relacionadas ao luto e à melancolia, articulando-as à depressão e ao autoerotismo, e sua regeneração na transferência. Esta reconstituição na transferência permite vislumbrar, na clínica, a relevância da mudança do tônus afetivo ao longo do processo. Diante do *pathos*, vivência excessiva à qual o sujeito fica submetido, pretende-se situar de que maneira reage ao excesso não veiculado pela elaboração – seja por perdas, seja por intensas frustrações – enfatizando os trajetos que empreende para reconstruir o que permaneceu fixado nas vivências arcaicas de cunho edípico.

Seja para o homem, seja para a mulher, observamos a importância da construção realizada na transferência, desde um percurso que passa pelo sintoma, caminhando em direção à regeneração do autoerotismo - aspecto que ficou soterrado pela impossibilidade da realização de um luto - até os caminhos que levam à feminilidade e à masculinidade.

Na sexualidade masculina, a questão da *impotência psíquica* se apresenta como fator preponderante dessa insuficiência, qual seja a de construir arcabouços de fantasias que mobilizam a sexualidade e a construção erótica, ressaltada pela dificuldade do homem em ligar/unir as correntes sensual e afetiva em relação a uma mesma figura amorosa, bem como em ascender à feminilidade. Por seu turno, na psicologia erótica da mulher, as manifestações das figuras do corpo em sofrimento se estabelecem como uma marca, impossibilitando-a nesse percurso de criar condições de enveredar na feminilidade, havendo um diferencial da psicologia erótica do homem.

A partir de dois casos clínicos apresenta-se brevemente este circuito ocorrido em análise, possibilitando compreender a diferença entre um estado depressivo e um acometimento melancólico; sua possível ou difícil ultrapassagem pelas vias do autoerotismo e, consequentemente, para e pela feminilidade. No primeiro, a perda é acompanhada de um momento de introspecção para uma posterior brotação. O estado de vazio do ego possibilita uma organização narcísica, instaurando um continente para fantasias e sonhos. No entanto, quando o acometimento é da ordem da melancolia, o esvaziamento do ego acontece em decorrência dos ataques de um superego arcaico e sádico, destruindo a condição erótica do sujeito. Nesta medida, não há possibilidade de brotação da fantasia, impulsionando o sujeito à destruição e a uma degradação que o coloca diante de um grande buraco abissal, sem a rede onírica como um véu, predispondo-o à destruição da pulsão de morte. É assim que, no segundo caso, a queixa do paciente revela uma falta de movimentação psíquica que influencia não apenas sua atividade sexual, mas se infiltra em outros setores de sua vida, desaparecendo a capacidade criativa e a possibilidade do prazer em criar. Pretende-se aqui assinalar que na clínica do homem a passagem pela feminilidade é um dos fatores preponderantes para que haja a sua ascensão à masculinidade.

Fédida (1992) menciona que a circularidade viva nascida na transferência (sonhos, imagens e associações) proporciona um lastro e um terreno fértil para a manifestação de Eros, "criação sexual". A questão a ser trazida é em que medida o Eu abatido pela sombra da luta ambivalente entre amor e ódio das imagos primevas poderá ser reconstituído após o luto e pela manifestação de Eros, reconstruindo a perda objetal que o empobrece e o incapacita de amar.

Tanto a impotência psíquica para o homem quanto as figuras dolorosas do corpo para a mulher, sua *via crucis* melancólica, são modos de enfrentamento de uma perda não elaborada pelo luto: seja pela aridez das fantasias e pelo foco exagerado no órgão sexual masculino, seja nas sensações aterrorizantes da perda fálica da mulher no climatério.

O pathos *da mulher na maturidade*

A clínica da mulher no climatério confronta o analista amiúde com a insistência dos sintomas expressados no corpo, impelindo-o, nas primeiras apresentações do *setting*, a "ouvir com os olhos" o que a paciente transmite por meio de um corpo em sofrimento para discriminar esses pequenos fragmentos que se apresentam em sintomas hipocondríacos e não ligados psiquicamente.

O conceito do "Eu em ruína" nos coloca contribuições relevantes no que concerne à reflexão em situações clínicas em que a perda fálica se coloca, sendo a menopausa um desses momentos. A forma como a mulher ultrapassa essa etapa, reconstituindo sua condição de revitalização narcísica, depende de como as etapas anteriores à menopausa puderam ocorrer. Ao pesquisar sobre o erotismo da mulher na maturidade (GROMANN, 2009), foi possível observar a constituição de um novo erotismo marcado pela circularidade viva que é empreendida na transferência: sonhos, fantasias de cunho infantil perverso polimorfo, acabam por realizar essa revitalização, húmus para novas experiências e um alargamento do Eu, realocando por meio de "exogamias" e deslocamentos das passagens edípicas novas configurações egoicas.

Levando em consideração que o ego para Freud (1923/1976, p. 40) é "antes de tudo somático", é no corpo que essas realocações passarão a se intensificar, se essa condição for favorecida pelo autoerotismo. Tanto os estados melancólicos quanto a estranheza de um corpo em mutação, bem como as figuras da depressão, são manifestações que podem ter um trânsito no processo evolutivo ou virem a se fixar em quadros psicopatológicos. Nesse sentido, o foco no processo de luto se apresenta como imprescindível.

Segundo Marraccini (2008), no funcionamento psíquico arcaico o objeto não existe de forma independente para o sujeito, pela sua incapacidade de perdê-lo. Nessa contingência fica-lhe vetado realizar um processo de separação; aspecto este indispensável para que ele erija as futuras edificações do Eu. Assim, permanece numa organização narcísica de personalidade com relações de objeto onipotentes e infiltradas pelo mecanismo de identificação projetiva. Esse panorama psíquico mantém o sujeito fixado a imagos e situações primitivos, impedindo-o de se defrontar com as perdas – condição essencial para a resolução do luto quanto à ultrapassagem de momentos críticos da vida, impulsionados pelo processo de elaboração.

O caso Adélia nos remete a essa situação: quando buscou psicoterapia estava tomada pela depressão e por sentimentos confusos. Sua narrativa era permeada pela ira, diante da traição do marido. Durante o percurso clínico foi possível observar que a traição não era apenas a vivida na relação conjugal, mas a traição do seu próprio corpo que não obedecia mais aos ciclos esperados de seu tempo de fertilidade: o climatério se avizinhava e teria então de dar conta não apenas da primeira, mas da segunda traição a que se via submetida. Lutos precisavam ser realizados, ligados a um ideal que lhe fora impossibilitado, já que não pudera ter filhos biológicos. Crise, portanto, em sua vida conjugal e crise identitária, uma vez que seu corpo já dava mostras da transformação prevista pela maturidade.

Durante seu percurso analítico realizou um profundo mergulho em sua infância e juventude: fantasias recalcadas de brincadeiras sexuais infantis eram confundidas com abusos e uma autoestima profundamente denegrida surgia, já que se sentia "manchada" em sua reputação, sentindo-se igualmente "traída" pelos pais, que considerava negligentes no que tangia aos cuidados despendidos em relação a ela. Apresentava-se deprimida nas sessões, exalando ódio, terror, e uma atmosfera catastrófica envolvia o ambiente terapêutico. Encontrava-se nessa ocasião à beira de um colapso.

"A outra mulher" trazida por ela era bonita, feminina, tinha-lhe "roubado" o marido e era mais jovem que ela. Sua amargura e seu ressentimento foram dando lugar à curiosidade em relação a esse "duplo". Ou seja, quanto mais se aprofundava em sua curiosidade, mais relacionava a feminilidade que via nela com suas vivências juvenis: nunca havia se permitido ingressar nos caprichos, na vaidade, na curiosidade em relação ao corpo da mãe, a qual se mostrava austera e fechada a tais assuntos. Cresceu e se tornou uma jovem inteligente, estudiosa, porém pouco "coquete".

O luto que lhe possibilitou essa depressão a impeliu posteriormente à depressividade[1] e ao autoerotismo que emergiu no processo analítico. A entrada no universo da arte possibilitou-lhe despertar as fantasias tão recalcadas ao longo de sua adolescência, envolvendo o *setting* analítico de imagens pictóricas e literárias: uma alegoria que permitiu deslocamentos e um alargamento egoico, liberando-a, por meio de Eros. A perspectiva de sua vida foi resultado dessa circularidade viva (FÉDIDA, 1992) que, se não houvesse ocorrido, poderia lançá-la a uma fixação melancólica. O luto arcaico que pôde reviver das "outras mulheres" – em primeiro lugar, a mãe, e em segundo, a amante do marido – permitiram-lhe que se reencontrasse com a outra mulher dentro dela.

Segundo Marraccini (2008), uma fase melancólica no início da vida, atribuída por Klein em 1946 e correspondente à posição depressiva, pode deixar resquícios não superados no sujeito, ressurgindo em momentos de perda, seja de um ente querido, seja do que possa ter tomado o seu lugar, ocasionando um colapso narcísico. Esse colapso se encontra num panorama psíquico infiltrado de identificações projetivas maciças e de relações de objeto de caráter onipotente, sob o julgo de um supereu pré-genital implacável, mantendo uma relação com o Eu de forma recriminatória e hostil, exacerbando o sentimento de culpa e acusatório pelo abandono do objeto, e vingando-se por meio dos destroços da ruína. Nesse panorama, movimentos maníacos se alternam com o da depressão profunda, mantendo o sujeito preso à dependência e na alienação.

1 Segundo Berlinck e Fédida (2000), a depressividade é uma manifestação que ocorre posteriormente ao estado depressivo, mencionado por eles como um estado de "hibernação" constituinte de um vazio narcisicamente organizado. "Este novo estado afetivo do aparelho psíquico, em que brotam sensações e imagens, denomina-se *depressividade*" (p. 82, grifo do autor).

É possível que resquícios mal elaborados possam sempre estar presentes em momentos de perda, mais especificamente, como no caso Adélia, na transição entre um corpo da maternidade para a maturidade? Pode-se perceber que a relação com a imago materna tem a tendência de refluir com intensidade nessa etapa, trazendo com movimentos em cadeia outros elementos da trajetória edípica, sendo a relação amorosa atual prototípica das relações primárias, principalmente com a imago materna. Nesse sentido, o panorama inicial do processo analítico com Adélia apresentou matizes melancólicos traduzidos pela autoestima, que se encontrava debilitada, bem como cisões demonstradas pela ira com a qual descrevia a "outra mulher", representando a inveja e o ciúme da mãe, e o "outro homem", representando a imago paterna.

No decorrer do trabalho analítico, após viver um momento de intenso luto, Adélia resolveu realizar uma cirurgia reparadora, e o uso feito desse procedimento chamou a atenção pela condição de reestruturação identitária, sendo situação emblemática em seu trajeto rumo à conclusão do luto e ao encontro com seu próprio corpo, pois quando se encontrava em convalescença percebeu-se introspectiva, reflexiva, mencionando maior contato consigo após um tumultuado tempo. A sensação de vazio aqui não se configurava como um esvaziamento destrutivo, mas surgia como condição de constituir um continente, uma "organização narcísica do vazio", de onde brotariam fantasias e sonhos realocando sua posição na maturidade, reencontrando-se com seu "corpo estranho", possivelmente o corpo "da outra mulher" que nascia após o luto da juventude. Esses deslocamentos realizados após o processo introspectivo demonstravam igualmente o trajeto edípico reeditado, inaugurando exogamias além-mãe como possibilidades de construções eróticas.

Do sensorial à interioridade: aspectos do amadurecimento da mulher

Freud (1923/1976) menciona, em "O ego e o superego (ideal do ego)", a formação de um precipitado no ego resultante das identificações com o pai e com a mãe, respectivamente do menino e da menina, fruto do complexo edípico. Há, dessa forma, uma modificação do ego em ideal do ego ou superego que confrontará outros conteúdos egoicos. Nesse sentido, segundo ele, o superego captura o caráter paterno, e quanto mais influente e submetido à repressão for o complexo edípico, mais rígida será a dominação do superego sobre o ego, resultando numa configuração da consciência ou num sentimento inconsciente de culpa.

Portanto, essa passagem na mulher possibilitaria um sentido de aprofundamento em seu processo de ressignificação: de uma superfície erógena, sensorial, para um sentido de interioridade e profundidade, característico da feminilidade. Dessa forma, todo o processo sensorial vivido pela menina na pré-genitalidade, relativo à sexualidade perverso-polimorfa, sofre um balanço entre interdição da lei e sua transgressão, balizada pelo ideal de ego (superego). Isto é, a angústia e os julgamentos morais advindos dessas primeiras vivências podem ficar, como ocorreu com Adélia, "cristalizados" e fixos, sem nenhum trabalho elaborativo, surgindo posteriormente num momento de crise, na passagem de idade e de crise em seu casamento.

Nesse sentido, o recalcado retorna tão vívido quanto o fora na época, e o sintoma – a "outra" – pôde surgir e, passando por um processo de elaboração, tornar-se apropriação. Assim, ao se mencionar o balanço entre a interdição da lei, própria do superego, e a transgressão, própria do desejo, pensa-se acerca das injunções que surgem da construção do erotismo no sujeito. A hipótese que se levanta é que quando uma falha ocorre nesse balanço, ou a ação do superego é severa em demasia ou as vivências sensoriais não conseguem ser elaboradas no cerne do ego (dentro da acepção de que o ego é, antes de tudo, um ego corporal). Deriva-se, no primeiro caso, num sintoma histérico e, no segundo, em sintomas hipocondríacos ou neuroses lesionais.

Em suma, as vivências precoces da sexualidade infantil perverso-polimorfa servem como os primeiros registros prazerosos nascidos no ego, que serão posteriormente confrontados com o precipitado do ideal de ego advindo das figuras parentais identificatórias. Assim, a angústia surge no ego, sinalizando o perigo produzido por um impulso para se defender. Nesse sentido, estes aspectos comporão a identidade feminina e seus avatares ao longo da existência e do significado de ser mulher. Segundo Freud (1931/1974), na fase fálica as meninas têm o clitóris como a zona erógena principal, passando posteriormente, com as alterações próprias da feminilidade, a um prazer interno, vaginal, mais profundo, correspondendo a esta interioridade e à sua apropriação enquanto sentido identitário.

Bataille (1957/2004, p. 59) menciona que "A experiência interior do erotismo solicita daquele que a prova uma sensibilidade à angústia fundadora da interdição tão grande quanto o desejo que o leva a enfrentá-lo". Assim, a angústia parece sinalizar o aparecimento do desejo e sua interdição, compondo desse modo os aspectos balizadores do conflito humano e seus enfrentamentos.

Da desilusão edípica à feminilidade

Angustiada e expressando seu ressentimento por ter perdido a posição fálica onipotente diante do companheiro idealizado, desconhecido a partir da traição, Adélia envereda pelos caminhos do desejo. Esta desidealização é representada pela desilusão edípica; um homem – pai – visto como tendo uma reputação inabalável, colocado numa posição ideal, e que num determinado momento é visto com "outra". Sua decepção, seu desmoronamento diante dessa figura idealizada a leva por períodos de intensa angústia e ódio em relação à "outra" e inveja pelo que podiam desfrutar e de onde estava apartada.

A partir desse primeiro momento turbulento, emergiu um estado depressivo próprio do luto e, posteriormente, entrou em contato com a ideia de que estava na menopausa propriamente dita, abrindo-lhe um espaço novo de criação e de oportunidades. Nessa ocasião a "outra" deixa de ser objeto de inveja para ser objeto de curiosidade. Sua questão era quem era essa outra mulher e quem era esse homem que desconhecia. Essa cena alude à cena edípica, quando a menina, percebendo que há um casal e que o amor do pai, que acreditava ser somente destinado a ela, se encaminha à mãe. Dupla desilusão – do amor inicial da mãe, e pela segunda vez, mais tarde, do pai que a decepciona nesse amor, tendo de elaborá-lo. Essa revivescência edípica reeditada em seu casamento, embora lhe seja chocante e traumática, resulta num encontro consigo mesma – com essa outra mulher dentro de si, vista como estrangeira – e com seu próprio desejo em relação a esse homem desconhecido. Então, nesse momento, sente-se livre para viver o desejo numa atmosfera erótica, para desejar um homem não mais idealizado como pai, amadurecendo, portanto. Nessa etapa do processo psicanalítico engajou-se em atividades artísticas em grupo, retomando sua vida amorosa, abrindo-se ao desejo e ao erotismo.

As cenas trazidas por ela na sessão criaram uma atmosfera onírica de erotismo, abrangendo figuras da literatura e da pintura. Esse deslizamento se compôs como um espaço de trânsito que possibilitou outro registro em suas vivências. Nas sessões mencionava que na adolescência havia ficado presa numa posição masculina e que somente na maturidade - ironicamente quando suas taxas hormonais estavam bem abaixo do normal, extinta a sua fase biologicamente fértil - descobre o desejo e o prazer como mulher num novo encontro amoroso, rumando em direção à sua feminilidade. Em outras palavras, nessa época surpreendia-se com mudanças relativas à atenção e ao olhar que se voltaram para seu companheiro, relatando seu excitamento e seu prazer quando o avistava se aproximando dela e, por vezes, a angústia de poder perdê-lo, coisa que antes não cogitava. Foi, portanto, depois de uma perda efetiva que se encontrou na "outra" mulher que existia dentro dela, como estrangeira.

Berlinck (2005, p. 3) menciona, em seu texto "Incesto e exogamia": "Além da mãe, guardiã sagrada dos representantes da potência fálica, abre-se um mundo de angústia". Embasado em Leclaire, ele refere que a dificuldade do sujeito não residiria em se reger pela lei, mas em sair do incesto, exigindo deste uma migração da "ideologia dominante materna" em direção à exogamia; ou seja, empreender novas ligações, realizadas a partir de um distanciamento migratório. Segundo ele, "o incesto não seria nada mais do que a relação comum que mantemos com nossas fantasias" (Berlinck, 2005, p. 3). Nessa medida, a fantasia da cena primária infantil (*Urszene*), suscitada no processo analítico por meio da regressão, necessita de um outro para ser balizada: seja no *setting*, surgindo como o lugar onde o sujeito é convocado a um contato vivo com suas fantasias, a se desapegar das imagos arcaicas, elaborando-as, seja por meio do conhecimento da história e da memória da cultura em que vive.

Nesse sentido, pode-se pensar que a saída do incesto a caminho da exogamia constitui-se como uma condição de possibilidade para a ascensão à feminilidade bem como à masculinidade. Tanto uma posição quanto outra exigem um longo processo de elaboração que não raras vezes pode ser atravessado pela inibição. É para a impotência psíquica que se manifesta no homem que partimos a seguir.

O esvaziamento do Eu na impotência psíquica

Na inibição sexual masculina, Freud (1910/1976) observa uma dificuldade do homem em ligar/unir as correntes sensual e afetiva em relação a uma mesma figura amorosa. A essa dificuldade dá o nome de "impotência psíquica".

Embora essa situação seja comum nas inibições específicas, parece-nos que a noção de "impotência psíquica", revelando uma perturbação no trabalho psíquico do sujeito, permite sua utilização mais ampla. Se a inibição revela uma paralisação do movimento psíquico (LACAN, 1962[1963]/2005), pois neste estado o sujeito realiza o mínimo de movimento para ter o mínimo de dificuldade, podemos nos perguntar de que natureza é a impotência psíquica que afeta o homem com uma inibição generalizada.

Nesta encontramos um "Eu/ego empobrecido", o que é diferente de encontrar um Eu/ego em conflito diante de desejos discrepantes entre si. Ou seja, é bem diferente estar diante de um paciente que nos fala de obstáculos, bloqueios, impedimentos para realizar seu desejo e de um paciente que nos fala de um vazio (HENCKEL, 2009). É dessa segunda situação que pensamos trazer algumas considerações aqui, fazendo-o desde o vivido na clínica e a construção de sua narrativa.

O caso

Mario tinha quase 40 anos quando chegou para ser atendido em psicoterapia individual numa instituição pública especializada em tratamento e pesquisa sobre sexualidade. Naquela ocasião já tinha passado por duas psicoterapias de grupo e permanecia em consultas psiquiátricas periódicas.

Quando estava terminando o segundo grupo, procurou uma das psicólogas para dizer que estava se sentindo muito "deprimido" e que queria poder ser escutado individualmente. Inicialmente, associava esse estado, entre outras coisas, a um rompimento amoroso, uma relação que recentemente tinha começado.

Talvez aqui pudéssemos entender esse estado revelando um trabalho de luto no qual o sujeito retira seus investimentos da realidade externa para concentrar a energia no Eu/ego. Um estado narcísico, limitando outras funções que não sejam a do trabalho de travessia (*Durcharbeitung*) que implica uma perda. Pensamos em inibição.

Além disso, no que se referia a sua vida sexual, dizia perceber já há um tempo que seu desejo estava sendo afetado, pois experimentava uma preocupação, que não era recente, de possibilidade de perder a ereção. Contou que desde o início de suas atividades sexuais sofria de uma ejaculação precoce, que às vezes era capaz de controlar mais ou menos. Entretanto, dizia que "por muito tempo, fazer sexo era experimentar a sensação de existir, de estar vivo. Era no sexo que eu sentia que estava vivo".

Naquele momento, entretanto, não era mais desse modo que falava das suas vivências sexuais. Se antes o problema da ejaculação precoce encontrava lugar na série de motivos para ter várias relações num único encontro com uma mulher, agora se apresentava como uma dificuldade a ser evitada. O ato sexual que se dava em curto tempo trazia associada uma preocupação com a possibilidade de perda da ereção, levando finalmente a uma falta de desejo, como uma inibição mais radical, no sentido de impedir a relação em si. Em outras palavras, ficava ele impedido na ação amorosa. Isto, dizia ele, estava deixando-o "deprimido".

Sem considerar esse "deprimido" do paciente como uma conclusão diagnóstica, procuramos escutar o seu sentido mais amplo. Pedimos para que falasse mais.

Mario contou sua história de frequentes aproximações e rupturas nos relacionamentos afetivos, em que vive substituindo as figuras amorosas, num contínuo movimento metonímico. Neste trabalho de construção de uma narrativa do vivido, restava para ele uma pergunta ainda: "existe a possibilidade de encontrar alguém que faça comigo um par perfeito?".

Ora a paixão, ora a decepção, da qual se percebe vítima. O outro – "objeto dos ardores do apaixonado" – torna-se de repente o "agente do seu desamparo" (HASSOUN, 2002, p. 44-45).

Em meio à série de frustrações (*Versagung*), Mario saía para beber com os amigos, como se procurasse engolir a cada gole sua raiva experimentada por cada perda, sentida como abandono, por cada decepção vivida com o outro. Parecia fixado na pergunta: será que existe a mulher perfeita? Como confiar a ponto de se entregar?

Quando Mario tentava embebedar suas frustrações, caía em casa, demorando dias para se recuperar. Durante esse período sentia-se em estado de inércia, tornando-se tudo muito demorado para ser realizado, pois não tinha vontade de sair e "enfrentar" os compromissos do cotidiano, que acabavam funcionando como um confronto com a realidade.

A vida adquiria uma dimensão de vazio, sentia-se como se passasse por ela "em branco". Qualquer projeto de futuro ficava obstruído. Caía no vazio, depois de experimentar o entorpecer do cigarro de maconha ou do "porre" da bebida. Chamava atenção certo movimento autodestrutivo, sugerindo que a ideia de "depressão" não seria suficiente para compreensão do caso. Depreciação ou autodepreciação chamavam atenção, sugerindo uma perturbação mais elementar do erotismo, quando entendemos este como a possibilidade da ligação, da livre associação, que põe a vida em movimento.

Sua configuração psíquica ganhava forma no espaço de psicoterapia individual. Cada vez mais pensamos em uma inibição generalizada, na qual o Eu/ego se encontra empobrecido. Um Eu/ego apresentando limitações na sua própria constituição. Pensamos numa organização subjetiva na qual a própria condição desejante do sujeito se encontra perturbada. E isso para além do desejo sexual.

Em sua atividade profissional, por exemplo, dizia "funcionar no automático". Era capaz de reproduzir, dominar a técnica, mas não de realizar sua ação "de corpo e alma". Vale dizer, Mario era artista e se ressentia muito por perceber sua arte se realizar mais mecanicamente que pelo coração. Além disso, "dispersões", "falhas da memória" contribuíam para complicar mais ainda sua atuação.

Quando o adulto se queixa em relação ao que poderiam ser considerados suas potencialidades e seus interesses no trabalho, que implicam contínua aprendizagem; quando se queixa de que a vida está vazia, sem sentido, reduzindo significativamente suas perspectivas de projetos futuros, pensamos que uma falta de vigor, de virilidade, ou uma perturbação no erotismo também afetam as suas aprendizagens. Chamava atenção como esse tema

– aprendizagens e trabalho – surgia na sessão. Isso parecia não poder nos passar indiferente.

Além disso, Mario confessava que os relatos de lembranças não lhe faziam sentido, não sentia nenhuma emoção, nenhum afeto. As memórias pareciam não lhe dar uma dimensão de história de vida.

A ideia de um Eu/ego esvaziado cada vez mais ganhava sentido. Um Eu/ego vazio quando, de um lado, vivia referido a um ideal – por exemplo, a "mulher perfeita" – enquanto, de outro, experimentava um desamparo maior que seus recursos defensivos.

Entre o ideal e o fracasso Mario ficava. Com tudo isso, nos faz pensar mais em uma inibição generalizada que numa inibição específica, limitada a sua atividade sexual.

A impotência psíquica aqui é mais radical. Ela incide sobre o trabalho psíquico conhecido como *Durcharbeitung*, um trabalho de travessia que sugere uma atividade prolongada, como a ascensão à masculinidade.

Para a realização da passagem da condição de menino para a condição masculina, que possibilita a apropriação da virilidade, é preciso percorrer um longo caminho. Nesse percurso ocorrem perdas que, ao mesmo tempo, tornam-se condição de possibilidade para algum ganho. Por exemplo, é preciso que o menino renuncie simbolicamente seu suposto lugar de privilégio junto à mãe, faça o trabalho de luto por esta perda e aceite esperar o seu momento para encontrar alguma mulher com a qual possa viver sua virilidade.

A possibilidade de obter potência está muito mais assentada na perda, no reconhecimento de certa fragilidade, que numa virilidade absoluta. Entendemos que nesse sentido podemos falar de um trabalho de *desidentificação fálica*, condição de possibilidade para o homem alcançar uma masculinidade desde onde possa realizar sua condição viril.

Berlinck (2005) observa a importância de o homem ascender à feminilidade. Essa feminilidade se refere a um estado psíquico que se relaciona com a possibilidade de espera, com uma posição não onipotente... Talvez possa se pensar no poder de ocupar diferentes lugares – de objeto, de sujeito, passivo, ativo – no sentido de experimentar uma maior realização na sexualidade. Pois, na sua manifestação, a sexualidade implica todo um jogo de penetração e de se deixar penetrar pelo outro, permitindo uma troca de lugares em que ora um é sujeito, ora objeto. Quando uma perturbação mais radical no erotismo afeta o sujeito, essas brincadeiras permanecem impedidas, pois uma condição de falta de desejo impede a própria capacidade de investimento no outro, na relação amorosa.

O que na história de Mario influenciava seus impedimentos na própria determinação do seu desejo? Situamos dois significantes por ele mesmo referidos na construção de sua narrativa sobre si – uma mãe enlutada pela perda de um filho antes de o paciente nascer e, mais recentemente, um pai adoecido, com dificuldades para se locomover, silencioso, passivo, depressivo. Não que se possa pensar numa relação de causa e efeito, entretanto, sua narrativa dá destaque a esses elementos que parecem impressos no seu psiquismo, sem ter sofrido um trabalho psíquico de transformação que permitisse uma reescrita histórica de si mesmo.

Isso é possível dizer pelo próprio modo como Mario falava dessas representações. A imagem do pai lhe causava horror, dizia ter medo de se identificar com aquela figura do sofá; enquanto a situação de uma mãe enlutada talvez justificasse boa parte de sua tendência à autodepreciação, uma dificuldade de reconhecer seu talento artístico e suas próprias conquistas. É que tudo o que tinha vivido até ali não era concebido por ele como realização, passando a vida em branco, como se não soubesse do direito que tem de simplesmente existir e desejar.

A feminilidade e a insuficiência: a imperfeição interminável do desejo

Freud (1933/1976, p. 140) menciona em sua conferência sobre a feminilidade o quanto "através da história, as pessoas têm quebrado a cabeça com o enigma da natureza da feminilidade", sejam homens ou mulheres.

Renunciar, assim, ao poder fálico, à idealização da perfeição, bem como elaborar perdas e términos são a condição do novo e da construção erótica, por excelência. Nesse sentido, o luto, o vazio constituinte de um continente possibilita o surgimento da fantasia e do sonho, bem como aciona deslocamentos e exogamias propícios ao desejo humano.

Freud (1937/1976) realiza uma interessante articulação, no último parágrafo de seu texto *Análise terminável e interminável*, a respeito da condição em que se coloca a conclusão de um processo analítico, relacionando-o com a feminilidade, ou o seu repúdio. Diz-nos: "Só podemos consolar-nos com a certeza de que demos à pessoa analisada todo incentivo possível para reexaminar e alterar sua atitude para com ele" (p. 287), abrindo caminho para novas pesquisas a respeito dessa passagem. Isto é, deslocamentos e exogamias que permitam novas ligações.

As duas condições são tão voláteis, pouco previsíveis e enigmáticas. Segundo ele, "o enigma do sexo" coloca-nos diante da questão sempre viva de que esse enigma sempre existirá e deverá ser sustentado, seja por homens, seja mulheres; analisados ou não. O único fato que nos conduz é que nos analisados, nos que pensam seu *pathos* (caminho), essa condição de sustentar o enigma poderá ser mais viável, embora apartada do atributo fálico. Há outra categoria de humanos em que essa condição se encontra: a de poetas e artistas. O que nos leva a pensar que o processo analítico se aproximaria muito de uma arte, a arte de se conduzir através de seu próprio *pathos*.

O que seria manter um processo analítico em mente senão a convocação a todo instante da questão da feminilidade e do seu caráter transitivo e transitório? O prefixo "trans" ainda nos remete a movimento, ou seja, vencer a inércia psíquica, a inibição que nos paralisa: restrição egoica diante do mundo e de Eros.

O campo a ser delimitado é o quanto a feminilidade poderá ser mantida (ou encontrada), já que difere essencialmente da posição fálica.

A visita do fauno: assombro e descoberta da feminilidade

Há na trajetória edípica, tanto para o homem como para a mulher, em momentos de crise, a surpresa diante da descoberta da vida e da exogamia, a saída de uma posição infantil idealizada para a possibilidade de uma construção a partir dos subterrâneos da fantasia, acompanhando e habitando sempre o humano. Realizar uma articulação entre a fantasia infantil e as descobertas da "realidade" sexual é a possibilidade da aventura analítica. Isto é, a fantasia como o mito humano, tal qual a poesia com sua linguagem peculiar, são modos de enfrentar e ressignificar a condição primeva que nos acompanha por toda a vida. Um trecho mítico nos indica esse caminho tão caro em direção à feminilidade para a mulher e a possível ascensão à masculinidade no homem, fenômeno evanescente e enigmático.

Um riso descontraído tirou Fauno do fundo de si mesmo. Despertando de seus pensamentos, buscou, curioso, a fonte de som tão agradável. Saltou por entre as grossas árvores carregadas de frutos. Misturou-se ao verde do bosque. Espiou entre as folhas.

Hércules e Ônfale passeavam enamorados: os olhos presos nos olhos, as mãos entrelaçadas. Espectador solitário, Fauno mudou-se logo em ardente invejoso, e, como nunca, vibrou no desejo de possuir Ônfale.

Protegido pelas sombras do anoitecer, o deus segue os amantes, como o ladrão que espera o momento propício para agir. Aguarda ansioso. Vê-os entrar numa casa. E, colando-se à janela, escuta as palavras de amor que vêm do escuro da habitação.

A noite já terminava quando, por fim, sobrevém o silêncio. Sozinho, Fauno é o espião incansável. É o olhar que tudo investiga: os servos, embriagados, não resistiram ao peso do vinho, e tombaram adormecidos. A passagem está livre.

O sono acalenta os amantes. Silencioso, encoberto pelas trevas, Fauno entra na casa, pé ante pé. Não quer despertar Ônfale e assustá-la com a surpresa do seu corpo quente. Tateando a escuridão, chega ao leito. Com as mãos estendidas, busca o leve tecido que recobre o corpo desejado.

Mas então recua, duvidando de seus próprios sentidos. Ao invés de macios lençóis de linho, encontrou a pele de leão, usada apenas por Hércules, e o rude contato feriu-lhe as mãos ansiosas. Enganara-se.

Dirige-se ao outro leito. Recomeça a procura silenciosa. Apalpa, acaricia e sente, por fim, o delicado tecido. Ressurge nele o fogo do amor já quase esmorecido.

O deus sobe ao leito, sem fazer ruído algum, e pouco a pouco se estende. Encosta-se no corpo adormecido e com o braço longo procura a barra da túnica mimosa. E começa lentamente a erguer a veste da amada.

Novo assombro. Fauno para um instante: buscava a pele fina e cálida, e encontra músculos salientes e rudes.

Mais curioso que ardente, continua seu caminho ousado. É nesse momento que Hércules, sentindo-se perturbado, vira-se de súbito. E em seu movimento derruba Fauno.

O deus cai no chão e com ele o seu segredo, pois Ônfale desperta e grita. Os servos acorrem e de repente o quarto se ilumina.

Furioso, envergonhado, Fauno descobre, finalmente, a razão de seu engano: os amantes haviam resolvido trocar as próprias roupas, numa inocente brincadeira.

Caído ao chão, o intruso sofre o riso de todos. Os comentários zombeteiros ferem-lhe os ouvidos e o coração. Ônfale é quem mais se diverte, pois descobrira ser objeto dos desejos de Fauno.

> *Querendo emudecer o riso interminável, ele foge, quase enlouquecido. Derruba vasos, tropeça em degraus imprevistos. Sai gritando sua cólera aos montes e às florestas, quebrando plantas, pisando flores.*
>
> *Pela noite adentro, queima-se em vergonha, e, apenas quando o sono toma conta do seu corpo cansado, a natureza pode descansar de seus ataques e lamentos (LEFEVRE, 1973, p. 428-429).*

À maneira de uma investigação edipiana, podemos vislumbrar a cena do assombro do Fauno, como a pequena criança das fantasias infantis, que na busca do reconhecimento identitário percebe seu engano diante do erotismo das posições femininas e masculinas. Percebe-se que na trajetória analítica não se escapa desses fantasmas. Adentrar no universo perverso-polimorfo infantil, bem como considerá-lo o motor da análise, é função do analista. A cena descrita pode ser vista como a de um paciente que, na análise, vê-se diante de sua travessia amorosa em busca de elementos que lhe traduzam o eixo identitário, mas que se surpreende a partir dos meandros da onipotência fálica.

Enfim, passar pelo vazio depressivo, deixar brotar, a seu tempo, novas ligações e realizar deslocamentos exogâmicos de uma posição infantil é a possibilidade e a condição de mudança e criação.

Referências

BATAILLE, G. *O erotismo.* São Paulo: Arx, 2004. Obra publicada originalmente em 1957.

BERLINCK, M. T. Incesto e exogamia. Editorial. *Pulsional Revista de Psicanálise,* São Paulo, ano XVIII, n. 182, p. 3-6, jun. 2005.

BERLINCK, M. T.; FÉDIDA, P. A clínica da depressão: questões atuais. *In*: BERLINCK, M. T. *Psicopatologia fundamental*. São Paulo: Escuta, 2000. p. 73-91.

FÉDIDA, P. A doença sexual: a intolerável invasão. *In*: *Nome, figura e memória*: a linguagem na situação analítica. São Paulo: Escuta, 1992. p. 93-111.

FREUD, S. Sexualidade feminina. *In*: *Edição Standard Brasileira das Obras Psicológicas Completas de Sigmund Freud*. Rio de Janeiro: Imago, 1974. p. 257-279. v. XXI. Obra publicada originalmente em 1931.

FREUD, S. Um tipo especial de escolha de objeto feita pelos homens (contribuições à psicologia do amor I). *In*: *Edição Standard Brasileira das Obras Psicológicas Completas de Sigmund Freud*. Rio de Janeiro: Imago, 1976. p. 147-157. v. XI. Obra publicada originalmente em 1910.

FREUD, S. Sobre o narcisismo: uma introdução. *In*: *Edição Standard Brasileira das Obras Psicológicas Completas de Sigmund Freud*. Rio de Janeiro: Imago, 1976. p. 85-119. v. XIV. Obra publicada originalmente em 1914.

FREUD, S. Luto e melancolia. *In*: *Edição Standard Brasileira das Obras Psicológicas Completas de Sigmund Freud*. Rio de Janeiro: Imago, 1976. p. 271-291. v. XIV. Obra publicada originalmente em 1917[1915].

FREUD, S. O ego e o id. III – O ego e o superego (ideal do ego). *In*: *Edição Standard Brasileira das Obras Psicológicas Completas de Sigmund Freud*. Rio de Janeiro: Imago, 1976. p. 42-54. v. XIX. Obra publicada originalmente em 1923.

FREUD, S. Novas conferências introdutórias à psicanálise. Conferência XXXIII: Feminilidade. *In*: *Edição Standard Brasileira das Obras Psicológicas Completas de Sigmund Freud*. Rio de Janeiro: Imago, 1976. p. 139-175. v. XXII. Obra publicada originalmente em 1933.

FREUD, S. Análise terminável e interminável. *In*: *Edição Standard Brasileira das Obras Psicológicas Completas de Sigmund Freud.* Rio de Janeiro: Imago, 1976. p. 239-287. v. XXIII. Obra publicada originalmente em 1937.

GROMANN, R. M. G. *O erotismo da mulher na maturidade.* 2009. 176 f. Tese (Doutorado em Psicologia Clínica). Pontifícia Universidade Católica de São Paulo, São Paulo, 2009.

HASSOUN, J. *A crueldade melancólica.* Rio de Janeiro: Civilização Brasileira, 2002.

HENCKEL, M. *Impotência sexual masculina.* 2009. 189 f. Tese (Doutorado em Psicologia Clínica). Pontifícia Universidade Católica de São Paulo, São Paulo, 2009.

KLEIN, M. Notas sobre alguns mecanismos esquizoides. *In*: *Amor, culpa e reparação e outros trabalhos.* Rio de Janeiro: Imago, 1996. p. 20-43. Obra publicada originalmente em 1946.

LACAN, J. *O seminário.* Livro X: A angústia. Rio de Janeiro: Jorge Zahar, 2005. Obra publicada originalmente em 1962[1963].

LEFEVRE, S. *Mitologia.* São Paulo: Abril Cultural, 1973. v. II.

MARRACCINI, E. M. O Eu em ruína: sob o domínio da perda. *In*: Congresso Internacional de Psicopatologia Fundamental, 3.; Congresso Brasileiro de Psicopatologia Fundamental, 9., 2008. *Anais...* Niterói, 2008.

12. Bebês autônomos? Mães autofecundadas?

Adriana Grosman

Julieta Jerusalinsky

> *A doença, a morte, a renúncia ao prazer, restrições a sua vontade própria não a atingirão; as leis da natureza e da sociedade serão ab-rogadas em seu favor; ela será mais uma vez realmente o centro e o âmago da criação – "Sua Majestade o Bebê", como outrora nós mesmos nos imaginávamos. A criança concretizará os sonhos dourados que os pais jamais realizaram – o menino se tornará um grande homem e herói em lugar do pai, e a menina se casará com um príncipe como compensação para sua mãe (FREUD, 1914/1974, p. 108).*

É assim que Freud apresenta o lugar narcísico ocupado pelo bebê na modernidade. Trata-se de um lugar que vai sofrendo modificações ao longo do tempo, fazendo com que o bebê e a infância ganhem diferentes representações na cultura e, consequentemente, na economia de gozo do psiquismo dos pais – o que pode, portanto, ser advertido não só por historiadores, mas também pela escuta clínica que nos informa da psicopatologia cotidiana.

Nesse sentido, a clínica se dá a ouvir como velhos sintomas estruturais se reatualizam, ganhando os ares de seu tempo. Se há cem anos "ter um bebê" era um dos poucos modos de realização fálica ao qual uma mulher poderia ter acesso, na atualidade a modificação da inserção social das mulheres vem produzindo uma diversificação em seus modos de acesso à realização fálica (KEHL, 1996), fazendo da maternidade uma escolha possível entre tantas outras.

Na equação fálica de Freud *pênis-falo-bebê* não entraram em jogo "realização profissional" ou "independência econômica" como possíveis equivalentes fálicos. Tais equivalentes mostram sua importância na atualidade, fazendo não só com que os cuidados primordiais do bebê ganhem novas configurações, na medida em que muitas mães são também trabalhadoras, mas também que a maternidade, muitas vezes, seja postergada em nome dessas outras realizações. Assim, chegam ao consultório diversos filhos de "fertilizações técnico-científicas", bem como mulheres que, assoladas pela "idade-limite" imposta pelo real orgânico para a fertilidade, recorrem a intervenções médicas para a fecundação.

Esses novos modos de estabelecimento dos cuidados primordiais do bebê e da procriação muitas vezes se conjugam a uma exacerbação do ideal de autonomia da modernidade que, ao procurar realizar tais fantasias da potência imaginária do Eu, muitas vezes acabam por deixar o saldo subjetivo de uma fragilidade de suas referências simbólicas. É por este viés que estabelecemos uma interlocução com o conceito do *Eu em ruína* estabelecido por Eliane Marraccini.

Isso porque o Eu, longe de ser autofundante, se constitui com e a partir do Outro,[1] o que se evidencia no júbilo experimentado

---

1 Termo utilizado por Jacques Lacan para designar um lugar simbólico – o significante, a lei, a linguagem, o inconsciente, ou ainda, Deus – que determina

pelo bebê no estágio do espelho ao alienar-se à imagem de si que a mãe lhe oferece, mas principalmente à palavra materna que corrobora simbolicamente sua identidade ao afirmar: "esse é você" (LACAN, 1949/1998). Assim, se o Eu-ideal implica a identificação alienante a uma imagem de potência imaginária na relação com o Outro encarnado pela mãe, esta só se produz na medida em que esse Outro encarnado sustenta para a criança, sujeito em constituição, a inscrição de um traço que permite seu reconhecimento simbólico.

Esse reconhecimento simbólico do bebê como sujeito, para além de sua potência imaginária, implica, portanto, que desde os primórdios opere a função paterna inscrita na mãe, dando lugar a um enigma do desejo na relação mãe-bebê, pelo qual o bebê não fica colado à posição de objeto do fantasma (fantasia inconsciente) materno.

Se a alienação-separação é um movimento fundante do psiquismo, no entanto, ao longo da vida ele é permanentemente revisitado nos momentos em que se apresenta para o sujeito a ocasião de "viradas subjetivas", ou seja, da realização de certos atos que, como marcos simbólicos, vêm situar um antes e um depois na vida, na narrativa de si. Assim, o movimento de alienação e separação (Lacan, 1964/1995) é permanentemente retomado.

A instância do Eu-ideal, dessa potência imaginária, resulta fundamental para poder separar-se da condição de objeto *a*,[2] mas

---

o sujeito, ora de maneira externa a ele, ora de maneira intrassubjetiva em sua relação com o desejo (ROUDINESCO, 1998).

2 Termo introduzido por Jacques Lacan, em 1960, para designar o objeto desejado pelo sujeito e que se furta a ele a ponto de ser não representável, ou de se tornar um "resto" não simbolizável. Nessas condições, ele aparece apenas como uma "falha-a-ser", ou então de forma fragmentada, por meio de quatro objetos parciais desligados do corpo: o seio, objeto de sucção, as fezes (matéria

para tanto é central o modo como esta se ancora em um traço simbólico do ideal-do-Eu. Na medida em que essa referência simbólica revela sua fragilidade, o Eu-ideal se vê repuxado na direção do objeto *a*. Sob esta "sombra do objeto" revelam-se as ruínas de uma edificação imaginária esvaziada de referência simbólica.

Objeto *a* ß ———— Eu-ideal ———— à Ideal-do-Eu

Em alguns, casos isso conduz a um quadro de melancolia na qual o sujeito se vê reduzido ao resto, à sobra, como diz a expressão popular: "o bebê jogado fora junto com a água do banho". No entanto, na psicopatologia da vida cotidiana podemos recolher, nos "pequenos" sintomas cotidianos, o esforço do neurótico para separar-se do resto: ao acordar e olhar-se no espelho, para certificar-se de que "ainda está mais ou menos ali após uma noite de sono", ou ao tomar banho, olhando a cada tanto, de relance, o ralo só para conferir "que não está a se esvair".

Assim, ao tratar-se de uma criança, tal separação do resto depende inicialmente da sustentação que receba no laço com o Outro, inicialmente encarnado pelo agente da função materna. É esse agente que alinhava as produções do bebê em uma série, outorgando-lhes valor significante.

Esta operação de alienação é decisiva para que, sobre o real, sobre a repetição de um automatismo biológico, se estabeleça uma inscrição simbólica. É aí que pode se produzir um traço unário, um traço desde o qual se inaugura uma série simbólica, uma história de si.

O traço é a forma mais simples de marca, que implica a perda do objeto e, por isso, está na origem do funcionamento significante.

---

fecal), objeto de excreção, e a voz e o olhar, objetos do próprio desejo (ROUDINESCO, 1998).

Isso é ilustrado por Lacan a partir da observação, em um museu, de uma série de traços verticais produzidos em um osso por um homem pré-histórico. Ele aponta como ali estaria em jogo o traço unário: a produção de um traço que já não guarda relação com a coisa em si, mas que, a partir do *um* (do traço unário), instaura a contagem para um sujeito, inaugura uma série simbólica.[3] Já não sabemos mais o que foi contado, na medida em que não há correspondência desse traço com a imagem do objeto, mas sabemos que há um sujeito produzindo uma série a partir do traço repetido que, para ele, comemora a irrupção de um gozo (LACAN, 1969-1970/1992).

Assim, o sujeito se divide pela inscrição desse traço, pois, por um lado, tal inscrição permite ao sujeito se reconhecer nesse traço, nesse *um* que, para ele, é o que conta; por outro, tal inscrição comporta a dimensão da perda do objeto, ao produzir um traço em seu lugar.

A relação do traço unário com a letra (enquanto inscrição psíquica) tem seu interesse na clínica com bebês justamente por apontar aos primórdios da instauração da linguagem e do funcionamento significante. Como Freud já advertira, a compulsão à repetição é própria do funcionamento psíquico, insiste algo de idêntico no comparecimento pulsional. Então, uma questão que se coloca nos primórdios é como essa repetição pode vir a se transformar em um traço de identidade para o sujeito. Nesta passagem, algo do sem sentido da repetição, do que comparece uma e outra vez, arrastando um gozo, pode tornar-se um traço que se conta. A partir desse traço pode-se produzir para o sujeito o reconhecimento do "*Estou*

---

3 Embora o conceito de traço unário tenha sido proposto por Freud, ele é estendido por Lacan (1961-1962) ao longo do Seminário 9, no qual trabalha tal conceito como primórdio da identificação simbólica correlacionando-o com as inscrições psíquicas e com o nome próprio.

marcado pelo um" (LACAN, 1969-1970/1992, p. 147, grifo do autor). Por isso o *um* do unário não é único no sentido de ser sozinho, ele é unário no sentido de instaurar a singularidade, desde a qual pode se produzir uma série simbólica a partir desse *um* que conta.

No início da vida, o bebê, mais do que se contar, é levado em conta por outro, e por isso a instauração do traço unário, da referência simbólica, depende do laço com o agente da função materna. É a mãe que sustenta as séries para o bebê, é ela que faz dos objetos – papinha, leite, cocô, xixi, sono, meleca, ainda que não se lembre de cada um deles – traços que contam em uma série. É por isso que um bebê lançado em uma multiplicação anônima de cuidadores apresenta sintomas como os descritos por Spitz (1979): de marasmo hospitalar ou depressão anaclítica, na medida em que se esfacela a referência simbólica, o traço unário, que lhe permitiria ser sustentado numa série e ser levado em conta por um Outro que encarna para ele esse traço.

A mãe, ao mesmo tempo que propicia e comemora o comparecimento do gozo do bebê nesse traço que se repete, faz desse traço uma referência simbólica para o laço. Aí a repetição implica um traço, uma rasura, uma letra, que, se por um lado comporta o real, comporta um gozo que permanece irredutível à palavra, por outro, joga o papel de uma referência em que o sujeito se reconhece e, inicialmente, pelo qual a mãe reconhece o bebê.

Percebe-se como há todo um trabalho psíquico de procurar ligar, recobrir com a palavra, tornar série simbólica, o comparecimento de um traço que inicialmente não comporta em si sentido algum e que consiste em arrastar o sem-sentido da repetição de um gozo. Este trabalho de recobrimento é central na constituição do sujeito, seja quando exercido pelo agente da função materna, seja quando se faz necessária a intervenção do clínico para sustentá-lo. Por isso, nos primórdios da constituição do psiquismo é central este trabalho de bordejamento do real, de engajamento do sujeito em uma ordem simbólica.

Por outro lado, quando já há um recalcamento em jogo, como ocorre na clínica com adultos neuróticos, o sujeito fica preso à posição significante que exerce diante dessa compulsão à repetição, que o fixa na produção de um sintoma pelo qual busca defender-se desse real que o assalta. Ou seja: se o real é traumático e exige ser recoberto para que se produza um sujeito, por sua vez, a máquina do simbólico que se põe a funcionar para recobri-lo também pode resultar aprisionadora.

Surge aí a questão da migalha de criação[4] que o sujeito pode produzir servindo-se dessa letra, desses traços (em lugar de ser simplesmente presa da compulsão à repetição), subvertendo também a sobredeterminação simbólica. Assim, se na constituição psíquica se faz necessário um percurso que vai da repetição ao traço na identificação simbólica e imaginária, há um movimento que vai dessa identificação aprisionadora a uma criação que reinventa, retomando o traço.

Bebês autônomos?

Ao considerarmos as representações pictóricas que, ao longo da história, se fizeram de bebês, é inevitável evocarmos a figura da madona. É uma cena vastamente representada com algumas variações: o menino Jesus se encontra no colo da "santa mãe" ora mamando no seio, ora não, ora olhando para a mãe, ora para quem olha o quadro. A mãe, por sua vez, ora tem seu seio coberto ou

4 Situamos como "migalha" justamente porque não se trata da intenção de algo grandioso, mas do pequeno elemento que, ao comparecer e ser resgatado em seu justo valor, é capaz de subverter toda a ordem, a letra entre o lixo e a criação.

descoberto pela roupa ou boca do filho, ora olha para ele, ora para o espectador. Com todas essas variações, o bebê aparece em uma cena em que recebe a sustentação indissociável da mãe.

Mas há uma representação que talvez apareça como muito mais própria dos nossos tempos: afinal, quem não tem conhecimento ou não se pegou embevecido diante das fotos de bebês de Anne Geddes? Aquelas dos bebês reluzentes saindo de vasos, abóboras ou flores?

Mesmo muitas delas se tratando de fotomontagens é impossível não considerar os bastidores de tais produções. Quem já tentou fotografar bebês sabe do trabalho que dá tentar registrá-los nos breves instantes em que não estão nem enfurecidos de fome, nem placidamente dormindo satisfeitos; entre a troca de fraldas e de roupas em que estão reluzentes, justo antes do instante de babarem ou regurgitarem um "queijinho" sobressalente.

Quanto mais dissociados de todos estes necessários e imprescindíveis cuidados maternos, de uma mãe certamente bastante mais desgrenhada que o roçagante bebê, mais esses rebentos das fotomontagens parecem causar fascínio. Tão plácidos repousam sobre uma abóbora que somos quase tentados a reconsiderar as teorias sexuais infantis: será mesmo que não viemos de um repolho? Esta versão parece ser tão mais "limpinha" e autônoma que o fruto da relação sexual dos pais.

Se essas imagens tanto capturam quanto fascinam é porque revelam algo do ideal atual, o ideal da autonomia parece ter chegado ao seu ápice: bebês feitos à imagem e semelhança do narcisismo atual, "bebês autônomos".

Bebês agora "estudam inglês", "fazem orquestras", "aprendem a ler" e "se acostumam" a dormir sem chamar ninguém – pelo menos assim prometem muitos dos *best-sellers* atuais. E quanto mais esses títulos são vendidos, menos se quer saber que os bebês e as pequenas crianças podem produzir sintomas que revelem padecimento psíquico. Ou seja, quanto mais os bebês são impregnados do ideal de autonomia narcísica, menos se quer saber de seus possíveis sofrimentos.

Mesmo assim, acabam por bater em nossas portas mães e seus bebês assaltados por vicissitudes não calculadas na equação pênis-falo-bebê. Mães divididas entre os cuidados do bebê e as realizações profissionais, que não contam mais com a família extensa para sustentar junto a ela tais cuidados. Pois se bem a mãe, enquanto Outro encarnado, ocupe um lugar primordial para o bebê, ela não prescinde nem nunca prescindiu de uma rede social que dá sustentação ao laço mãe-bebê na qual, hoje em dia, resultam fundamentais as figuras do pediatra e dos pedagogos da creche.

Se a mãe, após o término da licença-maternidade, encontra-se dividida entre os cuidados do bebê e seus afazeres profissionais, não é pouco frequente que a entrada do bebê na creche, longe de ser concebida como continuidade e compartilhamento dos cuidados, se veja justificada em um discurso que falsamente pressupõe que tal experiência traria "maior autonomia ao bebê".

Há circunstâncias nas quais a delegação precoce dos cuidados maternos pode vir a desfigurar para o bebê a instauração do Outro primordial. Isso faz com que seja preciso tomar com seriedade os sintomas que tantas vezes são apresentados por bebês e pequenas crianças ao entrarem em creches e escolinhas infantis. É preciso considerar se o que se produz no bebê é uma questão de "adaptação" – em todo caso, diríamos aqui, de resposta ao estiramento do laço do Outro primordial – ou se tais sintomas têm um estatuto patológico que apontam a um sofrimento psíquico.

Ao ser lançado precocemente a uma tal extensão da alteridade, um bebê pode acabar padecendo efeitos de esgarçadura psíquica desse laço, que vão desde uma angústia invasiva de separação que não cede até, em casos mais graves, rompimentos pelo confronto com uma multiplicidade do desejo em um tempo muito incipiente da inscrição do Outro primordial, podendo chegar, em um ponto extremo, a seu anonimato, com consequente apagamento das formas de representação do sujeito no discurso. Tal é a situação quando a adequação do bebê ou das pequenas crianças às normativas sociais vai desatrelada de uma transmissão simbólica que os sustente em um reconhecimento simbólico de seu lugar na filiação – ponto que frequentemente comparece na clínica da primeira infância quando a delegação do cuidado de bebês a terceiros se produz como um corte, e não como uma extensão da série simbólica parental que até então produzia sustentação psíquica do bebê.

Desse modo, é preciso considerar o quanto a clínica com bebês e crianças, na atualidade, nos mostra que os novos modos da parentalidade, mais que dar lugar a uma clínica contemporânea, concebida a partir de um corte em relação à intervenção levada a cabo com a infância nos últimos cem anos, nos coloca as mesmas questões estruturais necessárias à constituição do sujeito. Tais questões estruturais comportam um "mesmo" que se repete e se atualiza pelos novos modos do estabelecimento do laço conjugal e dos novos modos de exercício da maternidade e da paternidade, repetindo e reescrevendo de modo singular as velhas tragédias de nossa cultura e também produzindo nuances sintomáticas nos pequenos pacientes que os atrelam inevitavelmente a serem filhos de seu tempo.

Por isso, ao intervir com bebês e crianças, estamos lidando com os novos modos da parentalidade, as novas recomendações da puericultura, as novas instituições voltadas aos cuidados da infância, os novos modos de circulação e ocupação da *polis*, os novos brincares e brinquedos. Temos aí o estrutural que se repete e se atualiza tanto pelo retorno do infantil dos pais, que inevitavelmente comparece no modo de criação de cada filho, quanto pelo retorno dos ideais da cultura em que pais e filhos estão tomados. Temos ainda, e este é o ponto central de nossa clínica, a resposta produzida – cada um em seu tempo e modo – por bebês e crianças. Tal resposta, que comparece por meio dos sintomas da primeira infância e da infância propriamente dita, *re-suscita* (LACAN, 1964/1995), do modo mais atualizado e profundo, o enigma do desejo do adulto, bem como as incongruências entre os ideais simbólicos e os imperativos de gozo próprios de cada tempo em uma cultura.

A ilusão da maternidade autofecundada

> *Quando pensamos em maternidade, logo associamos o famoso dito lacaniano de que o sintoma da criança corresponde ao fantasma materno ou, no melhor dos casos, à verdade do casal parental. A segunda situação fala-nos de uma relação, ligação entre um e outro, entre a criança e o casal de pais. Mas, quando consideramos uma fantasia materna de ser autofecundada, o sentido dessa frase perde o seu efeito, ou no mínimo cria uma confusão. Como pensar o laço pais-bebê quando um dos lados vem adicionado do "auto", prefixo grego que significa "o que se move por si mesmo", ou seja, tem sua própria norma, sua própria medida, seu próprio fundamento? (RABINOVICH, 2005, p. 15).*

A ilusão de mover-se por si mesmo parece apontar para a direção de um ideal, em que vemos encerradas algumas questões de extrema complexidade relativas à constituição do sujeito e à formação das diferentes instâncias psíquicas das quais nos fala a psicanálise, com os conceitos de: Eu, sujeito do inconsciente, objeto, Outro, sexualidade.

Alguns avanços tecnológicos no campo da fertilização, ao mesmo tempo que removem uma impossibilidade real, dão lugar à produção de uma série de sintomas psíquicos no campo arenoso da maternidade e da relação pais-bebê ao tentar, com técnicas, simplificar algo que dificilmente se presta para isso.

Evidentemente toda técnica desenvolvida pela cultura tenta dar conta de ultrapassar uma dificuldade. Mas que as técnicas sejam respostas à falta não necessariamente implica uma posição psíquica de "passar a perna" na castração – ou seja, de confundir os diferentes registros da falta. No entanto, quando o uso de tais técnicas recai em uma pronta oferta do objeto como solução para um sofrimento, elidindo uma elaboração subjetiva necessária, isso só pode resultar em um retorno sintomático.

Assim, encontramos diversos casos em que o recurso da fertilização técnico-científica ocorre como um *acting out*, pelo qual, graças à técnica, a gravidez acontece, mas que lugar vem ocupar esse "filho da técnica" na fantasia materna ou no laço familiar?

É importante ressaltar que o destino de uma criança não está traçado pelos seus modos de ser concebido. A psicanálise jamais se colocou no lugar autoritário de estabelecer riscos ou dar garantias de saúde psíquica em base ao tradicionalismo familiar. Mas, clinicamente, constatamos que um problema se introduz quando o lugar ocupado pelo bebê no discurso se torna um objeto comercializado de pronta satisfação.

Acaba com isso dando-se poder à relação primária com o objeto, que, como sabemos, está para sempre perdida, já que vem da sua relação com o Outro que se prestou às suas ilusões. Essa imagem ilusória serve para mascarar o vazio do sujeito. Ele se faz um com dois e se precipita numa relação dual, que num primeiro momento é satisfatória do ponto de vista do amor, mas ao preço de uma relação talvez mortífera (CHATELARD, 2005).

Lacan (1962-1963/2005), no Seminário 10, "A angústia", logo no segundo capítulo, vai se referir ao salto que dá em relação a Hegel, justamente no que concerne à função do desejo. Vai se diferenciar de Hegel, da consciência de si, justamente evidenciando que não existe este "auto", não existe autoanálise, diz ele, nem mesmo quando a imaginamos. "Na análise, às vezes existe o que é anterior a tudo o que podemos elaborar ou compreender. Chamarei a isso presença do Outro (A), com A maiúscula. O Outro (A) está ali, isto que traz angústia" (p. 31). É por meio do Outro encarnado que se produz a transmissão de um traço unário e só há aparecimento concebível de um sujeito como tal a partir da introdução primária de um significante, e do significante mais simples, aquele que é chamado de traço unário. Tal traço é anterior e fundante do sujeito ao incidir no real. "Uma coisa é certa: é que isso entra, e que já se entrou nisso antes de nós" (p. 31).

Assim, para Hegel o Outro é "aquele que me vê", Outro como consciência. Para Lacan, porque é analista, o Outro existe como inconsciência constituída como tal. O Outro concerne a meu desejo na medida do que lhe falta e de que ele não sabe. É no nível do que lhe falta e do qual ele não sabe que sou implicado da maneira mais pregnante, porque, para mim, não há outro desvio para descobrir o que me falta como objeto de meu desejo. É por isso que, para mim, não só não há acesso a meu desejo, como sequer há uma sustentação possível de meu desejo que tenha referência a um objeto qualquer, a não ser acoplando-o, atando-o a isto, o $, que expressa a dependência necessária do sujeito em relação ao Outro como tal (LACAN, 1962-1963/2005).

O impasse se dá em relação ao desejo, já que, para Hegel, o sujeito precisa do Outro desejante para que o Outro o reconheça, mas, ao exigir ser reconhecido, só pode ser reconhecido como objeto. Esse é o destino de desejo em Hegel do qual Lacan se diferencia. Porque se o sujeito obtém, assim, o que deseja, não consegue se suportar nesse lugar de objeto, único e insuportável modo de reconhecimento possível.

O desejo traz sempre esta incongruência, não existe a equivalência, o encontro. Mas, como aponta Lacan, é próprio do fantasma – da fantasia inconsciente – do neurótico oferecer-se como objeto a um suposto gozo do Outro, oferecer-se como objeto que suturaria a falta. Ali, ao mesmo tempo que o sujeito supostamente realizaria a potência desse Outro, padece incessantemente da posição de objeto a que se submete. Esta estrutura de engodo é própria da neurose e por isso o neurótico tanto se queixa.

O que permite à criança formar o seu Eu-ideal, constituindo a marca que lhe foi dada pelo Outro primordial, é justamente esta imagem que traz a marca daquilo que o sujeito teria sido como objeto do desejo do Outro. Mas é só a partir da operação de separação, pela incidência da função paterna nos primórdios de sua constituição, que o sujeito não é presa dessa imagem alienante, recalcando a posição de objeto do desejo materno e lançando-se como sujeito no discurso.

A maternidade faz reviver esta questão da castração da mãe, apontando para a falta do Outro. O que fazer com a falta?

Na clínica constatamos como algumas mães, em lugar de poderem abrir lugar para o enigma do desejo na relação com o bebê, respondem à falta buscando suturá-la com o "objeto-filho", referindo-se à sua fantasia de "ter um bebê", num limite preciso de captura narcísica. Diante da angústia da castração revisitada na experiência de maternidade, regridem, dão um passo atrás e caem numa identificação narcísica pela qual, imobilizadas, "não podem nada" ou, por outro lado, se supõem narcisicamente em um "poder pleno", autofundante, ao ficarem identificadas a um Outro potente, não barrado, pelo qual supõem poder resolver "magicamente" seu mal-estar.

Recorte clínico

A paciente em questão foi encaminhada por um médico especialista em fertilização, o que nos mostra como uma prática interdisciplinar com a psicanálise nesse campo pode possibilitar uma interrogação do médico acerca do que, subjetivamente, um paciente busca realizar com a técnica, a serviço do que ela pode estar.

Trata-se de uma mãe que vive um luto de uma filha de dezoito anos e resolve que "teria essa filha de volta quando engravidasse" auxiliada por uma fertilização *in vitro*, já que sua idade era avançada para engravidar naturalmente.

Havia tomado sua decisão, e encaminhara assim seu pedido ao médico dessa especialidade, afirmando a sua urgência de engravidar, já que era "a única forma que tinha de viver novamente". Certa de que a técnica de fertilização *in vitro* poderia ajudá-la a sair deste mal estar, sofre psiquicamente "uma rasteira" arrebatadora quando engravida de dois meninos.

Havia inseminado dois embriões masculinos (XY) e um feminino (XX), mas nessa gravidez esperava ser restituída da perda da filha. Quando, ao longo do acompanhamento, em um dos exames de ultrassom, detectou-se que estava grávida de dois meninos, perdeu as suas referências e sentiu-se arruinada.

Falava à analista, que a conheceu neste momento, de sua dor insuportável, enquanto lembrava-se da filha, que "era tudo para ela": ajudava-a em casa, era estudiosa, estava sempre pronta para atendê-la, faziam tudo juntas, e substituía, muito bem até, o seu marido, "que sempre fora muito ausente".

Esta história poderia ter tido um final feliz se não fosse o engano que o amor provoca. O primeiro acontecimento marcante foi o suicídio cometido pela filha aos dezoito anos, enquanto dirigia o seu carro, na mesma época que iniciava um primeiro namoro. Namoro que trazia o estrangeiro para uma relação tão familiar e endogâmica e que, por isso, não deixava sua mãe muito feliz. Situação que parecia abalar sua filha também. Afinal, como deixar este lugar de ser o objeto que completa o Outro materno? Respondia com uma depressão, sintoma que vinha se intensificando até levá-la ao suicídio.

Mas foi após esta segunda perda (a do embrião feminino) e, portanto, da não restituição possível da maternidade da filha que Barriga Negra, como a chamamos, vive o fracasso de sua fantasia imaginária de uma potência do Eu, levando-a a um impedimento, uma paralisia significante ou, como estamos avançando, a um *Eu em ruína*, em que fica impossibilitada de andar pela fragilidade de suas funções simbólicas.

Diz Lacan (1962-1963/2005, p. 64):

> *o que provoca angústia é tudo aquilo que anuncia, que nos permite entrever que voltaremos ao colo. Não é, ao contrário do que se diz, o ritmo nem a alternância da presença-ausência da mãe. A possibilidade da ausência, eis a segurança da presença. O que há de mais angustiante para a criança é, justamente, quando a relação com base na qual essa possibilidade se institui, pela falta que a transforma em desejo, é perturbada,*

> *e ela fica perturbada ao máximo quando não há possibilidade de falta, quando a mãe está o tempo todo nas costas dela, especialmente a lhe limpar a bunda, modelo da demanda, da demanda que não pode falhar.*

Assim só a presença ou só a ausência materna, em lugar da possibilidade de articular uma série significante, arruína as possibilidades enunciativas do sujeito. Encontramos novamente a incongruência do desejo quando a mãe satisfaz à criança, produz uma articulação de sua necessidade, mas sempre algo permanece inarticulado da pulsão, o que resultará no desejo.

Lembrando do pequeno Hans, Lacan esboça que a angústia estaria ligada à proibição, pela mãe, das práticas masturbatórias, vivida por ele como o desejo da mãe se impondo sobre ele. Mas chama a atenção para a relação da angústia como o objeto do desejo, ou seja, a proibição não seria uma tentação? E conclui dizendo que não se trata de perda do objeto, mas da presença disto: que os objetos não faltam. Assim, onde avança neste seminário é num além da angústia de castração, pelo qual diz: "Aquilo diante de que o neurótico recua não é a castração, é fazer de sua castração o que falta ao Outro" (LACAN, 1962-1963/2005, p. 56). É fazer de sua castração algo positivo, garantir a função do Outro, até isso não ter fim.

A ilusão da maternidade autofecundada refere-se, portanto, a isso, a uma ruína do sujeito, numa positivação da falta sem fim, ou seja, uma falha na sustentação que recebe no laço com o Outro. O que chama a nossa atenção na clínica, nestes casos como o da Barriga Negra, é como isso pode ser silencioso, já que parecia que estava indo tudo bem na sua relação com a filha e, diante de uma perda, revelam-se um desamparo e uma tristeza que desembocam numa única possibilidade de saída: "ter o ornamento maravilhoso, ou sê-lo para o Outro".

As falhas narcísicas só aparecem para dar conta da falta do outro que volta como enigma, a repetição insiste procurando por uma inscrição, um traço que conta para ganhar lugar numa série simbólica.

Barriga Negra parece viver uma primeira perda, a tristeza é signo dessa perda, que aparece como marca, traço que só vai ganhar um sentido se sustentado pelo outro. O seu grito revela um ferimento inconsolável, esta separação do outro amado. A perda de um filho, normalmente, traz um luto agudo comportando uma perda inconsolável, sem ter substitutos. Cada filho que vier será inevitavelmente outro.

A crença na substituição mostra uma regressão narcísica, edificada ilusoriamente sobre uma potência imaginária do Eu, que deixa o sujeito numa posição de fragilidade extrema, às vezes demonstrada na forma de uma onipotência. A demanda da paciente traz a reinvindicação dessa substituição. A resposta, principalmente estas eficientes (técnico-cientificas), trazem o risco de tornar a profecia realizável, já que este movimento ajuda a mascarar e fortalecer o imperativo de gozo como única saída possível, estrutura que se repete pelo retorno do infantil.

Estamos tratando, assim, da angústia, não mais da falta, mas daquela que volta como excesso, da proximidade com o outro, da falta da falta. Barriga Negra parecia estar sustentada na sua fantasia, na posição de tomar a filha como seu objeto ideal. Com a perda, evento traumático, se vê como objeto do Outro, se vê reduzida como objeto para o gozo do Outro. Esta é a dor maior. Dor própria da estrutura, desta dependência original do Outro.

Percebe-se aí como essa questão retorna de forma encoberta no discurso social com a "maternidade autofecundada" ou com os supostos bebês "precocemente independentes" trazendo a velha ilusão de autonomia própria da modernidade. Ela se vê exacerbada quando a oferta de produtos promete uma restituição narcísica e se oferece como "satisfação garantida" diante da falta.

Quando o sujeito adere a uma formação discursiva da pregnância do objeto, mais cedo ou mais tarde, acaba por recair sobre ele a sombra do objeto diante da qual é a subjetividade que vira "bugiganga". O sujeito é mais presa do gozo do Outro por buscar desatrelar-se de suas dívidas simbólicas; padece mais de um retorno sintomático diante da falta ao buscar tamponá-la com produtos *prêt-a-porter*. Quanto mais os pais recusam a necessária dependência do bebê ao submetê-lo precocemente a uma imaginária autonomia, mais vemos esgarçar-se o laço do bebê com o Outro encarnado e, portanto, as condições de instauração de sua constituição como sujeito.

Referências

CHATELARD, D. S. *Conceito de objeto na psicanálise*: do fenômeno à escrita. Trad. Procópio Abreu. Brasília, DF: Editora da Universidade de Brasília, 2005.

FREUD, S. Sobre o narcisismo: uma introdução. *In*: *Edição Standard Brasileira das Obras Psicológicas Completas de Sigmund Freud*. Rio de Janeiro: Imago, 1974. v. XIV. p. 85-119. Obra publicada originalmente em 1914.

KEHL, M. R. *A mínima diferença*: masculino e feminino na cultura. Rio de Janeiro: Imago, 1996.

LACAN, J. *O seminário*. Livro 17, O avesso da psicanálise. Trad. Ary Roitman. Rio de Janeiro: Jorge Zahar, 1992. Obra publicada originalmente em 1969-1970.

LACAN, J. *El seminário*. Libro 11, El sujeto y el Outro: la alienación. Buenos Aires: Paidós, 1995. Obra publicada originalmente em 1964.

LACAN, J. O estádio do espelho como formador da função do eu. *In*: *Escritos*. Trad. Vera Ribeiro. Rio de Janeiro: Jorge Zahar, 1998. p. 96-103. Obra publicada originalmente em 1949.

LACAN, J. *El seminário*. Libro 9, La identificación. Inédito. Obra publicada originalmente em 1961-1962.

LACAN, J. *O seminário*. Livro 10, A angústia. Trad. Vera Ribeiro. Rio de Janeiro: Jorge Zahar, 2005. Obra publicada originalmente em 1962-1963.

RABINOVICH, D. *A angústia e o desejo do outro*. Trad. André Luis de Oliveira Lopes. Rio de Janeiro: Companhia de Freud, 2005.

ROUDINESCO, E. *Dicionário de psicanálise*. Trad. Vera Ribeiro, Lucy Magalhães. Rio de Janeiro: Jorge Zahar, 1998.

SPITZ, R. A. *O primeiro ano de vida*: um estudo psicanalítico do desenvolvimento normal e anômalo das relações objetais. Trad. Erothildes Millan Barros da Rocha. São Paulo: Martins Fontes, 1979.

13. O Eu em ruína no documentário *Estamira*[1]

Elisa Maria de Ulhôa Cintra

A psicanálise tem nos ensinado que o complexo de Édipo é um longo movimento de atravessamento da natureza pela cultura e que, a cada criança que nasce, o mundo inteiro começa de novo, isto é, o mundo cultural e social, por meio dos adultos que cuidam, deve entrar na carne do recém-nascido para formatá-lo e constituí-lo, mas sem violentá-lo. No caso de Estamira, vemos somente os fragmentos de uma construção subjetiva, o abandono desta mulher a uma multidão de vozes e o registro de traumas que fizeram dela um cenário em ruínas.

O sujeito humano se constitui por meio de outros sujeitos humanos: esta é uma noção fundamental para a qual Freud atraiu a nossa atenção. Não apenas no momento de seu surgimento, mas ao longo de toda a vida o sujeito se constrói e reconstrói, ou se destrói e se fragmenta, a partir das inúmeras influências que recebe dos outros e do ambiente, que vão sendo metabolizadas e assimiladas. No início da vida, pode se constituir um Eu que, no futuro irá se

1 Documentário de Marcos Prado, vencedor de 25 prêmios nacionais e internacionais.

fragmentar em momentos de perda e de trauma ou, de forma ainda mais radical, um Eu que desde cedo pode ir sendo fragmentado e despedaçado por intrusões e abusos.

O complexo de Édipo é, pois, esta lenta inserção dos corpos em um mundo humano e social, com seus pactos, suas crenças, seus valores e suas interdições. Ao lado deste dinamismo de ligações e significações, existe uma tendência contrária, capaz de conduzir qualquer nível de organização egoica de volta à natureza inorgânica, desfazendo e desmontando as ligações e as construções humanas que podem dar algum sentido ao sujeito humano. Trata-se do silencioso trabalho da pulsão de morte, que podemos interpretar como um movimento de desligamento (GREEN, 1992) e destruição, uma passagem das identificações minimamente articuladas entre si a um Eu em ruína. Este movimento de volta ao pó seria o retorno da construção humana ao nível mais próximo possível da matéria orgânica, em estado de fragmentação.

Esses conhecimentos me vieram à mente enquanto assistia ao documentário *Estamira* e me preparava para pensar sobre a vida impressionante desta mulher.

A história de Estamira nos mostra até que ponto a doença mental pode destruir um sujeito humano e até que ponto a coragem e a determinação de viver e ser feliz podem abalar e estremecer nossas teorias, o nosso saber, a nossa arrogância. Mais que uma lição impressionante a respeito da depressão, da paranoia e da esquizofrenia, esta mulher nos deixa espantados ao ouvir a lucidez de suas ideias, o seu senso de humor, a força que surge dos restos dispersos de sua humanidade ferida. No meio de suas palavras partidas, encontramos e reconhecemos fragmentos de pensamentos que poderíamos partilhar com ela; **"às vezes é só restos"**,

"às vezes são descuidos"[2] preciosos em meio à fragmentação e ao despedaçamento.

O dinamismo fragmentador da pulsão de morte torna-se dominante quando as faltas e as perdas não podem ser corrigidas nem elaboradas, principalmente nos primeiros anos do desenvolvimento. Mas durante toda a vida, tal elaboração precisa acontecer sempre que houver perda e mudança, por meio de narrativas e palavras justas que possam dar sentido aos acontecimentos e elaborar os lutos. As palavras de Estamira sobre si mesma levam a crer que os traumatismos físicos e psíquicos por ela sofridos abriram caminho ao despedaçar-se e ao desligar-se, que é o próprio trabalho de Tânatos.

A noção de pulsão de morte na obra freudiana é bastante complexa, mas uma de suas facetas é a tendência entrópica, isto é, de que todos os organismos possuem, *ao lado e para além da pulsão de vida*, a tendência a se desorganizar, a passar das formas de organização mais complexas para formas mais simples.

A vida psíquica, sob o impacto de traumas e perdas, tende a fragmentar-se, a tornar-se menos flexível, a fechar-se sobre si mesma, a voltar a formas mais simples. O que está de pé desce e o mais complexo cai. Sob a força de uma gravidade invisível, e ao lado da tendência expansiva de *Eros,* as formas de vida psíquica tendem a perder vitalidade e a morrer. Em *Além do princípio de prazer* (1920) Freud chega a ponto de postular uma volta em direção à matéria inorgânica, mineral. De volta ao pó. Inexoravelmente.

No caso de Estamira, há complexas relações afetivas e sociais que favoreceram a eclosão da loucura e a sua manutenção. A teoria da pulsão de morte – especulativa e metafórica – poderia ser usada

---

2 Os trechos em negrito entre aspas são transcrições aproximadas de palavras pronunciadas por Estamira durante o documentário.

para simplificar ou ocultar a falta de recursos e a violência presentes na história de vida desta mulher. Penso que, ao contrário desta simplificação, o dinamismo da pulsão de morte na verdade pode ser pensado como algo que se amplia justamente em decorrência dos abusos e dos abandonos afetivos que ela sofreu.

O filme *Estamira* mostra de forma tão impressionante esta miséria e esta violência que, para aqueles que a ele assistiram, nenhum conceito e nenhuma metáfora podem ter uma força maior que a realidade ali exibida. Diante de realidade tão brutal, escolhi uma teoria frágil, e um conceito controverso – a pulsão de morte – para lançar um olhar sobre esse filme, que é de uma beleza e de uma crueldade dilacerantes. Sempre que possível, é melhor trabalhar com hipóteses frágeis e sustentar dúvidas e indagações; é um bom remédio contra fundamentalismos.

Vou citar algumas falas e expressões de Estamira à medida que for pensando a pulsão de morte como um dinamismo que nos ajuda a entender o desmoronamento do sujeito humano quando sofre perdas, abandonos e invasões.

O filme começa no Aterro Sanitário do Jardim Gramacho, no Rio de Janeiro, onde são despejadas toneladas de lixo todos os dias. Para lá todas as manhãs caminha Estamira, aos 63 anos, para o seu trabalho cotidiano. Trata-se de revolver o lixo, encontrando nele coisas preciosas que por descuido foram lá jogadas e que ela quer recolher e levar consigo, pois, segundo ela, nada que nos é dado deve ser desperdiçado. Ela declara que este é o seu local de trabalho e que não vai admitir que alguém diga que é uma coisa horrível.

> **"Adoro isso aqui, trabalho aqui há vinte anos."**
>
> **"Isto aqui é um depósito de restos, às vezes é só restos, às vezes é também descuidos."**

O início do documentário traz belas imagens da natureza revolta, do vento levando tudo para o alto: detritos, sacos de lixo, pássaros, papéis, pedaços de uma civilização em fragmentos. Está tudo em branco e preto, o vento é muito forte e põe tudo em suspensão; ali não há futuro possível a não ser o incessante retorno ao chão, ao destino mineral. As aves de rapina se encarregam de uma parte, os restos da vida social se desarticulam e se precipitam; há poças de água que borbulham em uma transformação estática, em um eterno retorno. Apesar do vento, está tudo parado, igual a si mesmo.

Então, Estamira se dirige a nós, os "normais". Ela nos adverte:

> **"Vocês é comum, eu não sou comum. O formato humano é o mesmo, mas tem algo de diferente entre eu e vocês."**

Desde o princípio ela fala desse "formato humano" – desta condição humana ferida e enlouquecida. O seu olhar perdeu o brilho. Ela não está lá, presente, onde está ela? Algo violento arrancou-a de nós, e ela sabe que não pode mais estar lá, olhando para nós desde algum lugar que pôde construir e sustentar, um Eu minimamente coeso.

O cineasta aproxima a câmera e filma o depósito de lixo e seus detritos: sua lente chega bem perto das aves de rapina. Estamos bem perto do chão. Os pássaros estão eretos, de pé sobre o lixo, expandem as asas e nos miram diretamente, sem nos ver: os olhos estão vazados. Na cena há um som metálico que se abre e se fecha no mesmo ritmo das asas; é um som que prepara o silencioso desaparecimento de tudo; ele soa áspero, calculadamente. As asas abertas ocupam a horizontal inteira da tela e nos fazem recuar para trás. Marcam um outro território, alheio a nós, ou somos nós os alienados? Existe algo de diferente entre "eu" – Estamira – e "vocês" aí, que também são de "formato humano", mas são comuns, diz ela, "eu não".

Ela anuncia a nova realidade que precisou criar para si, depois de todos os naufrágios. Ela queria um lugar onde pudesse habitar, mas não foi assim que aconteceu. A neorrealidade que ela inventou para se abrigar da violência do mundo traz novos tormentos e terrores. Ali não é um lugar; não dá para habitar. Em vez de morar em algum lugar será ela própria mais uma vez invadida, atravessada agora pela natureza revolta, por paixões intermitentes, fúrias, silêncios. E súbitos vazios onde não será possível repousar.

Em outra cena, Estamira aparece abrindo seus braços e gritando para a tempestade que está para começar. Ela pressente os trovões e põe-se a gritar. São seus gritos que convocam a tempestade e toda a natureza está sob o seu controle onipotente. Ela usa a tempestade para dar voz à sua fúria e à sua revolta.

> **"Eu tenho o eterno, eu tenho o infinito, o além, o além do além."**

É um momento de plena onipotência. Estamira grita com os trovões e nos mostra quem está regendo a tempestade: ela própria. Sente-se maior que todos os humanos: é Zeus, e comanda raios e trovões. Começamos a entender que para suportar a dor e o infinito desamparo, ela precisa tornar-se mais poderosa que todos nós, e acima de Deus. Com quanta onipotência é preciso ocultar a fragilidade e o medo. Quanto maior o *delírio*, tanto maior o tamanho da dor e do desamparo que ele recobre. Começamos então a entender a loucura de Estamira e a nossa também...

São *megalomanias*. Estados de alma em que, para se proteger de um dilacerante sentimento de desamparo, ela constrói uma certeza de ser todo-poderosa, imensa, do tamanho do mundo.

> **"Todos me perseguem e me seduzem, mas eu sou maior que todos eles."**
>
> **"Cegaram o cérebro de vocês, o gravador sanguíneo de vocês, mas o meu eles não conseguiram cegar."**

O gravador sanguíneo! Que achado poético e irônico! Chamar o nosso cérebro e o nosso aparelho de pensar de "gravador sanguíneo". Cegaram o gravador sanguíneo de vocês, ela nos adverte. Ela é vidente e nós, os cegos. Ela precisa se colocar acima de todos os homens comuns, estes seres feitos de última hora, criaturas mal-acabadas que é preciso refazer, como diria Schreber, o doente dos nervos (FREUD, 1911/1969). Ela tem o lúcido saber de sua loucura e quer nos ensinar. Ela acha a nossa ciência tola e quer dizer a sua palavra desde o interior de sua loucura. O saber de médicos e psicólogos é a repetição monótona de algo que foi registrado em seu "gravador sanguíneo", e depois os deixou cegos.

> **"Os médicos só sabem perguntar se ainda estou escutando vozes."**
>
> **"Os médicos são copiadores, estão dopando quem quer que seja. Esses remédios são falsantes."**

Ela não acredita mais na bondade de ninguém.

> **"Inocente acho que não tem mais."**

E então volta atrás, um pouco arrependida.

> **"Esperto, ao contrário, ainda tem."**

Ela desconfia de todos, tem medo de todos. Todos a perseguem e também a seduzem. É isto um traço da paranoia? Projetar no mundo a sua hostilidade e também o seu erotismo? A maldade e a sedução estão sempre lá fora, espreitando para se precipitar sobre ela.

Apesar de a projeção sempre acontecer na noite da inconsciência, há em Estamira um profundo conhecimento das ilusões que a projeção cria:

> **"Vocês estão vendo a lua, lá no céu? Vocês são muito ingênuos, a lua não está lá no céu, está aqui, tudo está aqui, dentro de nós."**

Em determinado momento, depois de uma tempestade, ela pergunta ao médico se ele viu o toró e explica o barulho da tempestade: **"Era eu que estava brigando com o meu pai"**. E acrescenta:

> **"Indigno, incompetente, otário, pior que um porco – nunca mais encostarás em mim!"**

Não sabemos aqui a quem ela está se dirigindo: se é ao médico que a está tratando, ao pai ou ao avô que abusou dela e levou-a para a prostituição, ou ainda ao marido, com quem foi feliz por algum tempo até que ele começasse a trazer outras mulheres para dentro da casa deles. A sua revolta contra os homens é muito grande, porém ao falar do pai se emociona, lembra de cenas de ternura, em que ele a colocava no colo e a chamava de "merdinha", o que não a impedia de sentir-se muito querida.

Conta que quando o pai se foi, a mãe ficava andando para cá e para lá, muito perdida, e foi ficando louca. Neste instante ela interrompe o relato e sorri como se tivesse sido pega em flagrante, pois está falando da loucura da mãe de um lugar tão exterior que sente necessidade de dizer: **"Bom, eu também sou perturbada, não é? Mas consigo distinguir a perturbação da não perturbação"**.

Surgem profundas melancolias e tristezas em seu olhar: *vão surgindo* desses acontecimentos trágicos de sua história. Ela grita e parece evocar a tempestade lá fora que explode com trovões. Ela não quer mais diferenciar o tumulto interno do externo, ela cria um nexo arbitrário entre fenômenos que estão acontecendo ao mesmo tempo dentro e fora dela, e expressa assim a arbitrariedade dos acontecimentos de sua vida que a levaram à loucura e à megalomania, como um desejo desesperado de estar acima de todo o desamparo.

> **"Eu sou a Estamira – eu sou a beira do mundo, todos dependem de mim."**
>
> **"Eu escuto os astros, os pressentimentos, como sou lúcida sou a Estamira, aquela que vê as coisas, não sou um horror sanguíneo."**

Ela busca uma identidade forte, definitiva, que possa erguê-la acima de todas as ruínas de si. Fala de si mesma na terceira pessoa do singular, como se fosse uma entidade. E se sente visionária, profeta, que precisa desmascarar a hipocrisia do mundo.

> **"Por isso eu tô na carne, para desmascarar a obra desse demo."**

Penso que esse "demo" – abreviação de demônio – é ao mesmo tempo violento e sedutor, ou seja, a própria figura do adulto que abusa sexualmente da criança. Podemos pensar que o "demo" é a encarnação de todo o mal possível, corresponde à intensidade das experiências ruins e dos acontecimentos traumáticos. Em sua vida, o traumático parece corresponder a toda uma escala de traumas, desde o abuso sexual, as intrusões violentas, as brigas, o abandono e também a indiferença – de fato vividos desde a primeira infância nas relações com o avô, o pai, a mãe, o marido e os filhos.

Ela medita sobre o que é "estar na carne" – formato homem – e sobre a morte:

> **"Sabe de uma coisa? O homem depois que desencarna, a gente fica formato transparente."**

Ao se referir ao abandono e aos abusos vividos, ela descreve as dores que sente como se elas fossem "o sinal de um controle remoto" que estaria pulsando em seu corpo. É provável que a frase **"Está dando controle remoto"** signifique que as dores e a sensação de um corpo estranho implantado dentro dela anunciam que existem acontecimentos que estão além de qualquer simbolização possível e que só podem expressar-se por meio de terríveis dores físicas, o que leva à *hipocondria*, algo que costuma sempre aparecer junto à esquizofrenia.

As fronteiras entre corpo e psiquismo estão se movendo e ela fala de seu cérebro e de sua vida psíquica como **"um controle remoto superior, natural"**, e explica que agem como se fossem os **"nervos da carne sanguínea"** que aparecem em todo lugar, nas costelas, na cabeça, e se comportam como se fossem uma força, a força elétrica. Ela acrescenta ainda uma de suas teorias: **"Tem registrador de pensamentos, você ainda não viu? Sai no eletroencefalograma"**. Aqui ela se coloca como médica e cientista capaz de registrar os pensamentos caóticos, com muito senso de humor.

Há em Estamira uma *fragmentação do Eu*:

> **"Sou louca, sou doida, sou maluca, sou advogada, sou estas quatro coisas, porém lúcido, insciente, sentimentalmente."**

> **"Tem um cometa dentro de minha cabeça. Sabe o que significa a palavra cometa? Comandante natural."**

Aqui há um deslizamento dos significados que acompanha a sonoridade das palavras com-eta, com-andante; ela parece tomar a palavra como se fosse uma coisa móvel, sonora, com a qual é possível brincar sem obedecer a nenhuma regra convencional.

E aparece toda a sua revolta e o descontentamento com o estado de coisas do mundo:

> **"Eu não concordo com a vida, não vou mudar o meu ser. Não admito o que se passa com os seres carnívoros terrestres. Não gosto de erros, de perversidades, de omissão, de moralidade."**

Ela se rebela também contra a religiosidade do filho evangélico. Ela não gosta das pessoas que têm certezas absolutas e que acreditam que exista uma única verdade, porém, para combatê-los, sente-se obrigada a se fazer profeta, acima de todos os profetas. Fala de si como quem sofre grandes pressões para se conformar com as regras do mundo:

> **"O fogo está comigo agora, me queimando, me testando. Este astro aqui, Estamira, não vai ceder."**

Falar de si na terceira pessoa do singular revela a necessidade de tornar-se visível para si mesma, como algo em si, mas que ainda não é um "eu". Para dizer "eu", é preciso não mais enxergar-se como uma entidade, um "si", um "ele". Esta possibilidade de dizer "eu" como de um lugar vazio que reúne as diversas identificações é uma aquisição tardia, que exige a primeira unificação do "eu sou" e depois a travessia do complexo de Édipo e a passagem pelo complexo de castração; exige que a criança desista de ser alguém especial e aceite ser uma pessoa comum; "formato homem", ser uma pessoa entre outras, seus iguais.

Embora ela despreze todo saber médico e toda classificação que reduz, ela nos ensina muito mais sobre psicopatologia que os livros. Ela o faz com doçura e ironia, com muita raiva e também com um grande amor pela palavra e suas ressonâncias poéticas. Quando enfurecida, afirma que contra qualquer agressão ou rótulo, contra qualquer saber médico e apesar de qualquer discurso religioso, ela continuará a ser Estamira. Ela se recusa a abrir mão de seu destino e de sua forma peculiar de se posicionar no mundo e se recusa a conformar-se com as autoridades que tentam submetê-la. É o momento em que suas palavras nos atingem como os golpes que ela desfere contra o chão, com um pedaço de madeira.

Os delírios tiveram início depois do último estupro sofrido, conta-nos a sua filha. Foram invasões demais em seu corpo: a soma de todas as invasões esvaziou-a por dentro. Foi melhor apagar, embora o trauma seja ao mesmo tempo da ordem do inapagável. Ela nos olha com toda intensidade, para dentro de nós, com seus grandes olhos vazios, mas parece não haver mais ninguém atrás desses olhos. Está possuída por palavras alheias. Seus olhos foram vazados pela dor; grandes janelas de uma fortaleza vazia.

Há momentos em que ela oscila entre uma grande *persecutoriedade*, achando que tem gente do FBI filmando-a quando pega o ônibus, e uma profunda tristeza, expressa em um tom sonhador:

> **"Estamira podia ser irmã, ou filha, ou esposa, ou espaço, mas não está."**

Isso parece ser a sua intuição de todas as suas possibilidades que foram abortadas, e se por um lado se coloca toda-poderosa e autoafirmativa, por outro sente que "não está lá", que algo a impede de estar presente a seu interlocutor. Sente a ausência da possibilidade de estar presente.

Às vezes é extremamente doce e defende uma religiosidade baseada na natureza, em tudo que nasce e que brota do chão; quer proteger os pequenos animais, quer ajudá-los. Mostra sua ternura para com os amigos que frequentam o lixão, para com os filhos, para com os animais.

"Natal, tudo o que nasce é natal."

Penso que a psicanálise se preocupou em discernir melhor o que é *nascer psiquicamente*, o que significa "entrar na carne" – "formato homem": pois é justamente o processo que se inicia com o desejo dos pais em relação a seu filho, e por meio desse desejo eles começam a atribuir *à criança* um lugar no corpo social. Quem será esta criança para o mundo futuro e para o narcisismo parental? Será ela quem dará continuidade à vida daquela família, aquela que virá compensar todos os fracassos, será linda, ou talentosa, ou brilhante?

O complexo de Édipo é aquele processo pelo qual uma criança entra em uma família humana e recebe um nome próprio e um nome de família: torna-se portadora de uma voz e da promessa de ter acesso à palavra e à capacidade de pensar, sentir e lembrar. Entrando em um campo de atrações e rejeições, ela é "puxada" e "empurrada" por forças magnéticas que marcam o seu corpo com sentidos, crenças, valores e ideologias. Desse híbrido complexo de forças e sentidos brotam significados imaginários e simbólicos relativos ao que é ser homem ou mulher, criança ou adulto, certo ou errado.

Seus pais serão ou não capazes de amar e criar um ambiente favorável ao desenvolvimento? Haverá comida ou miséria e o fato de ser negro ou branco, belo ou feio: quais serão as consequências de cada uma dessas situações? O longo atravessamento da natureza pela cultura é um processo violento e também criativo, intenso e bom, quando é possível encontrar um ambiente com menos invasões, abuso, miséria e abandonos. Ter a sua carne marcada pelos significados de uma cultura é o único caminho para tornar-se sujeito humano.

Nos cinco primeiros anos de vida a criança mergulha em vivências "marítimas", isto é, em um sentimento oceânico que caracteriza o estado de união com a mãe e com as pessoas significativas, e também se separa delas – são milhares de cortes e novas ligações, escolha de pessoas para amar e construção de identificações. Assim, tece a trama de sua subjetividade, reprimindo aspectos de seu inconsciente, abrindo-se a outros tantos, sonhando, acordando, obedecendo a leis e rebelando-se contra elas, entrando nos pactos sociais e nas interdições. Ao fim desse tempo, pode ter elaborado o complexo de Édipo e de castração e espera-se que esteja pronto o seu primeiro "formato homem", que resulta de uma série de ligações e desligamentos.

Nos estados de loucura, estas construções humanas revelam-se frágeis e insustentáveis – elas sucumbem quando sopra o vento furioso dos afetos insaciáveis e descontrolados, dos adultos invasivos e abandonadores; este é o caso de Estamira, em que a violência do mundo e as violentas reações dela à violência de sua história fizeram desabar o seu "formato homem", o seu "gravador sanguíneo".

Nascer psiquicamente seria então encontrar uma posição em uma família e em um grupo social, sair da condição de organismo (natureza) e passar à condição de sujeito, dentro de uma cultura, tornando-se, mais tarde, um sujeito capaz de dar a sua contribuição por meio do trabalho e da convivência social.

Por outro lado, enlouquecer é sair da construção mais ou menos coesa de identificações, proporcionadas pelo pacto social, desinvestir o mundo e criar uma neorrealidade que não é facilmente partilhável com os outros. Pode ser pensada como uma espécie de morte psíquica que resulta de todas as perdas e violências sofridas que não se pode elaborar.

Estamira, meditando sobre a morte, diz algo que podemos estender à loucura:

> **"Sabe de uma coisa? O homem depois que desencarna, a gente fica formato transparente."**

Enlouquecer é também uma forma de desencarnar, tornar-se transparente, invisível à maioria das pessoas ditas "normais": envolve a perda de um certo modo de pertencer à família humana. Estamira se horroriza com isto e afirma com revolta:

> **"Não admito o que se passa com os seres carnívoros terrestres."**
>
> **"Eu não sou um horror sanguíneo."**

O trabalho da pulsão de morte é esta desarticulação dos significados humanos que pode levar a um horror sanguíneo. Apesar de Estamira viver momentos em que parece manter intacto o seu "formato homem", ela própria sabe que algo nela foi despedaçado; sua humanidade desformatou-se em um sem-número de fragmentos e agora os estados de fúria e persecutoriedade alternam-se com episódios hipocondríacos e angústias inomináveis.

O analista e o artista voltam o seu olhar ao encontro desta humanidade partida para nela encontrar restos preciosos, inesperados, que, por descuido, foram ali deixados. Nesse documentário, o cineasta parece intuir o dinamismo da pulsão de morte, capaz de levar todas as construções humanas de volta ao pó.

A última cena do filme mostra esta mulher tomando banho de mar em um dia nublado. A chuva fina parece ter entrado nas lentes do cineasta; ele mexe no foco, a granulação da imagem fica expandida, com perda da nitidez dos contornos. Está tudo em branco e preto. Mulher e paisagem vão se entranhando, e parece que a mulher quer virar água, chuva, onda do mar.

Depois de um naufrágio, tudo fica assim: fragmentos, objetos bizarros, pedaços incoerentes de cenas e narrativas humanas. O oceano dos acontecimentos brutais é muito maior que nossa envergadura humana, ultrapassa os frágeis desejos de domínio, de controle, de soberania. A onda se ergue e volta a dissolver-se no nada, milhares de vezes.

Nesta última cena do documentário está tudo salgado e efervescente, o barulho da água cobre as palavras de Estamira, nada mais se distingue. O zumbido insensível do mar transformou em fragmentos diminutos todas as construções humanas. Há movimento, mas está tudo estático, no eterno retorno.

Antes e depois da vida há, talvez, este eterno retorno sempre igual a si mesmo.

Nas cenas finais do filme, Estamira experimenta sua dissolução na paisagem marítima e os deslizamentos de sentido de seu nome próprio:

> **"Esta paisagem, este mar. Esta-mira, Esta-serra, este mar. Estamira está em todo lugar."**

Não é mais possível separá-la da carne do mundo. Não pode mais se diferenciar do universo, nele precisa diluir-se e perder seus contornos humanos. Vai se tornando serra, mar; o cosmos inteiro é Estamira e ela fica próxima de um êxtase místico, de um sentimento de pertinência anterior a qualquer diferenciação e a qualquer invasão de si pela crueldade do mundo.

Freud falava de um "sentimento oceânico", o mergulho do sujeito no cosmos inteiro, um estado que acompanha a experiência de prazer dos primeiros tempos, que retorna em estados de paixão e em transportes místicos. Durante a vida é possível vivenciar, por instantes, algo desta plenitude originária, para dela sair e voltar a viver sob o princípio de realidade.

Mas na loucura não há mediação possível. É mergulhar na carne do mundo ou dela ser expulso para um lugar completamente hostil e desencarnado.

No início da vida, o sentimento oceânico nasce da experiência estética vivida em sua plenitude junto ao corpo e ao psiquismo materno: perda de limites entre corpos e mentes para dar origem a um novo sujeito psíquico. A mãe implanta na criança o "formato humano". Mas no estado de loucura, o desejo de se dissolver na carne do mundo vai mais além; há uma pulsão de ultrapassar toda construção humana, cultural, formas e significados: o que for preciso para dissolver, para ir além de ser apenas uma pessoa, entre outras, além de todas as conformidades. Dispara em direção a outro lugar, outra realidade.

Não conseguimos ter a exata dimensão do sofrimento de uma pessoa psicótica, nem temos clareza sobre a sua visão de mundo, Mas Estamira, do centro deste torvelinho, nos dá a sua palavra:

> **"Eu não concordo com a vida, não vou mudar o meu ser."**
>
> **"Este astro aqui, Estamira, não vai ceder."**

"Eu escuto os astros, os pressentimentos, como sou lúcida sou a Estamira, aquela que vê as coisas, não sou um horror sanguíneo."

"Eu sou a Estamira – eu sou a beira do mundo, todos dependem de mim."

"Tudo que é imaginário tem, existe, e é."

Referências

FREUD, S. Notas psicanalíticas sobre um relato autobiográfico de um caso de paranoia. ("Dementia Paranoides") "O Caso Schreber". *In*: *Edição Standard Brasileira das Obras Psicológicas Completas de Sigmund Freud*. Rio de Janeiro: Imago, 1969. v. XVIII. Obra publicada originalmente em 1911.

FREUD, S. Além do princípio de prazer. *In*: *Edição Standard Brasileira das Obras Psicológicas Completas de Sigmund Freud*. Rio de Janeiro: Imago, 1969. v. XVIII. Obra publicada originalmente em 1920.

FREUD, S. Neurose e psicose. *In*: *Edição Standard Brasileira das Obras Psicológicas Completas de Sigmund Freud*. Rio de Janeiro: Imago, 1969. v. XIX. Obra publicada originalmente em 1924.

FREUD, S. A negativa. *In*: *Edição Standard Brasileira das Obras Psicológicas Completas de Sigmund Freud*. Rio de Janeiro: Imago, 1969. v. XIX. Obra publicada originalmente em 1925.

GREEN, A. Le travail du negative. *In*: *Le travail du negative*. Paris: Minuit, 1986.

GREEN, A. La déliason. *In*: *La déliason*. Paris: Les Belles Lettres, 1992.

14. A perda, o luto e o narcisismo: uma releitura de *Luto e melancolia*

Maria Cristina Perdomo

Oh, pedaço de mim
Oh, metade afastada de mim
Leva o teu olhar
Que a saudade é o pior tormento
É pior do que o esquecimento
É pior do que se entrevar

Oh, pedaço de mim
Oh, metade exilada de mim
Leva os teus sinais
Que a saudade dói como um barco
Que aos poucos descreve um arco
E evita atracar no cais

Oh, pedaço de mim
Oh, metade arrancada de mim
Leva o vulto teu
Que a saudade é o revés de um parto

A saudade é arrumar o quarto
Do filho que já morreu

Oh, pedaço de mim
Oh, metade amputada de mim
Leva o que há de ti
Que a saudade dói latejada
É assim como uma fisgada
No membro que já perdi

Oh, pedaço de mim
Oh, metade adorada de mim
Leva os olhos meus
Que a saudade é o pior castigo
E eu não quero levar comigo
A mortalha do amor
Adeus

"Pedaço de mim", Chico Buarque

Três histórias de luto, três histórias de dilaceração, três histórias de perda repentina do objeto sem nenhuma proteção perante a intrusão massiva de um real com alta voltagem libidinal. Três histórias de desorganização psíquica quando um outro objeto acena entrar no mundo psíquico e posicionar-se como possível objeto de amor.

Madalena, Lucia, Ângela.

Três mulheres com histórias diferentes unidas pelo mesmo trajeto de dor: a perda de um objeto amoroso, altamente significativo, altamente investido. A impossibilidade de separar-se desses objetos de amor faz com que, para mantê-los vivos dentro de si, paguem o preço de um empobrecimento egoico, por momentos tomando proporções de uma ruína de seu Eu.

Proponho-me a trabalhar neste artigo alguns conceitos freudianos, especialmente os desenvolvidos no texto *Luto e melancolia* (FREUD, 1915[1917]/1976), que me permitam mergulhar no funcionamento psíquico de situações de perda que não se estruturam como uma melancolia e tampouco se processam à maneira de um luto dito normal. São situações de perda violenta, em que o psiquismo não teve tempo de estruturar, ou acionar, barreiras defensivas nas quais ancorar-se para processar a perda e que um elemento impossível de metabolizar aflige o Eu e perturba a economia libidinal de todo o aparelho psíquico de maneira duradoura.

Madalena

Com uma mirada obscura que não me olha e uma mão aberta no vazio, que não aperta a minha, Madalena se apresenta pela primeira vez. Seu tom de voz é opaco e monocórdio, embora o conteúdo do que escuto seja altamente impactante. Não chora, como se suas lágrimas já tivessem se esgotado e a vida tivesse se transformado em algo sem cor nem sabor. Nem sequer ela vem porque quer. Vem porque seu psiquiatra, ao que também foi levada por seu irmão, insistiu para que me procurasse. Aliás, ela não quer nada, ou só quer nada. Tudo foi arrancado de um só golpe, tudo foi levado sem piedade nenhuma. O atroz assassinato de seu filho, numa tentativa malsucedida de sequestro ou de roubo, deixou-a num estado de marasmo e indiferença para com o mundo; só tem forças para viver sua dor.

Não há ódio, não há revolta, há frio de morte. Percebo que fico contagiada deste clima e minhas palavras são pronunciadas quase em sussurro, como se estivéssemos na cripta ou frente ao túmulo de seu filho, como se não devesse importuná-la em seu sofrimento.

Ao final de nossa primeira entrevista digo a ela que talvez este seja um lugar onde ela possa falar da sua dor sem ser importunada nem apressada a superá-la, um lugar para dar lugar à sua dor. São essas palavras, ditas por mim com uma emoção contida, que a trazem de volta para uma segunda entrevista, e escuto como resposta à minha fala da entrevista anterior: "Pela primeira vez desde a morte de Paulo, tive vontade de vir para falar dele com alguém".

Vem para falar dele. Ela é ele. Só faz sentido se a fala traz algo de Paulo de volta ao mundo dos vivos. Seu mundo está reduzido a manter viva nela a lembrança de Paulo.

Fico sabendo que este processo já dura mais de três anos, tempo considerado longo por seus outros filhos e familiares. Para ela o tempo está detido, cristalizado.

Madalena tem outros dois filhos, um homem e uma mulher. Paulo "é" o caçula. O *é* chama minha atenção. O tempo não passa, não pode passar porque o risco é o esquecimento. Tem de ser mantida a presença: Paulo é.

Dois acontecimentos podem ser articulados como disparadores de seu "consentimento" em falar com um analista. Por um lado, uma reforma do espaço físico da casa em que o quarto do filho que já não está é desmanchado. A fala exprime claramente qual é o sentimento subjacente: "O quarto do Paulo foi destruído, ele não está mais lá". Ele quarto, ele Paulo. Lugar de encontros, de lembranças, de intercâmbio entre Paulo, ausente/presente, e Madalena, presente/ausente.

Paulo está presente em Madalena, na sua fala, nos seus sonhos, nos seus pensamentos e nos seus atos até o momento do desmanche do quarto. Efetivamente Madalena se refugiava nesse quarto para um "encontro tranquilo" com seu filho. Como nos disse Chico Buarque: "arrumava o quarto do filho que já morreu".

Paradoxalmente, isso mitigava sua dor, pois trazia a ilusão de tê-lo de volta. Estranho processo em que as coisas têm o poder de representar o ausente e torná-lo "quase presente" no limite de um espaço sensorial. A presença do ausente pode ser percebida como realidade alucinatória.

Não era delírio, era um "como se" no qual embora o pensamento crítico impedisse acreditar que aquilo era verdade, produzia um momento mais próximo da calma, sabendo que quando abrisse a porta o encanto se quebraria. Nesse quarto ela chorava, falava com Paulo, acariciava seus objetos. Com a "destruição" das paredes protetoras foi destruído também o espaço de encontro/elaboração.

Por outro lado, como segunda situação precipitante, sua filha anuncia-lhe que está grávida, recentemente grávida, e a convoca a compartilhar a alegria de um filho. Tempos depois pudemos entender que a chegada de um neto, que a solicitaria para a vida, estava também atrelada a um sentimento análogo à destruição do espaço de Paulo. Alguém poderia vir a substituí-lo? Ela se ligaria a esse outro como antes esteve ligada a Paulo? Isso implicaria a morte/assassinato de "seu espaço Paulo"?

Dois elementos que ameaçam com o esquecimento, com a reconfiguração do espaço psíquico, com a redistribuição libidinal. Inclino-me a pensar, a partir desses elementos, na possibilidade de entender o luto prolongado como um espaço defensivo, protegendo e perpetuando as intensidades libidinais ligadas ao objeto perdido. Não abandonar configurações libidinais é a condição para manter Paulo vivo dentro de Madalena.

Lucia

Outra história de perda. Desta vez do lado oposto: Lucia perde seus pais.

Uma voz quase infantil pedindo um horário para análise; um encontro com uma adolescente extremamente séria e, num primeiro contato, poderia dizer fria.

Os mesmos gestos de Madalena. Um olhar vazio, opaco, sem luz. Um olhar que não olha. Um corpo que está desabitado e que não parece encontrar outros corpos no espaço. Um corpo e um rosto marcados por uma tristeza infinita.

Uma fala sem entusiasmo. "Penso que preciso de ajuda, embora eu saiba que ninguém pode me ajudar." Pedido carregado de ambivalência. Continua dizendo que sua vida "desmoronou" poucos meses atrás quando aconteceu algo terrível com ela e seus irmãos.

Os pais de Lucia morrem tragicamente em um acidente. Lucia está nesse momento com 18 anos. É a mais velha dos irmãos e assume claramente o lugar das figuras parentais perdidas. Apesar da atividade de cuidadora e provedora, que desempenha de forma quase febril, há um se arrastar pela vida, não há projeto de futuro, tudo se resume ao imediatismo da vida cotidiana.

Em alguma das sessões Lucia relata que "é como se estivesse cega", não vê nada nem ninguém, o mundo lá fora não existe mais. Fico sabendo que durante o velório e o enterro de seus pais ela estava literalmente ausente, não escutava o que os outros lhe diziam, não os via. E, sobretudo, sentia um ódio terrível de Deus. Ela que sempre tinha sido tão fervorosa. "Deus não existe, se ele existisse não poderia ter feito isso"; "Deus é uma mentira".

Nietzschianamente é possível pensar que, se Deus está morto, o mundo perde o fundamento e o sujeito fica confrontado à experiência da morte, à experiência radical e trágica de desamparo. Repudiar a Deus representa também um não querer pai nem mãe; eles falharam, me abandonando, e agora não quero nada nem ninguém. Fecha-se para o possível encontro com um objeto amoroso.

Difícil lugar para o emprazamento da transferência, pois o "não quero nada nem ninguém" leva-a a não aceitar nenhuma autoridade, nenhum saber. Está aprisionada narcisisticamente e só aceita pais onipotentes e perfeitos, objetos idealizados como tributo póstumo e anulação dos aspectos rivalizantes edípicos. Não ver os objetos equivale a não permitir a entrada no seu mundo; ninguém poderá assim consolá-la ou ajudá-la.

Como consequência deste aprisionamento, o objeto apresenta dois destinos possíveis: ou está totalmente idealizado em um lugar de perfeição, ou está totalmente destruído em um lugar de desvalorização. Para Lucia resulta difícil ver os dois lados do mesmo objeto; juntá-los implica contaminar a idealização, correndo o risco de que o objeto desapareça.

Os objetos primários são objetos protetores, e são esses mesmos objetos que, no caso de Lucia, infringem ao sujeito um dano com seu abandono. Assim, Lucia repete a construção de um movimento anulatório de qualquer reparação.

Minhas férias provocam uma desorganização em que Lucia precisa telefonar para o consultório perguntando por meu retorno. Podemos interpretar como chamado, como tímida declaração de percepção da ausência, sinal de esperança de movimento libidinal no campo transferencial e possibilidade de abertura para o reconhecimento de um objeto protetor.

Ângela

Uma mulher amarga, séria e dura. Uma militante convicta. Sua vida está na militância e na procura de que se faça justiça. Uma mulher golpeada pela brutalidade de uma ditadura quando era apenas uma menina de três anos.

Seus pais são levados por homens armados na presença aterrorizada e muda de Ângela, que atônita, e sem derramar uma lágrima, assiste à cena. A lembrança auditiva do choro da sua irmã, na época com oito meses, a atormenta até hoje.

Consulta porque está grávida – acaba de receber os resultados do laboratório – e se sente profundamente desorganizada com essa situação. Não sabe se será capaz de levar adiante essa gravidez. Não sabe se poderá amar e se deixar amar por esse bebê. Não sabe se poderá suportar que alguém dependa inteiramente dela. É, sobretudo, o choro de um bebê que a lança em um furacão de sentimentos contraditórios e angustiantes.

Aos poucos podemos trabalhar a ameaça que representa seu bebê, colocando em risco sua "dedicação à causa", e tecer uma ponte simbólica entre essa causa política e as figuras parentais, como uma maneira de perpetuar ou de dar vida aos próprios pais. Sair da posição de filha e assumir o lugar de uma mãe traz embutido o temor do esquecimento. "Uma das coisas das quais sinto raiva e que me atormenta é não poder lembrar do rosto de minha mãe viva; só lembro das fotos, mas uma foto não é ela."

O terrível está claramente do lado dos vivos. O terrível não é morrer; o terrível é o sofrimento da perda. Perda de lembranças, perda de representações. O terrível é a ameaça do apagamento e da perda da memória. Não se perde a vida a não ser para quem continua vivo.

O que a traz para uma análise é sua gravidez, seus temores/desejos de aborto, seus temores/desejos de um novo objeto de amor. As fantasias amorosas para com seu bebê convivem lado a lado com a hostilidade para com aquele que ameaça introduzir uma fratura no vínculo com seus pais, tão custosamente mantido.

Tudo transcorre, nestas análises, num verdadeiro trabalho de luto. "O luto é, de modo geral, a reação perante a perda de uma pessoa amada ou de uma abstração que ocupou esse lugar, como a pátria, a liberdade, um ideal etc." (FREUD, 1915[1917]/1976, p. 241).[1] E, lembrando do texto freudiano, cuido de não perturbar esse trabalho, somente acompanho esse processo de retirada de catexias libidinais depositadas nos objetos perdidos.

O trabalho é lento e difícil. O vínculo transferencial apresenta a seguinte particularidade: apesar de sólido parece, por momentos, distante, como se evidenciasse uma resistência a que outros objetos possam entrar em posição de eleitos como objetos de amor.

Esta hipótese se confirma em Lucia quando, após umas férias, encontra um rapaz sensível pelo qual se sente atraída. Essa atração a coloca em uma posição defensiva fazendo tudo para que ele desista.

Apesar de não ser uma Elizabeth von R., a famosa paciente dos *Estudos sobre a histeria* (FREUD, 1895/1976), a lembrança desse texto é inevitável. Lucia não escolhe uma astasia-abasia como marca sintomática, mas realiza um trabalho ativo de afastamento do outro porque sente que não deve permitir a menor distração em seu trabalho de cuidadora dos irmãos e de guardiã da memória dos pais.

---

1 As referências dos textos freudianos são extraídas das *Obras Completas* editadas por Amorrortu Editores, e a versão para o português é de minha autoria.

Com bastante trabalho, vamo-nos aproximando à hipótese de que este novo objeto de amor possa ser sentido como uma ameaça que a faça "desviar-se" do culto particular aos pais, que realiza assumindo seu lugar. De fato, uma das maiores preocupações de Lucia neste momento é como aceitar uma proposta de casamento sem levar os irmãos com ela, e como será organizar esse novo espaço psíquico.

O ocupar-se tão intensamente dos irmãos como formação reativa, pela grande ambivalência para com eles, não será objeto deste trabalho, embora tenha sido um dos elementos importantes da sua análise, bem como o componente hostil em relação a seus pais, absolutamente apagado nestes momentos de sofrimento. Lembremos aqui que Freud, em seu texto "Sobre a guerra e a morte", de 1915, nos diz que suspendemos toda e qualquer crítica para com o morto e que colocamos, em respeito a ele, sua figura idealizada por cima da verdade (FREUD, 1915/1976).

Em Lucia, bem como em Madalena e Ângela, esta posição libidinal faz resistência ao aparecimento dos componentes edípicos hostis. A hostilidade fica deslocada para os objetos do mundo. Lembremos que até "o mais terno e o mais íntimo de nossos vínculos de amor, com exceção de pouquíssimas situações, leva aderida uma partícula de hostilidade que pode incitar o desejo inconsciente de morte" (FREUD, 1915/1976, p. 300).

Também no "Manuscrito N", Freud nos lembra que

> *os impulsos hostis dirigidos aos pais (desejo de que morram) são, de igual maneira, um elemento integrante da neurose [...] esses impulsos são reprimidos em tempos em que se suscita compaixão pelos pais: doença, morte deles (FREUD, 1897, p. 296).*

Como Madalena no quarto do filho, Lucia tinha seu ritual frente ao túmulo de seus pais. O cemitério era um lugar de "encontro com eles". Junto ao túmulo ela chorava, conversava em voz alta, deixava bilhetes. "Se alguém visse tudo isso pensaria que estou louca, mas não tem importância, isso me acalma." O túmulo encerra a vida, a comunicação possível com aquele que ainda está lá.

Nas cartas a Fliess, no "Manuscrito G", Freud nos apresenta uma descrição da melancolia e da depressão, embora nestes primeiros escritos freudianos essa descrição seja feita em termos neurológicos (FREUD, 1895). Mesmo assim, é importante salientar esboços de conceitos que serão trabalhados e firmados posteriormente na obra freudiana.

O luto, desde o início desses textos, está vinculado à perda. Vinculado a um sentimento de nostalgia do objeto. O afeto do luto é a nostalgia.

Curiosa é a relação que Freud estabelece desde cedo com a anorexia, tomada como neurose alimentar, mas claramente vinculada a uma perda de interesses libidinais, a uma inapetência desejante. E curiosa também é a hipótese levantada com relação à melancolia: "A melancolia consistiria no luto pela perda de libido" (FREUD, 1895, p. 240). Podemos analisar essa afirmação e dizer que aquele que faz o trabalho do luto, quem processa o luto, é o Eu. E que o Eu sente a perda da libido e faz um luto por ela.

A perda da capacidade libidinal para com o mundo é sentida pelo Eu como um empobrecimento. Há, embora possa não aparecer como sentimento principal, uma nostalgia da capacidade perdida do Eu, do Eu investindo o mundo. Esse movimento egoico de envolvimento com o mundo e com os outros é percebido pelo sujeito como potência e é acompanhado de um sentimento de plenitude, de prazer. O contrário é a experiência de vazio, tão frequentemente apontada por esses pacientes.

A partir de *Luto e melancolia*, a instância crítica toma destaque na obra freudiana e culmina com a hipótese do superego no artigo de 1923, *O Ego e o Id*. Neste artigo vemos operando o sentimento de culpa.

Por outro lado, *Luto e melancolia* nos leva a revisar toda a questão da natureza da identificação. Freud refere-se à identificação como uma etapa prévia à eleição de objeto, como a primeira maneira como o Eu diferencia um objeto, como um movimento de investimento libidinal no objeto. O Eu "gostaria de incorporá-lo, pela via da devoração, em total acordo com a fase oral ou canibalesca do desenvolvimento libidinal" (FREUD, 1915[1917]/1976, p. 247).

No texto *O canibal melancólico*, Pierre Fédida amplia esta fantasia de incorporação/devoração nos seguintes termos:

> *A incorporação canibal não é de forma alguma o ato simbólico da resolução da perda. Ela é a satisfação imaginária da angústia alimentando-se do objeto perdido – objeto cuja "perda" foi de algum modo necessária para que ele* permanecesse vivo e presente *em sua realidade primitiva alucinatoriamente conservada. O canibalismo seria, então, a expressão mítica de um luto melancólico [...] (FÉDIDA, 1999a, p. 67, grifo meu).*

Repetimos: o luto é um *afeto normal*, é uma resposta psíquica à perda de um objeto altamente investido, objeto significativo na trama representacional do sujeito.

Afeto, na obra freudiana, diferencia-se claramente de sentimento. O afeto é um conceito econômico, energético, vinculado ao aumento e à diminuição do *quantum*, da quantidade, da energia. O sentimento é algo da ordem do Eu, é uma qualidade dada pelo Eu a esse movimento energético no interior do aparelho anímico, sentimento este que se alinha na série prazer/desprazer. O representante psíquico da vida qualificada é o Eu.

Portanto, se o afeto é energia, o afeto é o elemento móvel que sofre as vicissitudes do processo primário; é por ele e com ele que os processos de condensação e deslocamento se realizam. Assim, o sentimento de dor que acompanha a perda de um objeto, sentimento preponderante no processo de luto, é decorrente do aumento de carga no interior do aparelho psíquico, tomado pelo Eu na série prazer/desprazer e qualificado como dor e sofrimento.

Apesar de no texto *Luto e melancolia* os objetos do processo de luto estarem equiparados, penso que a perda de um ser amado merece uma distinção. Essa perda denuncia algo diferente com relação ao processo identificatório. Sabemos que a perda de um filho acarreta, além da dor da perda do objeto, um aborto do projeto narcísico construído entre mãe e filho. É de utilidade para nós o conceito de narcisismo transvasante, trazido por Bleichmar (1993), como elemento que, a partir do narcisismo materno, investe a cria. Este processo de doação do corpo e do psiquismo que a mãe faz marca a relação de uma maneira única, como nenhuma outra será possível. A função materna em seu duplo sentido: excitante e pulsante, e sedutora e narcisizante; por um lado, inscrevendo a pulsão e inaugurando o psiquismo e, por outro, narcisizando e ligando os elementos traumáticos que ela mesma implanta (BLEICHMAR, 1993).

Trabalho intenso de intercâmbio mãe/filho. Trabalho intensamente amoroso que nos permite pensar que a perda de um filho não é qualquer perda. É, como nos diz Chico Buarque, "um pedaço de mim, um pedaço arrancado, amputado de mim".

A perda de uma pessoa amada é o eixo de trabalho que une esses três casos. No primeiro, a perda do filho, no segundo e no terceiro, a perda dos pais.

É importante ressaltar que a perda dos pais se dá, nestes dois casos, em momentos muito diferentes do processo de constituição do psiquismo. Não é a mesma coisa, nem produz os mesmos efeitos no aparelho psíquico, que esta perda se dê em momentos precoces de estruturação do psiquismo ou em momentos de reativação de conflitivas edípicas, como na adolescência, por exemplo.

Sabemos que no luto, no tempo do luto, há uma introversão da libido, um fechamento narcísico como modo de proteger o Eu no seu trabalho de desligamento do objeto, e isso produz um retraimento na potência egoica. Há um movimento de invaginação.

Em Madalena, Lucia e Ângela o trabalho do luto se prolonga, se eterniza, fazendo crônico um estado depressivo, não obstante sem se estruturar como uma melancolia. Caberia talvez a denominação luto depressivo, como nos sugere Fédida.

Cito o texto *O agir depressivo*, de Fédida (1999b, p. 17):

> *Uma psicopatologia do luto depressivo – decerto distinto do luto "normal" e do luto melancólico – deve levar em conta a estranha sedução imaginária exercida pela repetição do ausente. Ou ainda, seria melhor dizer: a fascinação interna por uma repetição imaginária à qual o ausente dá poder. [...] O luto depressivo teria a particularidade subjetiva de uma morte impossível como se a "cura" da depressão, concebida como cumprimento de um luto, pudesse se dar no paradoxo escandaloso de um suicídio ou um assassinato.*

Quero deixar claro que não se trata de estabelecer novas categorias, mas de guardar as especificidades.

Nesses lutos o acontecimento é o que vem abruptamente a perturbar as defesas, os modos habituais de funcionamento psíquico, por isso a rigidez do Eu, como forma extrema de recomposição do equilíbrio psíquico. Qualquer movimento libidinal é catalogado, *a priori*, como uma possível ameaça, e esse julgamento leva a um afastamento do mundo e dos objetos.

Entendo o efeito traumático como a desarticulação da vida psíquica, momentânea ou duradoura, e o fracasso das formas habituais de funcionamento, produzidos pela invasão abrupta de elementos altamente carregados que colocam em perigo a unidade do Eu. Penso também que as vicissitudes traumáticas destas pacientes não constituem unicamente novas modalizações de fantasmas primitivos ou arcaicos, como nos levaria a afirmar uma leitura clássica, e sim processos de recomposição simbólica, exitosos ou falhos, produto de elementos novos que ingressam no aparelho e exigem um trabalho de processamento e metabolização.

Claro que esses elementos novos se inscrevem sobre uma trama representacional e fantasmática prévia que dá certa determinação às condições possíveis de engaste e articulação. O presente não somente revitaliza e re-atualiza o passado, mas também o articula de maneira diferente.

Aquilo que foi da ordem do acontecimento deve ser articulado na cadeia de representações, permitindo recompor processos, momentos e significações. Esse trabalho permitirá fixar esses elementos e outorgar-lhes um lugar na trama psíquica.

Voltemos a *Luto e melancolia*.

> *A melancolia se singulariza no anímico por um desânimo profundamente doído, um cancelamento do interesse pelo mundo exterior, a perda da capacidade de amar, a inibição de toda produtividade e um rebaixa-*

> *mento no sentimento de autoestima que se exterioriza em autoacusações e autorrecriminações, culminando numa delirante expectativa de castigo (FREUD, 1915[1917]/1976, p. 242).*

Embora nessas pacientes os elementos que caracterizam a melancolia encontrem-se presentes, falta, como no luto dito normal, o rebaixamento do sentimento de autoestima. Ao contrário de uma delirante expectativa de castigo, há claramente uma verbalização de um desejo de morrer para juntar-se gozosamente ao objeto, acompanhado de uma expectativa de calma e felicidade no reencontro com o amado. Mas longe estão de um suicídio.

Freud nos esclarece que o luto mostra os mesmos traços que a melancolia, com exceção de um: falta a alteração da autoestima.

No luto há um desinteresse pelo mundo exterior, salvo naquilo que concerne também ao objeto e à sua perda, e, portanto, uma impossibilidade de escolher um novo objeto de amor como substituto do objeto perdido. Freud (1915[1917]/1976) considera que o processo de luto está concluído quando o Eu dirige seu olhar e acena à possibilidade de investimento de outro objeto.

Levanto a hipótese, a partir destes trabalhos de análise, que há um recrudescimento do processo de luto e um movimento defensivo com características de desequilíbrio psíquico quando outro objeto acena no horizonte. Há um temor intenso a substituir porque substituir significa esquecer, e esquecer significa trair. Trair um pacto de amor, de amor incondicional, de amor narcísico, em que o objeto é tudo para mim e eu sou tudo para ele. Choro por ele, choro por mim, porque era ele, porque era eu.

Michel de Montaigne (2016), pensador e escritor francês do século XVI, ao falar de seu amigo La Boétie, já falecido, descreve, com extrema propriedade e beleza, o que representa a fusão entre duas almas: "Na amizade a que me refiro, as almas entrosam-se e se confundem numa única alma, tão unidas uma à outra que não se distinguem, não se lhes percebendo sequer a linha de demarcação. Se insistirem para que eu diga por que o amava, sinto que não o saberia expressar senão respondendo: porque era ele, porque era eu".

Esta inibição e este estrangulamento do Eu são a expressão de uma entrega incondicional ao luto e ao morto, como forma de confirmar o pacto, "morro contigo", e assim, como em *Romeu e Julieta*, o pacto de morte sela, imobiliza e eterniza o pacto de amor.

O luto absorve a capacidade de trabalho e investimento do Eu e nada resta, em termos energéticos, para outros propósitos ou interesses. É como se o objeto perdido tivesse condensado sobre si toda a libido, quebrando dessa maneira a massa de representações do Eu, e o restante das representações que poderiam ser investidas fica em uma zona de penumbra, que se traduz e manifesta como desinteresse por tudo o que não esteja vinculado ao objeto ausente.

Um buraco negro surge no lugar do objeto ou representando-o, criando um abismo entre o Eu e o mundo, alterando a relação tempo/espaço. E assim como na astronomia, os buracos negros da psique também deformam o espaço e o tempo. A força de atração que dele emana faz com que tudo gravite em torno dessa falta/buraco/objeto. Sua força é tão intensa que nada, nem sequer a libido/luz, pode escapar de lá. Há uma espécie de cegueira provocada pela intensidade de um único ponto visível; cria-se uma distorção única que aprisiona tudo e coloca no centro a imagem do objeto faltante, desfigurando ou anulando a visão do resto do campo de objetos.

As redes simbólicas não conseguem capturar e traduzir esse movimento e há, então, um perder-se junto com o objeto, um colapso do Eu engolido/atraído pela força que irradia do buraco negro. Há uma insuficiência da linguagem para revestir a perda, por isso a perda do Eu.

A angústia maior está naquilo que não pode ser fantasmatizado, embora esteja inscrito como elemento não metabólico no interior do aparelho psíquico. São elementos que estão fora da linguagem e do tempo, não havendo palavras para pensá-los e pensar-se, embora esses elementos devastem, nas situações mais graves, a totalidade do pensamento.

As palavras dão um marco ao sofrimento, colocam um coto, e permitem que a libido circule por elas; permitem que o sofrimento transite por elas à procura de um melhor "se dizer" que, embora inatingível, produz o desgaste, a derivação da energia libidinal, deixando de ser uma estase libidinal, uma libido represada, que provoca uma fixação do sujeito a modos estereotipados de funcionamento e coloca em risco as estruturas do aparelho psíquico.

Recordemos que esse "melhor se dizer" deve manter uma certa distância da própria fala, manter a distância que permita a ambivalência da palavra, a multiplicidade de sentidos. Um "melhor se dizer" implica a possibilidade de abertura, e não de fechamento e solda, de sentido unívoco.

Toda perda é acompanhada de um sentimento de dor. Como caracterizar economicamente a dor?

No *Projeto de uma psicologia*, texto de 1895, Freud realiza um minucioso trabalho sobre a metapsicologia da dor. Grandes quantidades de Q ingressam no aparelho e não podem ser processadas (ligadas), provocando uma ruptura no tecido psíquico. À semelhança do trauma físico, há uma lesão, neste caso do tecido representacional. O esquema neurônico do *Projeto* assinala que o sistema tende à descarga, procura desvencilhar-se, aliviar-se da quantidade.

A dor consiste numa irrupção violenta de grandes quantidades de Q para ψ sem possibilidade de evacuação ou descarga. É a ausência de alívio. É a estase, o represamento energético, o aumento da tensão intrapsíquica, percebida como dor. São cargas hipertróficas colocando o aparelho em risco de falência; ψ fica exposto e sem proteção contra essas cargas.

O que será conceituado como barreira protetora, ou como barreira repressiva – operando na passagem intersistêmica –, falha, permitindo que uma alta voltagem inunde o aparelho psíquico, colocando-o em risco de implosão. Verdadeiramente, e com mais propriedade, podemos dizer que quem sente isso como risco de implosão e aniquilamento é o Eu, já que o Eu é a instância que pode qualificar. A implosão do Eu é produzida pelas grandes quantidades de excitação que o invadem sem possibilidade de representação, sem possibilidade de pôr em funcionamento vias colaterais de processamento.

O polo de intensidade, o polo do excesso, é pensado como aquilo que não pode ser reduzido a uma dimensão significante, aquilo que não pode ser transformado em representação, que não pode ser reduzido ao representável. Estesia é, portanto, uma palavra ligada ao campo das intensidades e do não representável, do não reduzível ao conceito.

O desamparo da perda está ali como excesso, por isso sua traumaticidade.

O caminho imediato das intensidades é a descarga. A vida seria inviável se não houvesse um aparelho psíquico capaz de buscar a descarga. O movimento básico do vivente é para a descarga, é um movimento de atividade.

Em que consiste o trabalho do luto?

Freud descreve o processo da seguinte maneira: o exame da realidade mostrou que o objeto amado já não existe, e emana, como resultado desse exame, a exortação a retirar toda a libido dos enlaces com esse objeto (FREUD, 1915[1917]/1976). Uma resistência a abandonar os vínculos com o objeto se faz presente. Mas em Madalena, Lucia e Ângela a resistência a abandonar o vínculo libidinal com o objeto ausente é uma resistência radical, em que toda e qualquer tentativa de desviar a libido do objeto enfrenta uma posição de defesa rígida para que o bastião amoroso resista intocado.

Nestes três casos não somente existia uma franca resistência a retirar a libido dos enlaces com o morto, como aparecia algo mais: um perpetuar, e poderíamos dizer que até um incremento, daqueles elementos da realidade que se vinculassem a ele.

À maneira de um altar, que traz a ilusão de comunhão com aquele que nele está, o quarto do filho tinha-se transformado para Madalena em santuário, em uma cripta fúnebre onde se encontravam e se isolavam mãe e filho, recriando aquele vínculo primordial e único dos começos da vida. A "destruição" arquitetônica precipita a ameaça de destituição deste vínculo privilegiado e precipita também o momento da procura de análise, constituindo o espaço analítico como um lugar onde o analista é convidado a ocupar o lugar de testemunha de que esse vínculo não foi destruído.

O ser humano não abandona facilmente posições nem investimentos libidinais. O sujeito está ocupado com um intenso trabalho: o trabalho do luto. Embora o objeto tenha desaparecido, o laço com o objeto persiste, deixando o sujeito perante uma tripla possibilidade. Uma delas seria morrer com o objeto para assim permanecer unido a ele na eternidade; outra estaria dada pela permanência do laço, tratando de manter também o objeto de maneira alucinatória, pagando o preço da alienação do Eu; e a terceira possibilidade, que Freud considera como natural ou normal, seria modificar ou anular o laço com o objeto perdido, deixando livre a capacidade libidinal do Eu.

Essa resistência pode alcançar tamanha intensidade que leve a produzir um estranhamento da realidade e uma retenção do objeto por via de uma psicose alucinatória de desejo, fazendo com que o processo de luto se eternize em uma positivização da presença.

O refúgio no espiritismo e as conversas com o ausente são entendidas por Madalena como sua vontade de ceder à loucura, mantendo dessa forma o pacto amoroso.

O normal é que prevaleça o apelo da realidade. Mas a ordem de retirar catexias não pode ser cumprida de imediato. Executa-se elemento por elemento, um de cada vez, com um grande gasto de tempo e energia de investidura; entretanto, a existência do objeto perdido continua no psíquico. Cada uma das lembranças e das expectativas em que a libido se amarrava ao objeto são canceladas, e assim se consuma o desprendimento da libido (FREUD, 1915[1917]/1976).

Por que esta operação de desprender a libido dos enlaces com o objeto resulta num trabalho tão extraordinariamente doloroso?

No luto, a perda do ser amado acarreta também a perda da posição de ser amado pelo objeto. Ficam evidenciadas a perda de uma posição libidinal e a perda no imaginário do outro. Sentir-se amado e pensado pelo outro é condição de existência. À maneira de Narciso, extasiado na contemplação da sua beleza refletida no lago ao mesmo tempo que o lago se delicia contemplando sua própria beleza refletida nos olhos de Narciso, se dá o intercâmbio libidinal entre o Eu e o objeto.

A poética de Pirandello, trazida pelos irmãos Taviani no filme *Kaos*, traduz isso brilhantemente. No diálogo com a mãe morta o filho chora. A mãe diz: "Filho, não chores, eu estou bem", ao que ele responde: "Não choro por ti, mãe, choro por mim, porque já não estás para pensar-me".

Há um vazio, aberto pela ausência, no espaço que ocupávamos para alguém. Vazio duplo, do objeto em mim e de mim no objeto. Assim, o Eu pensa o objeto, mas o aflige não poder ser pensado por ele.

Após o trabalho de recuperação de catexias libidinais, o Eu recobra sua potência e suas capacidades de investimento libidinal no mundo, torna-se livre e desinibido, podendo assim investir novamente nos objetos do mundo. É este momento que Freud considera como marco da finalização do trabalho de luto.

Não obstante, vemos que justamente o momento de investimento ou de possibilidade de investimento em um novo objeto, que deveria assinalar o fim do processo de luto e sua superação, traz a estas pacientes uma desorganização importante.

Há uma clara consciência da perda, mas não sabem exatamente o que foi perdido, que espaços do Eu e suas ressonâncias inconscientes estão comprometidos nessa perda. Sabem a quem perderam, mas não o que perderam com ele. Podemos entrever que o que está em jogo são os enlaces narcísicos ao objeto.

Freud afirma que na melancolia há uma perda do objeto subtraída da consciência, diferentemente do luto, em que não há nada inconsciente naquilo que diz respeito à perda (FREUD, 1915[1917]). Afirmar que não há nada inconsciente no luto resulta difícil do ponto de vista metapsicológico, já que no investimento do objeto os conteúdos inconscientes, pulsionais, estão presentes e são o eixo da eleição de um objeto. Um objeto é escolhido como objeto de amor porque o investimento narcisista está presente. Portanto, aspectos do Eu estão depositados no objeto.

No luto, a inibição e a falta de interesse são decorrentes do trabalho de retirada de investimentos que absorve a energia do Eu. Nada que afaste o Eu do objeto entra no circuito representacional. Na melancolia, a perda desconhecida terá por consequência um trabalho interior semelhante que será responsável direto pela inibição.

Freud assinala a diferença entre a inibição melancólica e a inibição do Eu enlutado: "a inibição melancólica aparece como algo enigmático porque não acertamos a coligir o que é que absorve tão inteiramente ao enfermo" (FREUD, 1915[1917]/1976). O melancólico nos mostra um enorme rebaixamento em seu sentimento egoico, um enorme empobrecimento do Eu.

Em Madalena, em Lucia e em Ângela temos também um grande empobrecimento do Eu, que se exprime nessa apatia profunda, letárgica, indiferente ao mundo dos vivos, como se quisessem arrastar sua pena, simbolizando um laço que as une ao ser amado. Não há uma depreciação do Eu, há uma abulia do Eu.

No luto, é o mundo que se torna pobre e vazio e, na melancolia, isso ocorre com o Eu, afirma Freud (1915[1917]/1976). O vazio do Eu, o vazio do tempo, o vazio do mundo. Nestas três pacientes a experiência de vazio resulta central. É o nada do infinito engolindo o presente, é o tudo da morte engolindo a vida.

O mundo só podia ter cor quando era tingido pelos matizes resplandecentes do objeto. E o Eu reflete agora a opacidade da ausência, produto da perda.

Resulta difícil o emprazamento da transferência porque não há possibilidade de investimento libidinal no outro. O Eu sente-se incapaz de amar. Morreu por amar demasiado, foi levado até sua última gota de vida.

Há um desinvestimento radical do desejo, acompanhado de uma paralisia da ação, que se traduz em sentimento de impotência e em que a esperança de resolução é sentida como utopia. Paralisia exterior e terremoto interior provocados pela perda de um fragmento de si mesmo.

Na transferência aparece um marasmo narrativo, um tom monocórdio da fala, uma insistência repetitiva nos mesmos conteúdos, um peso opressivo que exprime a circulação num tempo morto, quieto, sem matizes. Impera a certeza de que não há futuro possível. Não há motivação para uma narrativa de si em outras formas que não aquelas ligadas a quem já não está. Todo este movimento psíquico é percebido pelo sujeito como uma abulia, produto do esgotamento de suas forças.

Há um deambular nostálgico ao redor das cinzas do passado. Um circuito representacional que se repete num percurso infinito. Representações que, por seu alto investimento, são sentidas como sofrimento e que, à maneira de um funil, engolem a vida.

Há uma permanência da dor, suspensa e imutável, como prova tangível do vínculo único e especial com o objeto. Há uma recusa a qualquer projeto que denuncie um movimento libidinal em direção ao novo. Há um perpetuar da quietude da vida morta.

Com relação ao processo identificatório, os primeiros passos são, como descreve Freud (1915[1917]/1976), comuns a ambas as patologias. Houve uma eleição de objeto, uma ligadura da libido a uma pessoa determinada. Em casos como estes a realidade produz um corte violento na relação com o objeto. A necessidade de retirar investimento libidinal do objeto é sentida como artífice ou cúmplice da morte. Há, pelo contrário, uma necessidade de lutar contra o apagamento dos traços do objeto. Incremento da angústia ao sentir que a memória não consegue retê-lo. O luto do Eu é a maneira de resistir a esse tempo que passa vertiginosamente e que leva na sua esteira as marcas sensíveis da presença. À revelia do tempo da história, o Eu faz dele um tempo lento, um tempo detido, um tempo que não passa.

O Eu não se identifica com o objeto no sentido mais cabal do termo, como acontece na melancolia, mas penso que nestes casos também a sombra do objeto cai sobre o Eu. O Eu porta essa sombra como uma maneira de perpetuar a existência e o vínculo com o objeto. Há uma tentativa permanente, e sempre falha, de transformar a sombra em positivização, à maneira da alucinação primitiva, buscando uma identidade perceptiva.

A libido fica em estase, paralisada, aderida à representação do objeto no Eu, impedindo sua retirada e o investimento em outro objeto novo e distinto. Por isso, como na melancolia, a perda do objeto no mundo externo é, ao mesmo tempo, uma perda no Eu, pois o objeto forma parte do tecido representacional egoico.

Choramos também a perda do que representávamos para aquele que se foi. Disse Freud (1915[1917]/1976, p. 248): "Se o amor pelo objeto – esse amor que não pode ser resignado, a par da resignação do objeto – refugia-se na identificação narcisista, o ódio dirige-se a esse objeto substitutivo". Aqui o ódio não se dirige ao Eu; dirige-se ao mundo e a Deus.

Em Madalena, como em Lucia, aparecem pensamentos, por momentos articulados na esfera motora, dirigidos àquele que foi um interlocutor privilegiado. A voz, a força da fala e do pensamento como tentativa de trazer, novamente, a presença participante daquele objeto para poder continuar a própria existência.

Conjunção de história, acontecimentos e conflitos. A perda se inscreve no tecido representacional e obriga a um rearranjo dos elementos de base. Cito Freud (1986, p. 274): "trabalho com a hipótese de que nosso mecanismo psíquico foi gerado por estratificações sucessivas, pois, de tempos em tempos, o material preexistente de traços mnêmicos experimenta uma nova ordenação segundo novos nexos, uma retranscrição". Cabe a pergunta: qual ou quais fatores provocam estes movimentos de reacomodação das representações existentes? Considerando a hipótese econômica, um excesso de energia não processada pelas vias simbólicas disponíveis obriga o aparelho psíquico a um movimento de procura de novas formas representacionais como recurso para fazer derivar a energia excedente. Esta possibilidade de escritura, ou este novo desenho da massa representacional, é produto da inscrição do elemento recente: a perda. É uma exigência de trabalho de processamento para o aparelho psíquico.

Pensando o aparelho psíquico como um sistema de traços, de inscrições pelas quais circula a energia, e que esse aparelho possui uma tendência a manter constante essa carga no nível mais baixo possível, podemos deduzir que qualquer alteração que represente uma elevação do nível de carga dentro do aparelho exigirá dele um trabalho para voltar aos níveis prévios. O sistema tende à descarga, a liberar-se do excesso. Estas intensidades, ou as diferenças de intensidades, estão inscritas no aparelho e constituem seu próprio início. O aparelho psíquico é um aparelho de escrita, de marcas, de registro das diferenças energéticas. Esse aparelho de traços, de escrita, é condição de possibilidade da palavra (DERRIDA, 1967/2001).

De onde provém esse excesso energético?

O aparelho psíquico é uma máquina que funciona mal. Possui modos de funcionamento estabelecidos, mas falha. A primeira experiência, denominada inaugural, é uma experiência de desequilíbrio, de morte, de desprazer. É uma experiência de falha dos sistemas da máquina ressignificada pelo sujeito como possibilidade de aniquilamento. Algo que estava destinado à descarga encontra impedida a saída, e a máquina entra em processo de sobrecarga. É necessário o auxílio do outro, do outro humano, para retornar ao equilíbrio, para viver, para descarregar o aumento de energia disparado no interior do aparelho pelo ingresso do novo elemento e que ameaça sua possibilidade de existência.

Tanto elementos externos como intrapsíquicos são capazes de provocar esse excesso. Não há membrana protetora, há uma ruptura da membrana do Eu.

No processo de análise se evidencia o vínculo intenso com o objeto, bem como a dor pela sua perda. O sujeito se envolve tão intensamente com sua dor como antes com o objeto. O estado de aniquilamento psíquico é expresso como vazio interior. O trabalho analítico propicia que onde existia um buraco, uma ausência, sentida como dor e horror, lugar em que a palavra estava destituída de sua possibilidade simbólica, regredida ao grito, possam se recompor os enlaces simbólicos para transitar no mundo das intensidades, mesmo que precariamente em alguns momentos.

Na transferência, o analista precisa ser suporte do "não dizer" e propiciar que a palavra surja. Propiciar que o irrepresentável da morte ganhe algum contorno e, assim, dar morada para o que não teve nome nem espaço de acolhimento. O espaço analítico seria então o lugar para poder pensar aquilo que não foi pensado. À maneira de pontes simbólicas, as palavras que chegam de fora, que chegam do outro/analista, possibilitam novamente o movimento que faz com que o Eu possa encontrar as suas próprias palavras.

Referências

BLEICHMAR, S. *La fundación de lo inconciente*. Destinos de pulsión, destinos del sujeto. Buenos Aires: Amorrortu, 1993.

DERRIDA, J. *Mal de arquivo*: uma impressão freudiana. Rio de Janeiro: Relumé-Dumará, 2001. Obra publicada originalmente em 1967.

FÉDIDA, P. O canibal melancólico. *In*: *Depressão*. São Paulo: Escuta, 1999a.

FÉDIDA, P. O agir depressivo. *In*: *Depressão*. São Paulo: Escuta, 1999b.

FREUD, S. Estudios sobre la histeria. *In*: *Obras Completas*. Buenos Aires: Amorrortu, 1976. Obra publicada originalmente em 1895.

FREUD, S. Proyecto de psicologia. *In*: *Obras Completas*. Buenos Aires: Amorrortu, 1976. v. I. Obra publicada originalmente em 1895[1950].

FREUD, S. Manuscrito G – Melancolía (sin fecha, ¿7 de enero de 1895?) – Fragmentos de la correspondencia con Fliess. *In*: *Obras Completas*. Buenos Aires: Amorrortu, 1976. v. I. Obra publicada originalmente em 1892-1899[1950].

FREUD, S. Carta 52 (6 de diciembre de 1896) – Fragmentos de la correspondencia con Fliess. *In*: *Obras Completas*. Buenos Aires: Amorrortu, 1976. v. I. Obra publicada originalmente em 1892-1899[1950].

FREUD, S. Manuscrito N [Anotaciones III] (31 de mayo de 1897) – Fragmentos de la correspondencia con Fliess. *In*: *Obras Completas*. Buenos Aires: Amorrortu, 1976. v. I. Obra publicada originalmente em 1892-1899[1950].

FREUD, S. De guerra y muerte. Temas de actualidad. *In*: *Obras Completas*. Buenos Aires: Amorrortu, 1976. v. XIV. Obra publicada originalmente em 1915.

FREUD, S. Duelo y melancolía. *In*: *Obras Completas*. Buenos Aires: Amorrortu, 1976. v. XIV. Obra publicada originalmente em 1915[1917].

FREUD, S. El yo y el ello. *In*: *Obras Completas*. Buenos Aires: Amorrortu, 1976. v. XIX. Obra publicada originalmente em 1923.

MONTAGNE, M. *Ensaios*. São Paulo: Editora 34, 2016.

Sobre os autores

Adriana Campos de Cerqueira Leite – Psicanalista, graduada (1989) em Psicologia pela Pontifícia Universidade Católica de Campinas (PUC-Campinas), mestre (1995) e doutora (2002) em Saúde Mental pela Universidade Estadual de Campinas (Unicamp), doutora (2002) em Psicanálise e Psicopatologia Fundamental pela Universidade Paris VII. Participação em simpósios e congressos, além de publicações em revistas especializadas. Consultório particular com atividades de atendimento e supervisão clínica desde 1990.

Adriana Grosman – Psicanalista, mestre em Psicologia Clínica pela Pontifícia Universidade Católica de São Paulo (PUC-SP). Membro do Departamento de Psicanálise do Instituto Sedes Sapientiae (ISS) e coordenadora do grupo de estudo Conflito Mãe x Mulher dessa instituição. Membro e coordenadora da Rede de Psicanálise e Feminilidade do Fórum do Campo Lacaniano São Paulo e analista de escola (AE) da Escola de Psicanálise do Fórum do Campo Lacaniano Brasil.

Ana Paula Gonzaga – Graduada em Psicologia (1985) pelas Faculdades Metropolitanas Unidas de São Paulo e psicanalista (1999) pelo Departamento de Formação em Psicanálise do Instituto Sedes Sapientiae (ISS) de São Paulo. Atendimento em consultório particular desde 1987, supervisão clínica e institucional. Membro da Equipe Casa Viva desde 2011. Autora de diversos capítulos e artigos em publicações especializadas. Coeditora (2008-2013) dos *Cadernos da CEPPAN – Revista de Transtornos Alimentares* e coorganizadora de *Psicanálise de Transtornos Alimentares* (Primavera Editorial, 2010). Coordenadora (2000-2013) da Clínica de Estudos e Pesquisas em Psicanálise da Anorexia e Bulimia (CEPPAN). Psicoterapeuta individual e de grupo (2001-2013) e coordenadora (2008-2013) da equipe de Psicologia do Programa Interdisciplinar de Atendimento, Ensino e Pesquisa dos Transtornos Alimentares na Infância e Adolescência do Serviço de Psiquiatria Infantil do Hospital das Clínicas da FMUSP (PROTAD-IPq-SEPIA-HC-FMUSP).

Claudio Eugenio Marco Waks – Graduado em Psicologia (1978) pela Universidade da Califórnia em Berkeley e mestre em Psicologia Clínica (1998) pela Pontifícia Universidade Católica de São Paulo (PUC-SP). Supervisor clínico e institucional em clínicas de desintoxicação e reabilitação social. Fundador e coordenador (1990-1994) do Núcleo de Estudos sobre Toxicomania (NEST). Membro (1995-1997) do Grupo Interdisciplinar de Estudos do Alcoolismo e outras Drogas (GREA) do Instituto de Psiquiatria do Hospital das Clínicas da Faculdade de Medicina da Universidade de São Paulo (IPq/HCFMUSP). Membro (1994-2011) do Laboratório de Psicopatologia Fundamental da PUC-SP. Membro efetivo da International Association for Relational Psychoanalysis & Psychotherapy (IARPP) desde 2016, do Grupo Brasileiro de Pesquisa Sandor Ferenczi (GBPSF), da International Sandor Ferenczi Network (ISFN), desde 2018. Fundador e diretor do Grupo

Estudos em Psicanálise e Psicoterapia Relacionais (GEPPREL). Organização de grupos de estudo introdutórios à psicanálise, participação em cursos, congressos, simpósios, seminários clínicos e teóricos, palestras e demais atividades científicas, e publicações em livros, periódicos e revistas científicas. Docente e supervisor no curso de Formação em Psicanálise no Centro de Estudos Psicanalíticos de São Paulo (CEP-SP). Consultório particular desde 1980.

Cybelle Weinberg Sardenberg (1950-2019) – Graduada em Filosofia (1972) pela Pontifícia Universidade Católica de São Paulo (PUC-SP), com especialização em Psicopedagogia (1992) e em Psicanálise (2011) pelo Instituto Sedes Sapientiae (ISS) de São Paulo, mestre em Ciências (1999) pela Faculdade de Medicina da USP (FMUSP) e doutora em Psicologia Clínica (2015) pela PUC-SP. Coordenadora e coorganizadora (2003-2019) de cursos de extensão da Clínica de Estudos e Pesquisa em Psicanálise da Anorexia e Bulimia (CEPPAN). Editora dos *Cadernos da Ceppan – Revista de Transtornos Alimentares*. Psicoterapeuta do Programa Interdisciplinar de Atendimento, Ensino e Pesquisa dos Transtornos Alimentares na Infância e Adolescência do Serviço de Psiquiatria Infantil do Hospital das Clínicas da Faculdade de Medicina da Universidade de São Paulo (PROTAD-IPq-SEPIA-HC-FMUSP). Pesquisadora do Laboratório de Psicopatologia Fundamental da PUC-SP. Participação em cursos, congressos, simpósios, palestras e publicações científicas. Autora de *Por que estou assim? Os momentos difíceis da adolescência* (Casa do Psicólogo, 1999); *Geração delivery: adolescer no mundo atual* (Sá Editora, 2001); *Do altar às passarelas: da anorexia santa à anorexia nervosa* (FMU-SP, 2004); *Faces do martírio* (Sá Editora, 2019); e organizadora de *Transtornos alimentares na infância e adolescência* (Sá Editora, 2008).

Eliane Michelini Marraccini (organizadora e autora) – Psicóloga (1975) pela Pontifícia Universidade Católica de São Paulo (PUC-SP), psicanalista (1981) pelo Instituto Sedes Sapientiae (ISS) de São Paulo. Especialização em Casal e Família em Psicanálise (1995) pelo ISS, mestre em Psicologia Clínica (1999) pela PUC-SP, especialização em Saúde da Mulher no Climatério (2002) pela Universidade de São Paulo (USP) e doutora em Psicologia Clínica (2007) pela PUC-SP. Professora e supervisora do curso de especialização Formação em Psicanálise do ISS (1982-1990 e desde 2003), professora e supervisora no Centro de Psicanálise de Campinas (CPCAMP, 1990-1993), sócia-fundadora do Instituto Brasileiro de Estudos Interdisciplinares de Direito de Família de São Paulo (IBEIDF, 1994-2000), membro da Associação Universitária de Pesquisa em Psicopatologia Fundamental (AUPPF) desde 2009. Atende em consultório particular desde 1975. É coorganizadora de cursos de extensão cultural, participa de bancas examinadoras de monografias, dissertações e teses. Possui vários artigos em publicações científicas. É autora de *Encontro de mulheres: uma experiência criativa no meio da vida* (Casa do Psicólogo, 2001), organizadora de *O Eu em ruína: perda e falência psíquica* (Blucher, 2021, 2ª edição) e coorganizadora de *Limites de Eros* (Blucher, no prelo, 2ª edição).

Elisa Maria de Ulhôa Cintra – Graduada em Biologia (1976) pela Universidade de São Paulo (USP), em Psicologia (1985) pela Pontifícia Universidade Católica de São Paulo (PUC-SP), psicanalista (1990) pelo Instituto Sedes Sapientiae (ISS) e mestre (1992) e doutora (2000) em Psicologia Clínica pela PUC-SP. Consultório particular desde 1986. Professora do curso de Psicologia da Faculdade de Ciências Humanas e da Saúde da PUC-SP e do Programa de Estudos Pós-Graduados em Psicologia Clínica da mesma instituição desde 2001. Criadora do Laboratório Interinstitucional de Pesquisa em Intersubjetividade e Psicanálise Contemporânea

(LIPSIC) da PUC-SP e da USP. Autora de *Melanie Klein: estilo e pensamento* (Escuta, 2004), *Por que Klein?* (Zagodoni, 2018), organizadora e autora de *O corpo, o Eu e o Outro* (Dimensão, 2016), *Para além da contratransferência: o analista implicado* (Zagodoni, 2017) e *Melanie Klein na psicanálise contemporânea – teoria, clínica e cultura* (Zagodoni, 2019), e autora de capítulos em: *Sujeitos da Psicanálise* (Zagodoni, 2016), *Diálogos psicanalíticos contemporâneos Bion e Laplanche: do afeto ao pensamento* (Escuta, 2019), *Ferenczi: inquietações clínico-políticas* (Zagodoni, 2020), *Atendimento psicanalítico da depressão* (Zagodoni, 2020), *O Eu em ruína: perda e falência psíquica* (Blucher, 2021, 2ª edição); *Limites de Eros* (Blucher, no prelo, 2ª edição) e autora de diversos artigos em publicações especializadas.

Heloisa de Moraes Ramos – Graduação em Psicologia (1975) pela Pontifícia Universidade Católica de São Paulo (PUC-SP) e formação analítica pela Sociedade Brasileira de Psicanálise de São Paulo (SBPSP). Consultório particular desde 1975. Coordenadora (1986-1992) de seminários teóricos e clínicos do curso de Psicoterapia Psicodinâmica do Instituto Sedes Sapientiae (ISS). Membro associado da SBPSP, membro da Diretoria Científica (2006-2008) da SBPSP e membro da comissão científica para organização e execução do XVII Encontro Latino-Americano sobre o Pensamento de D. W. Winnicott em São Paulo (2008). Artigos em publicações especializadas.

Homero Vettorazzo Filho (1950-2011) – Graduado em Medicina (1974) e mestre em Endocrinologia Clínica (1980) pela Escola Paulista de Medicina (EPM) da Universidade Federal de São Paulo (Unifesp), com especialização em Endocrinologia (1978) pela Associação Brasileira de Endocrinologia, em Terapia Intensiva (1978) pela Associação de Medicina Intensiva Brasileira e em Psicanálise pelo Instituto Sedes Sapientiae (ISS) (1986) e pelo Instituto de Psicanálise da Sociedade Brasileira de Psicanálise de São Paulo (SBPSP) (2002). Consultório particular desde 1983. Professor e supervisor de cursos de especialização e de formação de psicanalistas no ISS e no Instituto Durval Marcondes da SBPSP. Preceptor em atividades teóricas e práticas (1977-1983) para alunos e médicos residentes do Departamento de Endocrinologia da EPM. Professor e supervisor (1990-1993) do Centro de Psicanálise de Campinas (CPCAMP). Apresentação de trabalhos e participação em cursos, congressos, simpósios, palestras e demais atividades científicas. Publicações em periódicos e revistas científicas. Cotradução do livro *Clínica psicanalítica e neogênese*, de Silvia Bleichmar (Annablume, 2005). Postumamente, suas publicações foram reunidas no livro *Por uma psicanálise viva* (Primavera Editorial, 2013).

José Waldemar Thiesen Turna – Psicólogo, psicanalista e mestre em Psicologia Clínica pela Pontifícia Universidade Católica de São Paulo (PUC-SP). Coordenador do Núcleo Psicanálise e Psicoses do Centro de Estudos Psicanalíticos de São Paulo (CEP-SP). Supervisor clínico de Serviços Especializados em Cuidados Especiais (SEAS) de abrigos infantis do município de São Paulo. Supervisor clínico do Instituto Casa do Todos, em São Paulo. Autor do livro *Atendimento psicológico às dependências químicas* (Zagodoni, 2012) e de artigos diversos.

Julieta Jerusalinsky – Psicóloga especialista em Estimulação Precoce, mestre e doutora em Psicologia Clínica pela Pontifícia Universidade de São Paulo (PUC-SP). Psicanalista membro do Departamento de Psicanálise da Criança do Instituto Sedes Sapientiae (ISS) de São Paulo; das Clínicas Interdisciplinares em Problemas do Desenvolvimento Infantil Centro Lydia Coriat de Porto Alegre; e da Clínica Prof. Dr. Mauro Spinelli de São Paulo. Docente dos cursos de especialização em Teoria Psicanalítica (Coordenadoria Geral de Especialização, Aperfeiçoamento e Extensão da PUC-SP) e em Estimulação Precoce: Clínica Interdisciplinar de Bebês e em Problemas do Desenvolvimento Infantil (Centro Lydia Coriat). Autora dos livros *Enquanto o futuro não vem – a psicanálise na clínica interdisciplinar com bebês* (Ágalma, 2002); *A criação da criança: brincar, gozo e fala entre a mãe e o bebê* (Ágalma, 2011); e organizadora de *Travessias e travessuras no acompanhamento terapêutico* (Ágalma, 2017) e *Intoxicações eletrônicas – o sujeito na era das relações virtuais* (Ágalma, 2017).

Marciela Henckel – Psicanalista com formação livre, graduada em Psicologia (1992) pela Universidade do Vale do Rio dos Sinos (Unisinos), com especialização em Diagnóstico e Terapêutica dos Problemas do Desenvolvimento da Infância e Adolescência (1993) pelo Centro Lydia Coriat de Porto Alegre e em Problemas do Desenvolvimento Infantil (1994) pelo Centro Lydia Coriat de Buenos Aires. Mestre (2002) e doutora (2009) em Psicologia Clínica pela Pontifícia Universidade Católica de São Paulo (PUC-SP) como bolsista da Fundação de Amparo à Pesquisa do Estado de São Paulo (Fapesp). Consultório particular desde 1993. Atuou como professora e supervisora clínica de faculdades de Psicologia em São Paulo e fez atendimento clínico na Associação Clínica Freudiana de São Leopoldo/RS e na Associação de Pais e Amigos do Excepcional (APAE) em Ivoti/RS. Atualmente é professora de Psicopatologia Psicanalítica do curso de pós-graduação em Psicopatologia em Saúde Pública da Santa Casa de São Paulo. Realizou atendimento clínico individual e de grupo no Projeto Sexualidade (Prosex) do Instituto de Psiquiatria da Universidade de São Paulo (USP). Hoje realiza trabalho de colaboração no Ambulatório de Impulso Sexual Excessivo e Prevenção aos Desfechos Negativos Sexuais (AISEP) do Instituto de Psiquiatria da Faculdade de

Medicina da USP (FMUSP) e como professora de Psicanálise do curso Desfechos Negativos do Comportamento Sexual de Risco na mesma instituição. Autoria de artigos e capítulos em publicações especializadas.

Maria Beatriz Romano de Godoy – Psicóloga (1973) pelo Instituto de Psicologia da Universidade de São Paulo (IPUSP), psicanalista (1999) pela Sociedade Brasileira de Psicanálise de São Paulo (SBPSP), mestre (1985) e doutora (1996) em Psicologia Clínica pelo IPUSP. Consultório particular desde 1974, onde, além de atender pacientes, oferece supervisão, acompanha grupos de estudos e orienta monografias. Especialista em Psicologia Clínica pelo Conselho Regional de Psicologia de São Paulo (CRP/SP). Professora e supervisora do curso de especialização Formação em Psicanálise do Instituto Sedes Sapientiae (ISS) desde 1992. Supervisora de Seminário Clínico do Curso de Especialização em Psicoterapia Psicanalítica ministrado no IPUSP (1997-2017). Publicações científicas em livros, periódicos e revistas especializados. Coorganizadora e professora (2006-2007) de cursos de extensão do ISS. Participação em bancas examinadoras de monografias, dissertações, teses e demais atividades científicas.

Maria Cristina Perdomo – Graduada em Psicologia (1972) pela Universidade Nacional de La Plata, com especialização em Psicologia Hospitalar e Intervenção Multidisciplinar (1974) pelo Hospital San Juan de Dios La Plata e em Psicanálise (1984) pelo Instituto Sedes Sapientiae (ISS). Consultório particular desde 1972. Professora e supervisora de curso de especialização Formação em Psicanálise do ISS desde 1985. Professora e supervisora (1990-1993) do Centro de Psicanálise de Campinas (CPCAMP). Membro efetivo e coordenadora geral (2019-2020) do Departamento de Formação em Psicanálise do ISS. Membro da diretoria (2013-2015;

2016-2018) do ISS. Cocoordenadora do Projeto Farol – Núcleo de Assistência Social do ISS.

Maria Helena Saleme – Psicóloga (1976) pela Pontifícia Universidade Católica de São Paulo (PUC-SP), psicanalista (1984) pelo Instituto Sedes Sapientiae (ISS). Formadora (professora e supervisora) de psicanalistas no curso de especialização Formação em Psicanálise do ISS (1985). Professora e supervisora no Centro de Psicanálise de Campinas (CPCAMP 1991-1993). Mestre (2006) em Psicologia Clínica pela PUC-SP. Autora do livro *Normopatia na formação do analista* (Escuta, 2008). Possui vários artigos em publicações científicas.

Mirian Malzyner – Psicóloga (1975) pela Universidade de São Paulo (USP), psicanalista e analista didata da Sociedade Brasileira de Psicanálise de São Paulo (SBPSP). Consultório particular desde 1976. Coordenadora de seminários clínicos e de Psicanálise e Arte no Instituto da SBPSP.

Paulo José Carvalho da Silva – Graduado em Psicologia pela Universidade de São Paulo (USP), mestre em História da Ciência pela Pontifícia Universidade Católica de São Paulo (PUC-SP), doutor em Psicologia pela USP e pela École des Hautes Études en Sciences Sociales (EHESS) de Paris e formação em Consultoria Intercultural pelo Instituto IKUD (Göttingen, Alemanha). Atendimento psicanalítico em consultório particular e professor do curso de Psicologia da PUC-SP. Professor convidado na École des Hautes Études en Sciences Sociales de Paris (EHESS). Participação em bancas examinadoras, cursos, congressos, simpósios, palestras e demais atividades científicas no Brasil e no exterior. Autor de *Uma história das dores da alma na cultura luso-brasileira* (Novas Edições Acadêmicas, 2016), além de outras publicações em livros, periódicos e revistas especializados. Parecerista de revistas especializadas e órgãos de fomento à pesquisa. Diretor de grupos de estudos sobre Freud no original alemão.

Regina Maria Guisard Gromann – Psicóloga clínica, psicanalista, mestre e doutora em Psicologia Clínica pela Pontifícia Universidade Católica de São Paulo (PUC-SP). Supervisora e professora da Universidade Paulista (UNIP).

Sérgio de Gouvêa Franco – Psicanalista, doutor pela Universidade Estadual de Campinas (Unicamp) e pós-doutor em Psicologia Clínica pela Pontifícia Universidade Católica de São Paulo (PUC-SP). Membro do Departamento de Psicanálise do Instituto Sedes Sapientiae (ISS), onde fez formação em Psicanálise. Presidente da Associação Universitária de Pesquisa em Psicopatologia Fundamental (AUPPF), professor do Curso de Formação em Psicanálise do Centro de Estudos Psicanalíticos (CEP). Autor de *Hermenêutica e Psicanálise na Obra de Paul Ricoeur* (Loyola, 1995) e *Mandrágoras, clínica psicanalítica: Freud e Winnicott* (Primavera, 2013), em parceria com Manoel Berlinck e Karin Wondracek, entre outras publicações no país e exterior. Pertence ao Grupo de Trabalho GT 65 Psicopatologia e Psicanálise da Associação Nacional de Pesquisa e Pós-Graduação em Psicologia (ANPEPP). Membro de Conselho Científico da *Revista Latinoamericana de Psicopatologia Fundamental.* Foi reitor da Fundação Escola de Comércio Álvares Penteado (Fecap) de 2006 a 2010.

GRÁFICA PAYM
Tel. [11] 4392-3344
paym@graficapaym.com.br